2023年湖北省社科基金后期资助项目"中小学生态型班级建设研究"
（项目编号：HBSKJJ20233445）

以"融合"促"共生"：
生态型班级建设研究

◎曹斯 /著

华中科技大学出版社
http://press.hust.edu.cn
中国·武汉

图书在版编目(CIP)数据

以"融合"促"共生"：生态型班级建设研究 / 曹斯著. -- 武汉：华中科技大学出版社，2024.7. -- ISBN 978-7-5772-0738-4

Ⅰ.G424.21

中国国家版本馆 CIP 数据核字第 2024FV0580 号

以"融合"促"共生"：生态型班级建设研究　　　　　　　　　　曹斯　著
Yi "Ronghe" Cu "Gongsheng"：Shengtaixing Banji Jianshe Yanjiu

策划编辑：李嘉婧

责任编辑：左　馨

封面设计：原色设计

责任校对：林宇婕

责任监印：曾　婷

出版发行：华中科技大学出版社(中国·武汉)　　电话：(027)81321913
　　　　　武汉市东湖新技术开发区华工科技园　　邮编：430223

录　　排：华中科技大学惠友文印中心

印　　刷：武汉邮科印务有限公司

开　　本：710mm×1000mm　1/16

印　　张：16.5

字　　数：253 千字

版　　次：2024 年 7 月第 1 版第 1 次印刷

定　　价：88.00 元

本书若有印装质量问题，请向出版社营销中心调换
全国免费服务热线：400-6679-118　竭诚为您服务
版权所有　侵权必究

前　　言

　　班级是学校开展教育教学活动的基层组织,教师、学生及家长等群体通过班级进行的交往互动,环境与班级之间的信息流动,构成了班级建设的复杂生态,也为班级建设提供了丰富的资源。但是进入工业时代以后,深受科学主义影响的班级建设活动似乎成为"流水线",学生成长标准化,管理流程化、模块化,班级中发生的冲突、存在的问题等被"漠视""压制",造成班级建设的同质化。鉴于班级建设面临环境更复杂、主体更交互、场域更开放的现实,本书试图从生态学的视角去审视班级建设,将复杂性、系统性、整体性等生态思维带入班级建设的过程之中,以期建设更有利于教师、学生和家长共同成长的生态型班级。

　　生态型班级是指教师、学生和家长等生命群体以一定的生态结构共同存在于班级场域,在班级日常生活中相互交往、相互作用,形成自身独特的生态位,并在班级与外部自然环境或人文环境之间,不断实现物质、信息和能量的交换,从而形成班级建设的共同体。生态型班级是一个独特的生态系统,是多元融合的共生班级,是源于日常的复杂班级,是动态发展的开放班级,是自我修复的协作班级。生态型班级建设拓展了班级建设的范畴,有助于推动班级的高品质发展,促进更多群体的共同成长。

　　生态型班级是一个生态系统稳定、健康、有序的班级。本书以生态系统健康理论作为理论基础,借鉴生态系统健康理论的生态活力、组织结构和生态恢复力等概念来分析和评价班级建设中生态群体之间的交互作用。在健康的班级生态体系中,教师、学生及家长之间的个体交往、群体交往畅通,各群体的活力都能得到充分激发。多主体交往及协作形成合理的班级组织结构,在班级遭受外部环境胁迫时能够更快恢复班级活力,实现班级建设的系统协同与群体协作。生态型班级建设试图突破非生态型班级存在的"孤岛化"困境,消除复杂环境干扰与脱离真实环境带来的负面影响,解决班级中主体沉默与虚假活跃共存、虚拟交往显著等问题。

关于生态型班级建设的研究主要分三步走:一是进行班级生态的调查研究,二是明确生态型班级建设的理念、指标和策略,三是开展生态型班级建设的行动研究。通过问卷调查分析班级生态因素及现状时,侧重多群体交叉视角的互相认知与评价,为构建主体间的多维度关联提供研判基础;对教师、学生及家长开展访谈,进一步指明班级生态的现状及关键因素,明确不同主体参与班级建设的认知行动差异。调查显示,班级建设的生态体系中存在着教师群体责任"箱格化"、家长群体参与"理想化"、学生群体交往"圈层化"等样态;班级建设群体中存在着教师群体"各自为政"、学生群体组织涣散、家长群体参与错位、不同群体间交互失谐等问题。问题的成因主要是:群体活力不足,生成性资源匮乏;群体组织结构单一,难以支撑复杂环境下的群体交往;生态恢复力偏弱,难以应对不利的外部环境。

生态型班级建设应坚持以生态理念引领班级建设、以融合共存构建班级建设共同体、以动态生成推动班级建设特色发展。综合考虑生态型班级建设的要素,从活力、组织结构和恢复力三个维度确定生态型班级建设的指标,可以采取增进教师群体的协作与合力、促进学生群体的交往与融合、提升家长群体的愿景与参与度等策略推进生态型班级建设。

生态型班级建设必须以活动和交往为基础。关于生态型班级建设的行动研究主要从班级群体活力的激发、班级共同体组织结构的构建和群体恢复力的优化等方面着手,通过沉浸式情景剧激活群体间的交互,以"聚焦阅读,共同成长"活动促进以学生为中心的多群体融合,以化解家长群体内部冲突为契机提升班级生态的恢复力,以重大社会事件为素材促进班级教育资源转化,以"书房印象"活动引导家庭参与学生的成长过程。多样化的活动有效促进班级各群体的复杂交往,推动生态型班级实现系统、动态、全面的发展。

生态型班级建设的行动研究取得了明显成效：群体融合共生推动了生态型班级发展，共同愿景激发了班级群体的成长动力，生态型班级观提升了班级建设的承载力，生态型资源观为班级建设提供了更多资源，使班级生态得到改善，教师、学生和家长等不同群体更好地融合共生。反思生态型班级的建设过程，也存在着群体融合意愿不强和协作动力不足、复杂的外部环境干扰班级建设的有序进行等问题。如何构建以班主任为核心的群体融合共生路径，如何消除外部环境的不确定性对生态型班级建设的影响，将是进一步深化生态型班级建设研究的重要课题。

目 录

绪论/1

 一、问题提出/1

 二、文献综述/7

 三、研究意义/23

 四、研究思路与方法/26

第一章 生态型班级的内涵及其建设意义/29

 一、生态型班级的概念/30

 二、生态型班级的基本特征/43

 三、生态型班级建设的意义/51

第二章 生态型班级建设的理论基础与现实依据/53

 一、理论基础：生态系统健康理论/53

 二、现实依据：非生态型班级存在的主要问题/71

第三章 班级生态的调查研究/80

 一、调查设计/80

 二、调查实施情况/86

 三、调查结果/93

四、班级建设群体的生态问题检视/120

五、班级建设群体生态问题的成因分析/147

第四章　生态型班级建设的理念、指标与策略/151

一、生态型班级建设理念/151

二、生态型班级建设的指标框架/155

三、生态型班级建设的策略/160

第五章　生态型班级建设的行动研究/182

一、行动研究的设计/182

二、行动研究的实施/186

三、行动研究的案例分析/188

第六章　生态型班级建设的成效与反思/210

一、生态型班级建设的成效/210

二、生态型班级建设的反思/218

结语/223

参考文献/225

附录/236

附录1　班级生态调查问卷(教师卷)/236

附录2　班级生态调查问卷(学生/家长卷)/243

附录3　访谈提纲/252

绪　　论

一、问题提出

(一) 生态浪潮：后工业时代的生态呼唤

纵观文明发展史，人类历经了渔猎采集时代、劳作耕种的农业文明时代、蒸汽轰鸣的工业文明时代。每一个时代都是人与大自然博弈后的一次自我改造，是人对自身、对自身与自然关系认知的彻底变革。时代更迭，后工业时代来临，工业社会发展到一定阶段所带来的严重生态问题，引起了人们的广泛关注和深刻反思。几千年来，人类在不断征服大自然的过程中获得巨大的利益，在人定胜天、人类主宰自然的意识引导下形成了扭曲的自然观，尤其是进入工业时代后形成的科学主义战无不胜的观念，严重破坏了人与自然的和谐相处。身处物欲横流的社会，人们更加疯狂地从自然界中攫取资源，从而带来了严重的生态问题。这些问题的暴露让人们意识到人与自然和谐共生的重要性，并反思科学主义横行所带来的恶果。

人类在高举科技旗帜并征服自然的过程中，逐渐开始反思人与自然的关系。随着科技的发展，人与自然的关系逐渐从对立转向共生，从"它在"转向"共在"。人们清醒地认识到技术不应是征服自然的工具，而应是推动人与自然和谐发展的创新手段。西方生态学马克思主义的代表人物威廉·莱斯从哲学视角分析了导致生态问题的思想根源。他在《自然的控制》一书中对"控制自然"的社会意识做了深刻的研究，并明确指出"控制自然"是导致生态问题的最深刻的根源。莱斯不认可可以通过科技进步和经济手段解决生态问题,也不认可科学技术是生态问题产生的根源。他认为生态问题的根源在于一种社会意识形态。长期以来,由于在宗教、哲学及文化上的浸染,以及人们用科学技术在"征服自然"征途上的节节胜利,"控制自然"这一观念获得普遍的社会认同,并深深内化到人们的意识之中,成为人类理性胜利的证明。① 莱斯认为:"我们不应该把科学技术的本质看作是控制自然的工具,相反,我们应该把它看作是对人和自然关系的合理控制","用人与自然关系的和谐论来代替征服论,避免人与自然关系的异化,更加合理地使用科学技术,抑恶扬善,造福人类"。② 威廉·莱斯的论述启发我们,"控制自然"是产生生态问题的认识论根源。在解决生态问题时,要突破技术层面的局限,要重视意识形态的深层原因,树立新的生态观念,以生态思维方式来解决问题。

人的"物化"发展,导致因追求"理性至上""经济理性"而形成的人的"异化",扭曲的消费观带来片面的极致追求,从而带来资源的无谓消耗与浪费,使人迷失在物质浪潮之中。安德瑞·高兹在《经济理性批判》中认为:经济理性大行其道的社会,人们的思维被禁锢在狭隘的利润至上的精神桎梏中,人们忽视了对生活本质的反思和人生价值的追问。③ 经济理性"关心的是单位产品所包含的劳动量,而不考虑劳动带给人的活生生的感受,即带给人的是幸福还是痛苦,不考虑它所要求的成果的性质,不考虑人们与劳动产品之间的感情和美的关系……人们的活动取决于一种核算功能,而不顾及他们的兴趣和爱好"④。在高兹看来,经济理性把利润最大化建立在生产效率、消费和需求最大化的基础上,使人的主体地位、审美感觉、兴趣爱好、交往需要等失去存在的必要,它蒙蔽了人的真实需求,导致人们一味追求异化的消费,带来资源的破坏和浪费,进而产生严重的生态问题。

随着生态意识的觉醒,人类逐渐意识到人与自然是平等共存的,它们都是

---

① 解保军.生态学马克思主义名著导读[M].哈尔滨:哈尔滨工业大学出版社,2014.
② 解保军.生态学马克思主义名著导读[M].哈尔滨:哈尔滨工业大学出版社,2014.
③ 解保军.生态学马克思主义名著导读[M].哈尔滨:哈尔滨工业大学出版社,2014.
④ 解保军.生态学马克思主义名著导读[M].哈尔滨:哈尔滨工业大学出版社,2014.

生态圈的构成部分,人类需要通过与自然间的相互作用实现人类世界的动态、均衡发展。威廉·莱斯认为,人与自然界其他生物的相互作用和相互影响共同维持着生态系统的平衡,可是,在现代社会,人们为了追求自身的利益,在控制自然及满足自身欲望时,常常忽视地球的生态环境及其他物种的需要,导致地球生物圈的生态平衡被破坏。①

(二) 班级变革:教育改革与实践的主场

班级始终是教育改革实践的原生态主场,任何教育理念、教育变革只有扎根于班级教育之中才能落地生根、萌芽壮大,并逐渐成为班级发展的重要动力来源。毫不夸张地说,任何教育改革都不能离开班级这一教育实践主场,脱离班级场域的教育实践会失去持续发展的生命活力。基础教育改革处于固基提质阶段,教育研究人员通常需要积极响应改革号召,研判和解决改革新问题,引领改革新发展,尤其要注重回应教师在教育改革实践中的诉求,让教师能更加清晰、有效地处理好当前所面临的教育问题。我们应该清楚地认识到,当前的基础教育改革,除了要进一步巩固课程改革的成果外,更应该将学校教育作为一个整体来系统开展。而班级作为教育改革创新的前沿阵地,势必会在未来的教育改革中迎来新的突破。因此,要进一步加强对班级建设的研究,将班级作为探索未来学校教育变革的重要实践阵地。

传统形态的班级已经难以承载新时期的教育创新活动。自夸美纽斯在《大教学论》中提出班级授课制以来,标准化的班级授课制很快得到推广,在一定程度上改变了人类传播知识、传承文明的方式和速率。尤其是人类发展进入工业文明时代后,学校教育模式从"小作坊"变成"流水线"。随着科学主义思想主导下的学校教育深入发展,管理、治理成为班级教育的核心要素,班级蕴含着浓厚的工业化气息,规模化、标准化和规范化成为教育者对班级的核心描述。现代教育按照标准化生产线的模式,依循统一的教育技术、统一的课程、统一的教育工艺流程,把受教育者纳入学校教育的生产过程,制造成标准化的教育商品。②

---

① 解保军.生态学马克思主义名著导读[M].哈尔滨:哈尔滨工业大学出版社,2014.
② 金生鈜.理解与教育:走向哲学解释学的教育哲学导论[M].北京:教育科学出版社,1997.

当下的学校变革需要充满多样可能性的班级。随着工业社会发展到一定程度,尤其是后现代主义思潮的出现,人类开始反思现代社会中"人"的缺位问题,对传统的"权威""中心"不再盲目尊崇,对标准化、规范化的教育开始反思。当前教育中的规模化、指令化、标准化班级教育模式带来"千班一模"的同质化现象,让本应享受童真乐趣的学生在班级管理的规范、标准、评价体系之中变得刻板、乏趣,没了生命活力。在班级教育中,教师是"知识权威""道德权威",学生的成长被简化成接受知识、存储知识的过程,学生失去了各种成长乐趣,班级退化成了"工厂",班级教育变成了"流水线作业",教育的本真意味和主体成长的多样可能逐渐丧失。因此,只有班级建设"去标准化",构建生态化模型,才能激活围绕班级的诸多资源和主体,才能使各主体在交互中碰撞出多姿多彩的教育火花。

(三)环境复杂:班级建设的现实境遇

新时期的学校教育面临更为开放、复杂的内外部环境,这给班级建设带来了诸多不确定因素。当前社会对基础教育的需求从原来的"有学上"逐渐转变为"上好学",人们对优质教育资源的需求更加强烈,个性化、多样化的学习需求逐渐成为主流,这些构成了学校教育变革,尤其是班级教育变革的重要外部环境。同时,班级已经不仅仅是教师主宰下的封闭环境,而是一个由教师、家长、学生等诸多主体共同形成的复杂场域,他们之间关系复杂、利益交织、诉求多元、作用各异,逐渐形成了班级建设所面临的复杂内部形态。

班级建设绕不开各种复杂的社会现实问题。当今的班级建设面临更为复杂的家校关系、师生关系、生生关系,很多主体在交互过程中呈现出一定程度的"病态"与"危机"。当前缺乏"真诚共育意识"基础的紧张的家校关系是一大问题。频频见诸网络的家长维权事件、教师在班级微信群中公布学生成绩遭低分段家长"炮轰"的事件等,无不反映出家长与教师之间的紧张关系;学生作业要家长检查签字、布置课外亲子作业给家长带来负担等教育现实,导致家校矛盾一触即发;家长过度敏感,家校沟通缺乏信任前提,导致家长投诉频频出现;教育部门、学校、教师一味"容忍""退让",校长与教师如履薄冰般开展教书育人工作……这些都对传统班级产生深刻的影响,同时也强烈要求构建新型班级模式,以正面回应这些棘手的问题。

班级建设中每一个主体之间的互相尊重、互相成就是未来教育的底色。近些年,学校教育逐步重视基于学生个体经验的班级生活构建,树立班级建设中教师的生命价值观和学生的生命价值观,将教师的生命成长与学生的生命成长作为提升学校教育质量的重要标准。因此,作为不同生命体的教师与学生之间交往、理解、对话已经成为班级建设的常态。同样,由于信息技术的高速发展,家长通过微信群、QQ群等互联网沟通工具深度介入班级建设的每一个环节,家长也成为班级建设的新主体。因此,教师、学生、家长等都是影响班级建设的实际主体。

(四) 断层填补:教育生态与班级生态联结之修复

"生态+"教育的研究体系在班级这一层面上出现了断层现象。国内多本以生态视角研究教育的专著——《教育生态学》(范国睿,2000)、《班级社会生态环境研究》(江光荣,2002)、《课堂生态论:和谐与创造》(李森等,2011)、《课堂生态研究》(孙芙蓉,2013)等,从生态视角对传统的教育系统、课堂等做了充分研究,反观其研究框架及结构可以发现,它们对班级这一学校教育中的基本单位缺乏应有的系统研究。相关文献研究也大多以教育大系统与社会各要素的关系或课堂为主要研究对象,缺乏以班级为主阵地的研究。以范国睿的研究为例,《教育生态学》(2000)论述了文化、人口、教育资源等与教育生态的关系,并分析了学校生态分布、学校生态环境、课堂生态环境等因素;《共生与和谐:生态学视野下的学校发展》(2011)则从介绍教育生态学研究的内容与方法、考察我国学校教育生态系统的历史变迁入手,选取不同经济文化背景的地区和不同类型的学校作为个案研究对象,对学校制度生态、学校组织生态、学校文化生态、课堂生态等多个层面的变革进行了系统的生态学分析,具体、生动地反映了影响学校系统发展的生态问题。此外,在对中国知网的文献进行整理的过程中发现,以生态型班级等为主题进行搜索,鲜有基于生态学视角的班级研究的相关文献,出现的大多是关于生态环境教育在学校中的实践或生态意识教育等的文献。

在这些代表性研究中,研究对象普遍从学校跳到课堂,绕过了班级这一学校教育最基本的组织单位。而当前少数基于班级的有关学校教育变革发展趋势的研究中,研究者多侧重于对班级内涵和新班级形态构建的研究,这成为构建"生态+"教育中的一个薄弱环节。教育研究的系统化,要求加强体系构建,正如范国睿在《教育生态学》中提出,"借助生态学的原理与方法,选取一定的角度和教育生态要素,努力地考察和分析教育系统的外部生态环境与内部生态环境及其对作为教育生态主体的教育生态系统与该系统中不断发展着的人的影响"①。因此,"生态+班级"这一主题值得我们认真开展深入研究。

(五)群体交往:班级互动的"二元"突破

建立在"二元"对立思维上的主体观,已经不能很好地引导当前班级教育的开展。生态学视角的引入将极大地改变班级建设的研究视角,甚至改变教育活动中主客体之间的互动方式与作用机制,解构教育实践中的"二元思维"模式,构建新型班级发展模式。

然而,现有的教育模式难以支撑可持续的生态教育模式。当下的班级建设架构存在严重的非平衡性偏差:教师、学生、家长等主体之间沟通单一,缺乏多元交叉互动,缺乏教育主体之间的协作,缺乏应有的教育合力,导致呈现出单打独斗的教育局面。主要表现为:在教师群体中,一些科任教师团队意识淡薄,教师团队凝聚力不强,缺乏以班主任为纽带的教育合力,缺乏统一目标下的协作与配合,导致班主任身心俱疲;在学生群体中,由于学业压力大等原因,知识主导教育过程的局面出现,学生丧失话语权,缺乏创造性与能动性,学生之间形成单一的竞争关系;在家长群体中,对孩子教育的"托付观""购买消费观"盛行,有些家长缺乏主体意识,一味依赖教师的教育,也有些家长对教师的教育教学活动持反对意见。这些问题在班级教育越来越复杂的环境下,难以用以前的"二元""三元"思维来有效缓解,导致教师的"规训压力"、学生的"主体缺失"与家长的"群体焦虑"等交织在一起,形成了具有负面影响的复杂班级形态。如"小学

---

① 范国睿.教育生态学[M].北京:人民教育出版社,2000.

生为教师打伞""家长在微信群竞选家委会时比拼履历""班主任在班级微信群中公布成绩引起家长争论""家长在班级群里亮家中政商关系网向教师无形施压"等系列事件,真实地反映出现实班级教育过程中单维度沟通的非平衡性偏差及异化现象,而这些现象足以引起人们对复杂班级形态的关注和反思。

新时期的教育更为复杂,需要更有包容性、交互性的班级形态去承载更多的变革、创新与可能。要积极尝试生态型的班级形态,引导班级建设中的多主体共同参与,开展多主体间的交往与沟通,最终形成和谐共生的班级形态。通过班级变革实践,可以进一步深化学校教育改革,深入挖掘班级建设资源,激发班级建设主体的活力,进而促进生态型班级的建设。

多群体和社会影响在班级中的交汇带来教育焦虑,并深刻影响班级各个群体之间的交流和互动。化解群体间的焦虑的根本途径是让班级建设回归教育本质,让班级教育回归日常生活,让个体成长、群体共生等理念获得关注与认同,让班级建设从统一模式向多元化发展转变,从统一的集体教育需求向丰富多彩的学生成长需求转变,也让关注点从知识传授拓展到聚焦学生、教师的生命质量,使成长多样性在教育实践过程中逐步得到认可。班级建设的价值发生变化,即更多关注到多群体共同的生命成长,因此需要用生态的复杂思维与系统思维来审视班级建设过程,引导多群体共同参与到班级建设中,推动班级建设向层次更丰富、维度更多元的高级形态发展。

二、文献综述

日趋复杂的教育环境,牵涉到更多的要素与主体,班级建设的场景也随之发生根本性的变化。只有将各要素系统性地整合到班级建设中来,才能够实施行之有效的教育活动。生态学视角的切入恰逢其时,既顺应生态时代的到来,又能更好地阐释新时期的班级建设,诠释各类教育活动,构建新型班级模式。因此,厘清生态学的研究架构、分析方式与建模形态,是开展生态型班级建设的基础。同时,中西方的生态学研究视角有明显的差异,也为我们深入开展生态型班级建设提供了多维的视角。为了研判班级建设的生态适应性,笔者将对生态学、教育生态学、班级生态学等研究进行梳理,旨在将它们与"班级生态"的核心概念、研究对象、研究内容、研究方法、研究应用等进行充分比较,通过补充、借鉴,形成研究的理论基础与研究框架,方便真正开展生态型班级建设研究。

对班级生态的研究源于生态学对教育的影响。生态学所包含的系统论、复杂思维等为研究教育问题提供了新视野。在从宏观生态走向微观生态的过程中,班级成为学校环境与课堂生态之间的一个重要场所。班级作为学生成长的重要场域,有着不为人们所认知的生态系统,并发挥着重要的生态功能。探究这些问题或许可以为解决班级建设乃至学校教育创新发展提供新的思路。

在中国知网的学术期刊中,以"生态型班级"为主题进行检索,有6篇文献;以"生态班级"为主题进行检索,有104篇文献。对以"生态班级"检索出的文献进行计量可视化分析,结果如表1所示。

表1 文献指标分析

文献数	总参考数	总被引数	总下载数	篇均参考数	篇均被引数	篇均下载数	下载被引比
104	546	77	8063	5.25	0.74	77.53	0.01

从表1可以看出,总搜索文献数为104篇,说明文献数量不多,国内对生态型班级的研究关注度不够,后期针对生态型班级的研究还有较大发展空间。

从图1总体趋势分析可以看出,对生态型班级的研究过去一直处于低频状态,研究未能引起教育学界的关注和投入。从2016年开始,对生态型班级的研究才逐渐升温,呈现出快速增长的态势。

从图2文献互引网络图来看,引用频次最高的为下面4篇文献:《教育社会学》(吴康宁,1998),被引5791次;《让课堂焕发出生命活力》(叶澜,1997),被引5298次;《教育心理学》(张大均,1999),被引4380次;《教育生态学》(范国睿,2000),被引2567次。以上引用频次较高的文献,重点围绕班级建设、班级属性、教育生态等方面进行了开创性研究,获得了学界的高度认可。

从图3关键词共现网络图来看,出现班级38次,班主任24次,班级文化建设20次,班级建设16次,班集体13次,班级氛围10次,班级成员9次等。生态型、课堂生态、教育生态学等关键词,处于中等频次。在生态型班级的各主体

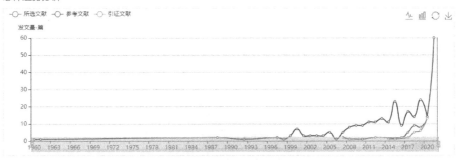

图 1　总体趋势分析

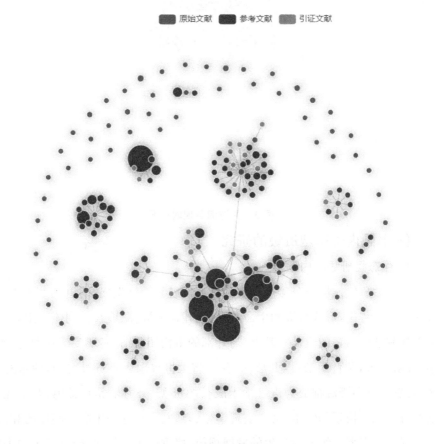

图 2　文献互引网络图

中,对班主任这一群体的作用关注度较高,但是对学生、家长等群体的作用关注度不够;在互动关系方面,主要关注文化建设,缺乏其他维度的分析研究。

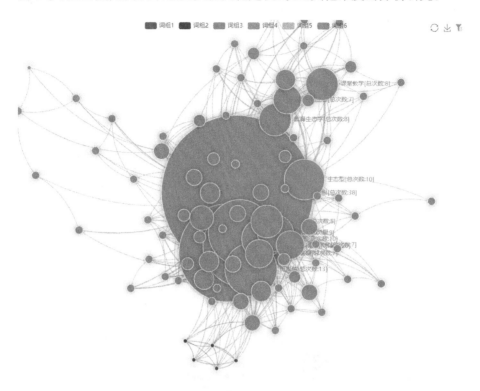

图 3 关键词共现网络图

(一)国内生态型班级的研究

1. 生态型班级的内涵

生态型班级能够充分接受学生的生命成长与个性发展,使更多主体参与到班级建设过程中,形成班级的生命共同体、建设共同体、成长共同体。生态型班级以唤醒学生内在的成长为基点,与外部的事物相联结,实现多维互动,资源迁移,寻求突破,孕育生长;以开放的姿态,将大世界融入小班级之中,使家庭、社区、自然与社会资源都成为班级学生成长的资源,努力培养有思想、有个性、有创意、优秀的、快乐的学生,努力实现学生、教师、家长这一生命共同体的和谐永续发展。生态型班级遵循学生的发展规律,尊重学生的想法,彰显学生的个性,努力成就优秀、快乐的学生。① 靳丽华认为班级生态的内涵是以个性为基点的整体和谐性、以独立为基调的协变共生性、以需求为基本的调节发展性。班级管理生态化建设可从目标管理自主化、班级文化激励化和评价体系动态发展化三个方面来进行。②

2. 班级面临的生态危机

长期以来,班级建设处于相对封闭的状态,单一的环境与参与主体导致班级建设与生活隔离,带来重重问题。"传统上对学校环境与学生发展的研究受重智主义的影响,片面集中于探讨学校环境与学生学科成绩和学科态度之间的关系,很少关注学校环境对学生人格和社会性发展的影响。"③由于机械论、科学主义的影响,班主任等教师群体在"工作中缺乏过程性的动态发展意识和结构性的综合互动意识,往往只是按部就班地延续以往的日常工作,机械地增添相关的外部要求,忽视自身与相关主体的积极互动"④。面对诸多教育困境,教师、家长、学生却又无力改变,班级建设也成为人为剥离社会现实,远离学生生活与成长趣味的过程。正如鲁洁提出的"病态适应的教育",认为"当今教育的种种作为都在于使学生们意识到:他们最好的生活取向就是去接受和适应,而不是批判、反思和改变既定的生活,即使他们现在正在过的生活已经无可置疑地深深地伤害了他们的身体和心灵的健康和发展"⑤。科学主义主导下的教育带来班级管理的机械论,从而导致了教育的僵化。鲁洁认为,"教育所期待的超越性的人,是能够对现存的生活做出反思和批判的人。人只有通过他的自觉反思与批判才有可能发现生活中的困境和问题,达到对现实生活较为全面的理解,据此实现对现存的超越"⑥。正因如此,人们意识到当下的教育有问题,但是又深感无力,无法消除所面临的各种危机与困顿。

---

① 林小燕.以活动促进生态型班级建设[J].班主任,2018(1).
② 靳丽华.班级管理的生态化探析[J].教育理论与实践,2012(19).
③ 江光荣,林孟平.班级环境与学生适应性的多层线性模型[J].心理科学,2005(6).
④ 李家成.重建学校德育生态——"新基础教育"研究的启示[J].中国教育学刊,2007(4).
⑤ 鲁洁.超越性的存在——兼析病态适应的教育[J].华东师范大学学报(教育科学版),2007(4).
⑥ 鲁洁.超越性的存在——兼析病态适应的教育[J].华东师范大学学报(教育科学版),2007(4).

3. 生态型班级的构成要素

班级生态的"内外环境论"认为,班级生态系统中的生态环境主要由客观环境、主观环境构成。如任凯、白燕在《教育生态学》中提出班级生态环境由班级中人际交往的精神环境、代表个人心理空间的心理环境和教室里的物质环境构成。通过对班级三种环境的讨论,任凯等解析了班级与其所处环境之间在能量流动、信息传递等方面相互影响、相互作用的机制。① 从课堂生态的形态可以推断出班级生态的应有形态。班级中的主体和环境是构成生态系统的要素,要素之间的互动形成生态网络。"从形态结构上看,课堂存在生命体和环境两大结构,课堂中的生命体是教师和学生,教室的物质设施和班级文化是课堂的环境系统。从运转机制来看,通过教学活动,课堂生态主体与课堂生态环境之间、不同的课堂生态主体之间进行着物质、能量和信息的循环与交流,从而使课堂形成了一个相互联系、相互作用的有机生态整体。"②

班级生态的"多主体论"认为,班级生态主要由教师、学生、家长及多主体之间的互动环境所构成。对课堂的生态结构进行分析,有以下发现和认识:一是生态的主体认识,主要包括教师、学生。李森认为"课堂生态主体是教师和学生",教师与学生分别构成教师生态群体、学生生态群体,两大群体内部关系错综复杂,而且彼此之间也相互作用、相互塑造、有机联系,它们之间的互动构成了生态网络。③ 徐陶等认为课堂生态系统由教师、学生和环境三部分组成。④ 二是生态中各要素的相互作用。各要素有机联系、相互作用,在维护生态平衡的过程中都具有举足轻重的作用,从而形成一定的生态结构。李森认为"课堂生态具有自然生态和文化生态的双重属性"。宋秋前认为"课堂教学是一个由教师、学生、教学内容、教学方式、教学手段等多种生态因子组成的关系错综复杂的生态系统。在这个生态系统中,各类个体、群体与其他多维生态因子发生

---

① 邓小泉,杜成宪.教育生态学研究二十年[J].教育理论与实践,2009(5).
② 岳伟,刘贵华.走向生态课堂——论课堂的整体性变革[J].教育研究,2014(8).
③ 李森.论课堂的生态本质、特征及功能[J].教育研究,2005(10).
④ 徐陶,彭文波.课堂生态观[J].教育理论与实践,2002(10).

着复杂的动态组合和互动、力量的消长和平衡、能量和物质的传递和循环"[1]。因此,课堂生态只有保持动态和谐与平衡才能促进教学相长。

班级生态的"系统论"阐述了班级生态中存在多样系统,共同构成班级有机生态体系。任萍等关注班级生态系统中各亚系统的构成与特征、亚系统间的交互作用及它们对学生的学校适应性的影响,认为班级生态系统包含同伴生态系统、师生互动系统,分析了两个系统之间的相互作用,并认为需要对班级生态系统中的核心概念和指标体系、教师在班级生态系统中发挥的作用、新方法技术在班级生态系统中的应用等方面开展深入研究。[2] 班级生态系统同自然生态系统一样,极具多样性。班级生态系统虽然看似由简单的元素组成,但每个元素背后都隐藏了一个复杂且源于自身的组织。因为每一个个体相对于其他人来说都是唯一的、不能替代的。陈斌斌等在对班级生态系统的研究中,把"儿童与同伴、儿童与教师之间的互动关系作为班级环境中两个重要生态子系统"[3]。其中,同伴的评价与接受、同伴间的友谊和同伴小圈子组成了同伴互动子系统;而教师互动子系统由教师的评价与接受、师生之间的支持与依恋以及教师对班级的组织等组成。

班级生态的"圈层论"认为,班级生态中个体及家庭因素对学生成长有着至关重要的作用,并由此形成相应的圈层及所蕴藏的文化背景。这类研究认为班级生态应该超越传统师生之间的互动,扩大到与师生密切关联的家庭等社会层面。江光荣在其测评研究中提出,班级内个体的适应水平差异,除了与班级环境有关外,还与家庭、个人自身的条件等有重要关系,这时班级环境单方面的效应比较有限。而对于班级之间平均适应水平的差异,家庭、个人自身条件等因素的影响较小,班级环境的作用则相对增大。[4] 班级中每一个人背后都蕴藏着诸多的信息源,并深刻影响着班级活动。肖川认为从文化生态学的意义上来

---

[1] 宋秋前.基础教育课程改革应注意教学生态的和谐平衡[J].教育理论与实践,2007(8).
[2] 任萍,郭雨芙,秦幸娜,等.中小学班级生态系统及其与个体学校适应的关系[J].北京师范大学学报(社会科学版),2017(5).
[3] 陈斌斌,李丹.班级生态系统对儿童亲社会行为影响的研究述评[J].心理科学进展,2008(5).
[4] 江光荣.中小学班级环境:结构与测量[J].心理科学,2004(4).

看,班级是一个由教师和若干有着不同的家庭文化背景、不同的社区文化背景、不同性格、不同气质的学生结合而成的文化生态组织。① 他认为班级中会出现群体动力的生态现象,师生长期共处的教室构成了一个文化生态圈。文化生态包含着对多样性、差异性、独特性、个体性和自主性的尊重。因此,班级生态中要突破传统教师与学生之间的维度,扩大到师生群体、学生家庭及家长群体的范围,才能构建完整的生态体系。

4. 生态型班级的特征

生态型班级是连接学校、家庭与社会的核心。它是学校教育的重要组成部分,又是学校面向社会开放的重要渠道;它依赖于内部的活力,又得益于丰富多彩的外部世界,具有多元的特点。林小燕认为,生态型班级的特点主要体现为开放性、灵动性、关联性和生长性四个方面。② 陈东永则认为,班级生态具有整体性、多样性、共生共进性、超越性等特点。③

现有的对课堂生态的研究在一定程度上为班级生态研究提供了重要参考。李森认为课堂生态具有整体性、协变性和共生性三大生态特征,具有滋养功能、环境参照功能、动力促进功能和制度规范功能等四大生态功能。④ 课堂生态是课堂场域中具有有机联系的要素构成的统一整体,要素之间具有内在统一性;课堂生态内部各个要素相互作用、相互影响,一方的变化导致另一方发生协同变化;课堂生态中的教师和学生在存在形态上表现为一种共生态,一方的存在状态以另一方的存在状态为条件和依托,一方存在状态的变化直接或间接地对另一方的存在状态产生影响。

5. 生态型班级的建设指标

班级生态是由不同生态要素组成的系统,良好的生态系统具有良好的功能,能为班级建设创新提供新思路。孙芙蓉强调生态系统首先应具有充沛的师

---

① 肖川. 文化生态视域中的师生关系[J]. 高等师范教育研究,1999(4).
② 林小燕. 以活动促进生态型班级建设[J]. 班主任,2018(1).
③ 陈东永,李红鸣,郭子其. 学校文化生态教育的整体育人实践研究——以成都树德中学的"卓越人生"教育为例[J]. 中国教育学刊,2018(3).
④ 李森. 论课堂的生态本质、特征及功能[J]. 教育研究,2005(10).

生活力;其次,教师活力与学生活力、学生活力与学生活力之间应高度适配并形成良好的结构;最后,这种充沛活力和良好结构还能在条件改变时具有较强的自我恢复能力。因此,可以将活力、结构、恢复能力作为建构生态型班级的三个基本指标。①

6. 生态型班级建设的路径

生态意识的养成是建设生态型班级的基础,尤其是教师的生态意识至关重要。教师持有生态意识就会将班级看作生态系统,用生态化的思想理解班级教育、把握班级管理。刘贵华等认为"整体意识、开放意识、共生意识、文化敏感意识、动态生成意识"构成教师的生态意识。② 他认为生态意识的提升需要从生态文化、自主权、生态知识学习及批判性反思等多方面推进。另外,申学峰等也从"生命、情感、智慧、问题及动态生成"等五个方面来构建生态。③

向生活延伸以获取班级建设所需的丰富资源,是生态型班级建设的重要路径。可以从创设班级环境、建立班级建设框架、关注人的生命成长、创建多元评价等方面构建生态型班级,如创设和谐的课堂环境,创建自主的学习、生活氛围,建立有效的教学框架,关注学生生命的成长力,形成多元化的评价体系等。只有与社会、自然、文化等因素和谐相处,将课堂教学延伸到生活中,才能实现学生的可持续发展,真正实现班级生态的构建。④ 基于环境资源的生态型班级建设,需要从所处环境中获取各类发展性资源,支撑班级建设的需要。刘茜提道:"基于乡村班级实际,我充分利用周边的各种资源,努力发现学生的潜力,通过活动让他们获得正向成长,从而使班级建设走向生态化。"⑤

有研究认为生态型班级建设可以通过班级内外联合活动、文化建设活动、学科融合等路径共同推进。具体展开为:①生态型班级的建设发展与学校、社会、家庭密切关联,彼此影响又互相渗透,可以从内外联合活动着手,共同促进

---

① 孙芙蓉.病态课堂产生的原因及对策——基于生态学的思考[J].课程·教材·教法,2013(6).
② 刘贵华,岳伟.论教师的课堂生态意识及其提升[J].教育理论与实践,2015(16).
③ 申学峰,周钧光.构建彰显生命的生态课堂[J].教学与管理,2006(22).
④ 罗丹.生态课堂的实现途径[J].教育评论,2014(7).
⑤ 刘茜.生态班级建设的实践探索[J].江苏教育,2018(12).

生态型班级建设。②生态型班级文化建设与班级日常生活的空间、资源、内涵有着密切的关系，可以以文化建设活动推进生态型班级建设。③各学科教师可以通过共同协作，将班级资源充分融入学科教学之中，并以学科融合的力量促成生态型班级建设。

系统思维与整体构架是生态型班级建设的基本逻辑。班华教授认为，从系统论看，班级教育是一个发展性的系统整体，其子系统有：班主任主导下的教育合力；班级教育目标与计划；班级教育实施系列，包括班级教学、班级集体、班级活动、班级文化、班级管理；学生发展性评价。① 班级教育系统是由各个子系统有机构成的整体。每个子系统是班级教育系统整体的一个维度、一个侧面，都具有整体性特征，同时又具有各自特有的教育功能。班级教育系统整体的各个子系统可归纳为四个方面，分别是班级教育谁来做、做什么、怎么做、做的结果怎么样。②

（二）国外生态型班级的研究

1. 更多关注资源、环境等动态因素及其影响

国外许多对教育问题的研究基于对生态范式的借鉴和运用，从教育资源的布局、教育与环境的关系等方面来分析教育的生态。对学校环境的生态学研究更多地关注学校情境中个体行为与环境的关系。教育生态的研究兴起于宏观问题研究，发展于对教育微观生态的解析。英国学者约翰·埃格尔斯顿的《学校生态学》(1977)独树一帜，以研究教育资源分布为主旨。华盛顿大学的约翰·I.古德拉德则侧重于微观的学校生态学研究，首次提出学校是一个文化生态系统(cultural ecosystem)的概念。生态学家C. A.鲍尔斯对微观的课堂生态和宏观的教育、文化、生态危机等教育生态问题进行了深入的研究。

美国教育生态学代表学者劳伦斯·A.克雷明认为生态学强调事物之间的联系，"把各种教育机构与结构置于彼此的联系中，以及与维持它们并受它们影

---

① 班华.建设中国特色的班级教育学[J].教育科学研究,2018(4).
② 班华.班主任与发展性班级教育系统[J].河南教育基教版,2008(28).

响的更广泛的社会之间的联系中来加以审视"[①]。克雷明教育生态学思想的核心在于把教育视为一个有机的、复杂的、统一的系统,认为教育生态系统中的各因子(学校及其他教育者)都有机地联系着,这种联系又动态地表现为一致与矛盾、平衡与不平衡。

2. 注重对班级客观环境的研究

国外班级研究和国内的研究范式有着显著差异,国外研究更加侧重社会大环境对课堂的影响,关注教室内部客观物理环境对学生的影响,注重课堂生态环境对学生学习的影响等。如有研究关注班级建设的客观环境对学生成长的影响,包括教室布局、座位分布、光线等因素对学生的影响。J. W. 吉利兰德指出,最适宜学生智力活动的教室温度是 20~25 ℃,每超过这个适宜温度 1 ℃,学生的学习能力会相应地降低 2%。[②] 教室中的声光电等自然环境都成为影响学生成长的生态体系中的组成部分。美国堪萨斯大学的 R. 巴克和 H. 赖特关注环境对儿童的影响,分析了"个体儿童在日常生活环境中的行为""生态环境对个体行为的影响"。巴克认为,一个行为情境是一个生态单位,由物理环境和行为程序组成,一旦个体进入一个行为情境,他的行为就会明显受到物理环境和行为程序的影响。因此,班级环境是客观存在的,只有与人的发展产生交互,才能将主体融入环境中。

3. 关注班级中主体间的互动与共同体建设

国外研究更多关注班级中不同主体之间的互动交往。关注人与人之间的平等互动与沟通,注重利用小团队的协作,引导学生养成团队意识。美国的班级教育研究高度关注每一个学生主体,注重营造公平、参与、互动的班级教育环境,倡导平等、尊重个性、尊重差异、崇尚创新,以及寄予高期望等。美国学者金伯利·坦纳围绕"公平教学策略"来促进学生投入学习、营造课堂公平,并提出五个维度的策略:给学生思考和谈论学习内容的机会;鼓励、要求和管理学生的参与;为所有学生构建一个包容、公平的课堂共同体;通过监控教师自己和学生

[①] 王玲,等. 教育生态学研究进展概述[J]. 中国林业教育,2009(2).

[②] Gilliland J W. How environment affects learning[J]. American school and university,1969(12).

的行为来培养发散型思维;对课堂上所有的学生进行教学。①

国外研究也提倡以共同体建设支撑班级建设。建设共同体成为丰富师生关系、推动生生关系构建的有效途径。美国学校在班级中通过合作小组的方式引导学生相互关心、互相帮助,以培养学生的群体意识。玛拉·萨波-谢文指出,共同体的建立不仅需要积累时间和共享经验,还必须为学生提供多样化的机会去认识自我、认识他人,并以积极的、支持性的方式进行交往。②

4. 视生态型班级为一个动态变化的复杂系统

杜威提出"学校即社会"的教育思想,认为班级作为学校这个小型社会中的基本组织,也应有社会的基本特征。学校被视为小型社会,社会有多复杂,学校教育就有多复杂,教育与社会的关系也就有多复杂。班级的复杂性也就体现在班级内部主体与内在环境、外部主体与外在环境之间的相互作用之中。加拿大教育家迈克尔·富兰借用复杂性理论对教育变革进行分析,认为教育系统是一个处于稳定与不稳定、平衡与不平衡之间的反馈系统。系统中所有因素既相互关联又相互作用,以一种自我组合、自我学习的方式,不断改善彼此间的行为,朝着特定的目标在稳定与不稳定之间摆动,并在混沌的临界点达到某种和谐。③

班级建设的复杂性体现在不完全可控,一点点意外因素都能够直接影响班级建设的进程和效果,且往往不容易被发现。做好班级建设,必须以认清班级建设的复杂性为前提,迈克尔·富兰认为,我们无法控制变革的复杂性,但是通过更好地理解复杂性变革的运作机制,以及有效利用社会关注因素,可以发掘利用它巨大的自然威力。④ 在班级中,主体是富有主观能动性的人,教师、学生、家长的认知、情感和行为受到多方影响而形成并有所差异,外来因素也会增

---

① 高向斌,光霞.提升学生学习投入　营造课堂公平——美国课堂教学的五维度21条教学策略评述[J].教育科学研究,2015(3).
② Mara Sapon-Shevin. Building a Safe Community for Learning to Become a teacher: Making a Difference in Children's Lives,ed. William Ayers[M]. New York teachers College Press,1995.
③ 富兰.变革的力量——透视教育改革[M].中央教育科学研究所,加拿大多伦多国际学院组织翻译.北京:教育科学出版社,2004.
④ 富兰.变革的力量——透视教育改革[M].中央教育科学研究所,加拿大多伦多国际学院组织翻译.北京:教育科学出版社,2004.

强、放大班级建设的复杂程度。正如复杂性理论提到的,在复杂系统中,最小的不确定性也会通过糅合而得以放大,并会在某一岔点上引起突变,从而使整个系统的前景变得完全不可预测。

5. 关注生态型班级的平衡发展功能

生态功能对班级建设有着重要作用。美国社会学家塔尔科特·帕森斯认为,班级主要具有如下功能:维持团队,保障课堂;管理学生,激发团队;管理目标,引导实现;平衡与协调影响班级发展的内外部因素。[①] 他对班级建设中的不平衡及带来的影响做出了探索性的研究。

(三) 对已有研究的评析

通过对现有文献的研究,我们能够大致梳理出生态型班级的样态,对其内涵、要素、特征、建设路径等产生基本的认知。

1. 已有研究的启示

(1) 生态型班级是一个生命成长共同体

通过上述文献,我们认识到生态型班级是不可人为割裂的统一体,是相互作用、相互依赖的统一体。生态型班级作为一个生态系统,就是在一定区域中共同栖居着的所有生物与其环境之间由于不断地进行物质循环和能量流动而形成的统一整体[②]。生态系统是结构和功能的统一整体,生态共同体的每一个部分、每一个小环境都与周围的生态系统处于动态的联系之中。处于任何一个特定的小环境中的有机体,都影响和受影响于整个由生命体和其所处环境组成的网。基于此,生态系统呈现出了整体性、开放性、多样性和交互性等特征,每一个生命体在系统中均有自属的生态位,且都帮助维持生态平衡。"多样性、层次性、结构性是生态系统稳定的保证。从系统论的角度看,要素具有平权性,每一物种不论处于生物链顶端还是底端,都是生态系统的结构性组成部分,都对生态系统发挥着作用。生态位层次之分只是系统的内在需要、现实需要,并不

---

① 帕森斯.作为一种社会体系的班级:它在美国社会中的某些功能[C]//张人杰.外国教育社会学基本文选.上海:华东师范大学出版社,1989.
② 奥德姆.生态学基础[M].孙儒泳,等译.3版.北京:人民教育出版社,1981.

代表高低贵贱之别,高低贵贱之别是人为加入的价值判断。"①正因如此,每一个生命体在班级中的存在都有着其价值和作用。在班级建设中,生命成长共同体是教师、学生、家长相互关联的充满生命成长气息的组织。班级建设以主体生命成长为主旨,以教师、学生、家长三者的共同成长为连接点,使三者在生命成长的过程中各自彰显生命价值,让三类群体的生命在班级的互动交往中获得升华。班级中的生命成长共同体需要三类群体产生实质性的交往,交往主体要成为观察者、记录者、参与者、指导者、研究者、协作者。这些角色的实现,需要班级提供更多师生同台、亲子同台、教师与家长同台的活动,通过各种不以知识教学为目标的活动来激发主体之间的互动交往。通过主体之间有序的交往互动,学生、教师、家长彼此关联的一个有机生命组织得以形成。这个组织以学生成长为核心,以教师和家长成长为纽带,在学生成长过程中体现教师自身价值、提高家长素质,使班级健康、家庭幸福、社会和谐。

(2) 生态型班级建设基于班级的日常生活

班级的生态发展源自最普通的日常生活,班级活力源自内部群体之间的日常交往及与外部的联系。因此,班级建设基于日常生活,通过丰富日常生活内容,激活群体交往。

研究表明,丰富的互动与交往所形成的关系是生态型班级的重要特征,而这些关系的形成往往基于日常生活所带来的资源。因此,班级生态基于真实的班级日常生活存在,如果脱离班级日常生活,生态便不复存在,便会丧失班级主体的真实性,导致形成一系列虚假的主体,甚至产生生态危机。基于日常生活的生态型班级,可以让每一个主体过上有意义的生活。每一个主体在班级生活中,通过互动、交流甚至冲突,形成在班级中的生态位,发挥自身独有的价值和作用,并获得个性的发展空间。

"班级日常生活中的学生自主行动具有不同于个体情境下自主行动的特殊性,是众多主体之间通过合作,并且在成人的教育下而发生的自主行动,是在班

---

① 朱振林.生态位重叠与生态位空场:生态系统视角下高等学校的错位发展[J].黑龙江高教研究,2013(4).

级生活世界中存在、锻炼和发展着的自主行动,也因其超级复杂性而具有了创生更丰富的世界、提升人的发展水平的重大价值。"[①]正是随着主体意识的发展,学生才成为班级日常生活的主体,这一转变促成了日常生活的生产性与创造性。尊重学生的意愿,研究学生的成长需要,赋予学生参与班级建设的主动权,将班级还给学生,这正是富有特色、充满活力的班级建设的不竭源泉所在。

不仅是学生群体,教师群体、家长群体的自主行动也丰富了班级日常生活,并促使它不断更新,创造出属于教师、学生、家长自己的班级生活世界。美国学者菲利普·W.杰克森在其《教室里的生活》(*Life in Classrooms*)一书中提出"无论从任何一个角度去观察或讨论,教室生活都是如此之复杂"。在真实的复杂生活中,生态体系中每一个个体都是真实存在的,对生态体系都有着自己的真实需要。正如马斯洛在需求层次理论中提出了五个需求层次:生理的需求、安全的需求、归属和爱的需求、尊重的需求、自我实现的需求。这五种需求是每个人最基本的需求,伴随着个体的成长构成不同的水平,并指引个体行为。无论是教师、学生还是家长,都有着富有个性的需求,众多个性需求交织在一起,从而构成了复杂的班级形态。正如有学者说的,学校是一个小社会,而班级就是小社会中的社区,其日常生活蕴藏着丰富的个体资源和教育价值,为班级主体需求的满足提供无限可能。班级是学生日常生活的一个中心场域,同家庭环境类似,班级为学生成长提供丰富的资源,"提供给学生稳定、安全的物理空间""提供给学生密切交流、合作的社会空间""提供给学生在群体中吸取资源、健康发展的个性空间""提供给学生参与丰富的班级生活、自主创造日常生活的发展空间"[②]。

2. 已有研究的不足

(1) 班级中主体之间的多维互动研究薄弱

随着时代的发展,社会互联互通水平越来越高,学校已经从封闭的校园走向了"没有围墙的学校",面临着前所未有的复杂局面:教师、学生、家长都自带

---

① 李家成. 班级日常生活重建中的学生发展[M]. 福州:福建教育出版社,2015.
② 李家成. 班级日常生活重建中的学生发展[M]. 福州:福建教育出版社,2015.

资源,他们交织在学校教育实施的具体场所——班级之中,并各自发挥着主体的作用。因此,当下的班级建设,需要把学生个体置身于学生群体、班级群体之中,将个体发展融入群体发展之中,实现从帮助"个体成长"向推动"群体共生"的系统性、融合性思维转变。

传统班级建设通常重点关注个体成长,缺乏对群体、团队的有效引导,主要存在以下问题:①师生之间是割裂的,难以形成协同效应。教师与学生的互动主要是知识学习的互动,缺乏生命成长的"立体感",缺乏情感的交流,容易导致师生之间的"漠视",甚至"对立"。②师师之间存在学科式隔离,没有形成教育合力。班级教育中教师主体的单一形成了班主任的"独斗"与其他科任教师的"旁观",一方忙忙碌碌,另一方"围观""欣赏""评鉴",只教书不育人,难以实现教师的相互尊重与认同,在面对同一学生群体时,也容易出现教师"各说各话"和学生"无所适从"的情况。由于当前实施的是分课程教育体系,许多非班主任的科任教师主动撂下了育人职责,将其自身定位为"知识的讲授人",难以形成协同育人的氛围。③教师与家长之间"隔空喊话"。教育理念与教育现实之间的差距导致教师与家长之间的冲突愈演愈烈。尤其是班级微信群中的言语冲突等,无不透露出紧张的家校关系。以上这些问题,一定程度上归咎于将各类主体视为单独个体,没有将其群体特征及与其他主体相互作用的因素考虑在内,造成了"只在此山中,云深不知处"般的困顿局面。

(2) 班级中生态因素研究缺乏系统性整合

教育生态学缺乏对班级的关注。教育生态学是一门涉及内容广泛,且宏观微观皆能涵盖的学科。现有的著述大多用生态学方法进行从学校到课堂的分析、诠释,用理论表述、经验阐释、标准统计等开展全面分析研究。

基于生态学视角的教育研究,大多数是对教育环境中诸多主体及变量的测量、分析,它们具有更多的诊断功能,然而,这些研究缺乏足够的理论解读和能够运用在教育实践过程中的模式探索。

因此,分析清楚生态型班级的构成要素、组织形式、主体交往机制、作用机制等,能够有效改变教育实践过程中"头痛医头、脚痛医脚"的局面,提高一线教师主动开展教育实践、合理解释教育问题、探索创新教育模式的意愿与可能。

(3) 对生态型班级的界定与认识模糊不清

目前的研究以生态教育、生态环保意识教育等为主题开展班级建设的居多,缺乏基于生态型班级建设本身的视角。针对当前班级建设中存在的复杂现状,以生态的理念切入,探讨班级建设中教师、学生、家长、社会等之间的相互影响与作用,将把复杂形态中的班级建设诠释得更透彻。相较于社会、学校,班级是更加贴近师生生命成长的教育生态场所,其中的诸多主体相互作用、相互影响、相互适应、同生共长,形成一个基于班级的教育生态系统。这个系统具有开放性、整体性、复杂性、系统性等特征,能够最大限度地容纳当今班级教育中的诸多主体,实现多主体的和谐良性互动,并极大激发班级教育的活力,营造出师生生命共同成长的良好生态圈。

当前,班级建设中的生态特征并不明显,需要在生态视角下进行重构,更需要构建能够运用在教育实践中的生态模式。教育生态应该更多关注良好生态的形成过程,而非产生"生态危机"后的诊断。现有有关教育生态的研究,很多是从生态危机与生态修复的角度来展开的,并制定有相关教育措施与策略。这些措施与策略的科学化考核指标体系繁复,标准化程度高,适用于教育生态的科学诊断。但从教育实践角度来看,应直面班级建设中更多的个性需求和生命发展的无限可能,用生态的复杂性和系统性思维来审视和分析班级建设,以实现复杂环境下班级建设的新突破。

三、研究意义

(一) 理论意义

1. 对教育生态研究断层的重要弥补

要实现学校层面的整体变革,必须先从班级层面做起,再发展到学校层面。[①]班级作为教育实践的一个主阵地,基于生态学的教育研究必然要深入班级建设层面。M. 马拉指出:当生态学范式重新塑造了我们与世界以及其他人的联系,

---

① 王建军,叶澜."新基础教育"的内涵与追求——叶澜教授访谈录[J]. 教育发展研究. 2003(3).

这种范式必将引起教育学界的研究者们从生态学的角度重新思考教育问题。① 生态系统是一个丰富的、复杂的、具有生命活力的系统。但自科学主义盛行以来,学校教育、班级管理处于规训、控制模式,课堂被简单化和异化,班级应有的生态含义也被机械观所抹杀,因此,需要明确提出生态型班级这一课题,挖掘出班级中潜在的教育资源与教育互动机制,从而更深入、更系统地理解班级建设的繁杂现状,并重构复杂形态的班级。

当前以生态为主题的班级建设研究,更多聚焦于生态环保意识教育、生态环境教育、学校生态环境等,而不是对班级要素、班级结构、班级功能的生态学诠释。因此,以生态学视角重构班级建设,有利于研究复杂形态下的班级构成因素、班级结构、班级功能等内容,以解决当前班级建设过程中的种种现实问题。

2. 促进生态型班级建设理论的形成

本研究将班级教育过程中的诸多主体统一在生态学视角下,推进基于生态学视角的班级建设研究,让各个主体在班级教育过程中获得融合、共生、成长。班级是学生生活的场域,其中蕴藏着重要的教育资源。班级生活不仅为解决班级公共事务而存在,还为培养班级成员的公共理性和参与公共生活的能力,提高其解决班级人际交往冲突的能力而存在。② 同时,"新基础教育"研究中的班级建设,就是通过班级生活提升师生的生命质量,成就师生的生命价值,促进学校变革发展的。

现实中,班级建设中多种主体的割裂给班级教育带来困境,同时也带来了新的研究方向。封闭与开放成为班级建设中的两种形态,各个主体在现有的班级建设模式中难以获得共生发展。同时,班级建设脱离了学生的日常生活,脱离了教师主体意识的教育活动,带来了基于管理的"虚假生活"的活跃,远离了贴近真实需要的"真实生活",造成培养效果与培养目标的偏差。当今世界,信息技术的快速发展对学校教育产生了巨大影响,各种信息通过"互联网+"形态进入班级教育活动中,使得班级教育逐渐显现出多样形态,也承载教师、学生与

---

① Marla M. Ecological Consciousness and Curriculum[J]. Curriculum Studies,2002(5).
② 马兰霞.公民教育视野下"班级公共生活"的构建[J].思想理论教育,2010(20).

家长等主体更多向度的沟通交往。因此,需要对复杂形态的班级建设进行全面性、整体性的剖析,从生态学视角分析班级建设过程中的交往互动形式与相互作用机制,构建基于生态学视角的班级建设理论体系,让诸多班级主体在复杂形态的班级建设中获得融合共生发展。

(二) 实践意义

1. 促进班级建设的生态转向

班级是学校开展教育教学工作的基本单位,班级形态的变化直接影响到教育效果的达成,而健康可持续发展的班级建设能为学校变革奠定坚实的基础。班级各个群体的割裂状态反映出当下班级建设的痛点和窘境。

以生态型班级为主阵地,搭建多生命体共同成长的班级建设平台,满足班级内各类主体追求发展的美好目标。以生态意识主导班级群体的交往,推动多群体间的交互连接,缓解班级内教师、学生、家长群体间交互的无意识割裂状况,将社会讯息转化成班级建设所需要的教育资源。主动构建以多群体融合共生来创新班级建设的新模式:各类主体的发展需求能够在班级建设过程中得到有效表达、积极反馈;各类主体的发展能从班级建设中获得有力支撑;班级发展能得到各类主体的合力支持;各类资源能在班级中得到有效整合并转化为班级建设的支撑性资源等。最终,班级中的各类主体都能在班级建设中找到合适的生态位,为班级建设贡献力量,并获得自身成长的资源。

2. 以生态理念引领班级发展的资源建设

班级作为一个生态系统,它与外部环境之间存在物质、信息、能量的循环和交流。这种班级内外部之间的交流,一方面能为班级建设带来丰富的社会资源,并注入新的教育素材;另一方面,这种内外部的交流也是一柄双刃剑,各种信息输入班级中,也给常规的教育活动带来某种程度的秩序冲击和效果干扰,甚至产生负面影响。在外部信息输入的过程中,需要作为班级建设主导者的教师及时对这些信息予以关注,并对这些信息进行加工和处理,选择贴近学生生活实际、与学生成长紧密相关的教育资源来支撑群体发展。

班级建设过程中需要富有教育价值与意义且贴近学生日常生活的教育资

源。这些资源能够通过班级中诸多主体与班级外部环境的信息交流互动获取,通过各个群体有序、合理地输入班级建设中。教师、学生及家长等群体接触到的日常资源都可以转化为班级建设中用以支撑各群体参与班级建设所需的重要教育资源,这从根本上解决了班级建设资源脱离学生日常生活的问题。在班级获取新教育资源的过程中,各个群体之间的相互支持与干扰难以达到一个平衡的状态,强势一方往往占据主导地位,弱势一方的需求则被弱化、忽视,导致班级生态失序乃至生态平衡被破坏。因此,需要以生态理念来引导班级建设过程中多主体之间的角力,让每类主体都能合理表达诉求、提供富有教育价值的资源,并共同参与到班级建设的过程之中,让参与感、获得感、成长感、认同感引导和支持各类主体的发展,最终形成多元开放的教育资源体系。

四、研究思路与方法

(一) 研究思路

本研究的核心思想是构建生态型班级建设中多主体的融合共生机制,通过多主体交往实现班级建设的健康发展,推动多主体的生命成长,让教师、学生及家长都能有序参与班级建设,并从中获得参与感和认同感,以期实现多层次多样态的共同发展,从而形成和谐共生的班级形态。基于这样的构想,笔者拟从生态型班级建设的内涵、特征和生态型主体交往机制开展研究。其中,建构生态型班级的目的是试图解决当前班级中主体虽多,但交往单一,且不成协作体系的困局;而当下的主体交往没有将个体发展置身于班级生态圈中,使得诸多主体发展单一,无法满足不同教育主体的多样需求,也无法形成教育活动的"蝴蝶效应"并实现教育效果最大化。基于班级建设的实践以人的发展为核心要素,更应突破单一思维,突出复杂环境下多样态教育活动中主体间的交往、沟通等,从而构建生态型班级,为班级教育形态多样化提供支撑。

基于此,本研究围绕"提出问题—澄清问题—分析问题—解决问题"的框架,以生态系统健康理论为支撑,从生态活力、生态组织结构和生态恢复力三个维度,分析班级建设中生态型主体的交往机制,以期厘清复杂环境或复杂关系中主体形成教育合力的机制,从而促进班级建设的变革,为学校变革提供新的动力源泉。

(二) 研究方法

1. 文献研究法

文献研究法是生态型班级建设研究的基础方法。通过对相关文献进行梳理,在辨析生态、班级建设等主题的基础上,借鉴有关概念和信息,厘清生态型班级建设的概念、基本内涵、特征等内容,构建班级建设的模型。在中国知网进行主题检索,发现在班级建设方面对"生态"的理解及其理论运用的文献规模不大,部分研究存在概念转化生硬,甚至将"生态"仅仅理解为"自然环境"等偏差情况。生态学源于生物学,在自然科学领域研究的体系化建设完备,但是在社会科学领域,尤其在教育领域的研究还有较大空间,研究者对生态的理解、应用也呈现出多样性。因此,本研究试图通过文献梳理,整理出生态理论的主要内容及构建模式,分析班级生态的主要因素及相互之间互动的内容和途径,厘清目前班级建设中存在的缺陷,为构建生态型班级做好基础准备。

2. 调查研究法

(1) 问卷调查法

问卷调查法在本研究中对分析群体之间的认知与互动有着至关重要的作用。调查问卷主要围绕学生、教师、家长对班级建设中存在的问题的认知模式,调查不同主体对同一问题背后隐藏原因的感知,并对其他主体的交往形态、沟通内容等进行分主题研究;同时调查各个主体对班级建设的关注点、痛点的认知情况并进行综合比较分析。

生态型班级中的群体互动具有"显性"表征和"隐形"特点,班级群体中人与人之间的互动维度有时候难以直接观察得出。本问卷针对教师、学生及家长三类群体的自我认知、群体相互认知及群体互动情况等进行系统的设计,基于江光荣编制的《我的班级》问卷,除了以学生视角对班级的认知进行调查外,新增了教师和家长对班级的认知、三类群体之间基于班级情境的认知及其互动情况的调查,为摸清班级中的生态现状及后续要求提供科学理性的依据。本研究的问卷调查情况为:问卷发放群体为小学阶段中高年级(小学三至六年级)的教师、学生和家长,共收集并分析有效教师问卷 478 份、学生问卷 6266 份、家长问卷 6266 份。问卷采用 SPSS 25.0 进行分析。

(2) 访谈法

访谈法是根据事先编制的访谈提纲,与访谈对象进行面对面的沟通,了解受访人对班级生态的基本认识、所持态度,以及对其班级整体情况、三类群体交互情况的认知,结合上面的问卷调查,对生态型班级开展多维视角的分析。根据班级建设的特性,选择不同群体进行访谈是本研究的主要研究手法。

访谈部分,针对教师群体,选取班主任与科任教师,从性别、教龄等方面选择不同对象进行深度访谈,共选择教师 8 人;针对家长和学生群体,从区域、学校性质(公立与民办)、家长角色(父亲或母亲)、年级、学生性别等方面选择不同对象,访谈家长和学生各 8 人。

3. 行动研究法

行动研究法是在自然、真实的教育环境中,研究者按照一定的操作程序,综合运用多种研究方法与技术,以解决教育实际问题为首要目标的一种研究模式。生态本身就是一种真实存在的状态,所以生态型班级建设一定是基于日常生活状态下的班级活动。为深入班级了解当前班级生态的现状与痛点、各类主体对班级建设的参与方式与关注内容,我们选择了一所小学的一个班,进行了为期近两年的入班跟踪研究,采取沉浸式的方法,深入观察、了解班级中的生态因素,弄清楚班级生态主体间的交往模式和作用机制、群体之间的交互方式及存在的问题,为构建生态型班级提供新思路、新方法。活动过程中,根据生态型班级建设的需要,做一个整体设计,活动具体实施前也会根据班级的即时状况、学生的成长问题等方面进行微调。同时,收集班级中突发的各种影响班级建设的真实案例,以期了解班级的真实生态。最终,以行动研究法观察各群体在交往中存在的问题,引导班级生态主体间的交往,优化其交往模式,规范其作用机制,以达到构建生态型班级的目的。

第一章 生态型班级的内涵及其建设意义

德国哲学家莱布尼茨说过:"世界上没有两片完全相同的树叶。"物种的多样性也正是这个世界的精彩之处。中国古代圣贤老子在《道德经》中著述:"道生一,一生二,二生三,三生万物。万物负阴而抱阳,冲气以为和。"世间万物皆有联系,万物之间皆有和谐共处之道。哲人们给我们描绘了一幅万物共存中渺小的个体也能够秉持初心并有着自身独特存在的美好愿景。

圣贤启迪我们要珍惜世间万物独到之精彩,作为师者,更应珍视每一个孩子。在汇聚众多精彩生命可能的班级中,需要一个多样的场域,才能装得下诸多精彩的瞬间。我们期待在各类形态的班级中,每个人都有着自己独有的一份精彩,身居其中的教师在教书育人的初心坚守中能收获精彩纷呈的生命瞬间,身居其中的学生都有着闪耀自身光芒的时刻,能够有所成长,获得自在。如杜威所说:学校必须呈现现在的生活——对于儿童说来是真实而生气勃勃的生活,像他在家庭里、在邻里间、在运动场上所经历的生活那样。[1]

这一美好愿景的实现,看似简单,实则复杂,尤其是在万物皆可互联互通的信息时代,教师与学生都不是一个个纯粹的个体,而是一个个信息流的"输入体"和"输出体"。鉴于个体复杂形态的出现,我们需要重新审视"班级"这一熟悉的名词,分析这一学生成长过程中最主要的场域。但将生态导入班级并非易事,需要明确相关概念才能展开稳定持续的研究。或许正是应了生态之义,生

---

[1] 杜威.杜威教育论著选[M].赵祥麟,王承绪,编译.上海:华东师范大学出版社,1981.

态系统有多样性,生态型班级也形态多样,万般班级皆有存在的可能及价值。

一、生态型班级的概念

正如生态系统具有多样性一样,研究者们对生态型班级的认识也各不相同。虽然研究者和一线教育工作者在实践过程中对生态型班级一词屡有提及,但是对其缺乏统一的看法。环境生态、文化生态、意识生态等都成为各路研究者或一线教育工作者对生态型班级下定义的切入点。所以,厘清生态型班级的内涵和外延,和它在当下教育实践情境中的意义,是讨论这一问题的基点所在。

关注生态型班级建设,是为了改变科学主义盛行下机械化班级管理模式中充满病态的规训、控制的现状,破解班级建设千班一模的同质化发展困境,努力实现班级建设的千姿百态。只有深刻认识生态型班级建设的内涵和特征,才能构建一个复杂形态下的班级生态系统,印证生态型班级的理论活力与实践价值。

(一)生态型班级的含义

教师、学生及家长都是班级建设的主体,是班级建设的亲历者、参与者,三类群体参与班级建设的程度并不一样,由此带来了班级建设的丰富内涵和多样形态。在班级建设中,客观物理存在是班级作为固定物理空间的基本形态,群体的主观存在则是班级建设的核心要素,各类群体所持观念、态度和行为都深刻影响班级建设。毋庸置疑,只有通过多群体协作,才能形成一个健康有序、充满生机活力的生态型班级。在理想的生态型班级建设模型中,教师、学生和家长等生命个体及聚集所形成的大小群体以一定的生态结构共同存在于班级生态系统之中,个体在班级日常生活中与群体相互交往、相互作用,形成自身独特的生态位,并不断与外部环境进行物质、信息和能量的交换,从而形成班级建设的价值共同体、行动共同体和责任共同体。

正如大自然的丰富多样一般,生态世界也是多姿多彩的,生态型班级的构建必然是一个复杂的过程,因此生态型班级的界定也难以用一个简单的概念来描述。

1. 生态型班级是一个生态系统

班级作为师生共同成长的重要场域,十分贴合生态的原意。"生态学"(ecology)一词源于希腊文"oikos"和"logos",oikos 表示住所和栖息地,logos 表示学科,原意是研究生物栖息环境的科学。[①] 对于同样是复杂系统的班级,借助生态学视角的研究可以帮助我们认清班级中的复杂构成,并研究其内部各要素之间的作用。

班级内部要素构成的生态系统,有着其自身的特殊性。"生态系统是生物圈的基本单元。它是由一定空间内生物成分和非生物成分组成的具一定结构和功能的生态学单位。生态系统内部具有自我调节能力,调节能力的大小依赖于系统内部的生物多样性。结构越复杂、生物多样性越丰富,生态系统的自我调节能力越强。"[②]美国生态学家罗伯特·惠特克认为生物学是"生物因素、社会因素和历史因素之间及它们内部的相互作用,而这些因素总是包围着一个人所在的家庭、学校、邻居及彼此重叠着的社会团体"[③]。

班级生态是一个复合生态系统。范国睿在《教育生态学》一书中提出,学校生态系统是由人、活动、环境构成的复合生态系统,班级生态也是如此。班级中的教师、学生和家长群体通过各种教育教学活动,与班级环境相互作用而构成班级生态系统。班级中的生态主体是教师、学生和家长三个群体,而班级环境包括班级的内部环境与外部环境,为班级中各类人员提供了开展各种活动的空间,因此,班级环境与学生、家长、教师之间的关系构成班级生态的重要内容。

2. 生态型班级是多主体参与的生态圈层

生态型班级是一个系统圈层,犹如鱼群所在的池塘,鱼儿生活在池塘中,与各种环境接触、相互作用,最终形成一个生态圈层。班级生态是一个由班级中所有生命体和班级环境相互作用所形成的系统。在系统内部,随着班级中各种能量的流动,一定的班级结构、班级多样形态和物质循环逐渐形成。

要构建生态型班级,必须弄清班级的生态构成,班级中的生物和环境构成

[①] 孙芙蓉.课堂生态研究[M].杭州:浙江大学出版社,2013.
[②] 周鸿.人类生态学[M].北京:高等教育出版社,2001.
[③] 孙芙蓉.课堂生态研究[M].杭州:浙江大学出版社,2013.

班级生态的基本要素,即生态主体和生态环境。生态主体主要由教师群体、学生群体和家长群体构成,各个群体内部与群体之间都存在着正式的或非正式的、物质的或非物质的各种联系,各个群体之间有着千丝万缕的交叉互动、相互作用。三类班级生态主体之间存在错综复杂的关系,它们像三个相互交织的蜘蛛网。也可以将班级描绘成"池塘生态系统",三类生态主体在班级池塘中有着自己的分层、定位、功能及联系,三个群体共生共存于班级池塘中,并相互正向、负向地影响着彼此,最终实现稳定环境下的和谐共生。

班级生态中,各个群体内部的物质、能量和信息流动形成各自所属群体的生态系统,即班级中的教师生态系统、学生生态系统和家长生态系统。三个群体所形成的生态系统构成班级生态系统的核心部分。它们之间是相互作用的,一个群体生态的变化必然带来班级生态的整体变化,正向的生态影响促进班级生态的良好建设,负向的生态影响则会制约班级生态的健康发展。所以班级生态存在无限可能,有着多样的发展空间。

教师群体的生态系统。教师个体在班级中承担着教育者、管理者的角色,衍生出班级权威、管理控制、学生评价等职责。以上关键词汇是基于教师个体面向学生群体而总结的,是单向的,代表传统意义上的典型教师形象。但作为职业人的教师,是集多重角色于一身的社会人,与各类人员都有着紧密的接触。教师个体对学生而言是教师,有着传授知识、引领成长的职责;对学校而言是受聘者,需要履行教师的岗位职责;对学校管理团队而言是管理参与者,需要承担学校管理的部分工作;对同事而言是教育团队的组成者;对家人而言是家庭中的建设者;对学生家长而言,承担着守护学生成长的职责。教师有着如此多的社会角色,他在参与班级建设的过程中,必然是一个富含各类信息资源的个体;他在与其他人员互动的过程中,必然受到千丝万缕的影响。一个不受世事所扰的教师,在现代教育活动中早已不复存在。正是如此,在当下的教育活动中,教师群体生态的作用越来越凸显。简言之,教师个体有着自己的生态圈,而教师群体之间所形成的网络,就是对教师群体生态的最简单的界定。

学生群体的生态系统。学生生活在学校、家庭、朋辈等群体之中。在班级中,学生是学习者,是班级活动的参与者,是同伴成长的同行者,是家庭教育的呈现者。班级场域中的学生,是学校教育、社会影响、家庭教育、朋辈影响的综合体,受到各个环节的影响。身为学习者,学生参与学校开展的有计划、有目标的教育活动;身为孩子、伙伴,学生可以自愿选择生活方式。家庭对于学生而言具有保护和控制双重作用,原生家庭对学生的影响最为深刻,是一种综合性的、刻在骨子里的影响。因此,学生在班级中绝非一个"绝缘"的个体,并非只是知识的学习者,更是一个具有双向通道的信息综合体。所以,要认清学生在班级生态中的定位,学生的角色应该从"顺从"的"被管理者"向教学的"协作者""参与者""共建者"转变;学生也应该成为生态系统中的一环,成为班级生态的"从游""共生""竞争"等诸多生态位中不可或缺的一部分。

家长群体的生态系统。过去,在传统班级中,家长是有着重要作用却又无法发挥应有功能的一个重要群体,没有适当的途径和渠道让家长参与班级建设的过程。但是近些年,家长群体通过开放多元的新媒体渠道,时刻影响着班级建设。新时代的家长已经摒弃了"唯成绩论英雄"的古板认知,价值多元、需求多样、想法各异成为家长群体的新标签。家长通过各种开放渠道支持或干扰班级建设的事件频频见诸报端,这让教师开展班级活动时顾虑重重。同时,家长群体之间的横向交流与沟通在微信、QQ 等社交软件支持下更加活跃,家长之间较之前也容易形成各种关联,形成一定程度上的共识。因此,生态型班级建设必须充分考虑到家长群体的这个新特点,用好家长群体所蕴藏的教育资源,使其更好地服务于班级建设。

3. 生态型班级沉浸于复合生态环境之中

班级生态环境主要指班级所在的自然环境与人文环境,班级建设就是在"个体—环境"的相互作用过程中获得发展的。教师、学生、家长三个群体与班级环境共同构成一个生态系统。纵观关于班级生态的研究,针对教师群体、学生群体、家长群体的分类研究都较为深入,但还缺乏将三类群体共同纳入班级生态体系之中的深入研究,这也是本研究的初衷所在。教育生态学认为社会性的生态环境是复合生态环境,是指围绕主体、占据空间、构成主体存在条件的种种物质实体和社会因素。① 在班级生态环境中,教师、学生与家长的各种活动所依赖的种种物理因素与社会因素、生态主体与生态环境之间有着广泛的联系与深刻的互动,它们一起构成了班级生态系统。班级生态系统是人、环境与活动构成的复合生态系统。这里值得注意的是,班级的生态环境并非原生态、未经人工雕饰的自然环境,而是具备教育价值的特殊环境,是经过教育资源转化的"净化"的环境。

班级生态的自然环境是班级所处的物理环境,主要是班级空间布局、教室摆放物件、灯光照明、班级墙面布置等一些物理实体,是在班级中能够感知得到的物理因素,包括季节、天气、时间、空气流通、物品摆放、周边噪声等。班级生态的客观环境的典型是"学生座位",许多学者对班级中的座位安排有着深入研究,如 H. T. 赫特就曾以"空间位置"对师生交往的影响为题,对三种类型的空间结构进行比较研究:①传统形态的空间(秧田形空间)构成中,坐在前面、中间靠前位置的学生与教师、同学的互动较多,坐在后面、后面靠边位置的学生与教师、同学的互动较少;②马蹄形态的空间构成中,与教师互动最多的是坐在其正对面的学生;③分组形态的空间构成中,学生与教师互动的情况较为复杂,但学生之间的互动最多。由此可见,对于班级中的空间安排,秧田形空间更有利于教师的系统授课,有利于管理学生的课堂行为;马蹄形态的空间与分组形态的空间则更有利于学生在课堂中的相互交往。② 环顾时下班级自然环境,相比传统班级布局,信息屏幕、互动电子屏幕、远程智能视频系统等成为班级客观环境,为外部信息资讯进入班级内部提供了便利渠道。

班级生态的人文环境主要指班级所处的显性价值和隐性价值环境,这也是班级生态中最为复杂、最难弄清的构成部分。班级生态中的人文环境对三类群体都有着深刻的影响,尤其是对学生的自我管理、自我期望、群体情绪、人际关系及交往、班级满意度等方面有着重要的作用。前期对班级环境的研究以学生的成长环境为主,如江光荣编制的《我的班级》问卷主要针对班级环境进行测

---

① 范国睿. 教育生态学[M]. 北京:人民教育出版社,2000.
② 马和民. 新编教育社会学[M]. 上海:华东师范大学出版社,2002.

量,从师生关系、学生关系、秩序和纪律、竞争、学业负担等维度对班级环境结构进行研究,以期了解班级环境对学生发展的意义。另外,对于班级生态的人文环境,除了班风、学风、学生关系、教师价值观等之外,小群体之间形成的风气与氛围,如学生幸福感、学生志向水平、班风、教师满意度、家长满意度、学生满意度等变量都直接影响生态体系的形成过程。任何一个生态主体,在班级生态系统中都有着自身的生态位,并受到限制因子的作用,其一旦突破承压阈值,便会激变,引起班级生态系统的变化。如新闻报道所提及的师生关系紧张、不和谐;家长粗暴干预教育活动,通过网络舆论给教师施压;教师之间的"恶性"竞争,导致尊师重教风气渐失。以上种种,都是班级生态的人文环境恶化的直接表现。

4. 生态型班级是群体之间互动的均衡形态

生态是"生物与环境及共同生活于环境中的各个个体间或种群间的种种关系"[①]。班级建设中教师群体、学生群体、家长群体构成的有机整体和班级环境相互关联、相互作用,从而形成班级生态结构。总体而言,班级生态分为两个层次:一是班级生态环境与班级生态主体之间相互作用构成的宏观层次;二是班级生态主体内部之间相互作用构成的微观层次。

从生态主体而言,班级生态的主体是教师群体、学生群体及家长群体。班级生态系统的运行是由学生群体、教师群体、家长群体和班级环境进行能量、物质、信息交换而实现的,从而形成一定的系统结构。班级中的教师、学生和家长是班级生态系统的能量载体。班级本身没有能量,班级中的教师、学生和家长参与班级建设过程,通过三个群体之间的互动交流而实现能量的输入与输出。

当班级中教师、学生及家长的活动为班级生态系统注入能量时,这三类群体就成为班级生态系统的生产者;当学生、教师和家长等群体为班级建设注入新的能量,三者都能获得自身发展所需的支撑,成为班级生态环境中教育资源的消费者;当学生、教师及家长群体把吸收的能量经过自身消化后再输出时,三者又成为班级生态环境中教育资源的分解者。在班级生态圈中,教师、学生及家长都自带能量并输出能量,都是生产者、消费者和分解者。三个群体、三种角色功

---

① 李聪明.教育生态学导论——教育问题的生态学思考[M].台北:台湾学生书局,1989.

能,使班级生态呈现复杂性。任何对班级活动的抽象、单向的预设,都背离了班级生态的原始风貌,会导致班级生态遭到严重破坏,班级生态危机由此产生。

班级中的教师、学生与家长通过班级环境作用而推动能量流动,使三类群体在班级建设上形成统一。班级生态中强调群体的作用,传统班级中的教师个体、学生个体、家长个体难以与班级环境形成有效互动,无法实现能量流动。因此,班级生态必须以群体为单位,强调群体之间、群体与班级环境之间的关系,形成基于交互作用的稳定有序结构。我们将生态系统与复杂形态的班级作对比,发现班级场域与生态圈十分相似,二者在信息、能量和物质流动等方面面临一样复杂的情况,班级生态中的教师、学生、家长群体好比自然生态圈中的多个"种群",聚集在班级场域之中,并形成了不同生态圈层内外部相互作用的稳定生态结构。

(二) 相关概念辨析

1. 教育生态

教育生态学是生态学与教育学交叉渗透,以生态学视角研究教育系统内部及其与外部环境相互作用的学科。班级生态是教育生态的微观组成部分。生态视野下的教育系统是一个开放的系统,它与社会生态系统不断地进行着物质与能量交换,与其所处的社会环境相互作用。当教育生态系统中的各种循环断裂时,为了重新建立平衡,一方面需要引进能量和资源,另一方面需要进行内部的环境改造和组织变革,以此进行自我调节,建立新的平衡。①

"教育生态"是美国哥伦比亚师范学院院长劳伦斯·A. 克雷明于 1976 年在《公共教育》中提出来的,是指以教育为中心,对教育的产生、存在和发展起制约和调控作用的多元环境体系。教育生态学着重围绕生态平衡、环境与适应、人群的分布与构成、人际关系等问题,试图建立合理的学校内外部生态环境,以提高教学效率,促进年轻一代健康成长。在教育生态系统中,教师和学生是生态主体,是该系统的核心;自然环境、社会环境和规范环境构成了教育生态系统

---

① 范国睿. 教育生态学[M]. 北京:人民教育出版社,2000.

的复合生态环境。①

教育是社会生态的重要一环，其生态化走向是社会发展的必然要求。A.托夫勒在《未来的冲击》中提出面向未来的教育：小班化，多师同堂，在家上学趋势，在线和多媒体教育，回到社区，培养学生适应临时组织的能力，培养能做出重大判断的人、在新环境中迂回前行的人、敏捷地在变化的现实中发现新关系的人……②邢永富提出："未来教育将呈现出生态化的发展趋势，很可能这是教育发展的一个新时代，即教育生态化时代。"③吴林富指出："现代教育必须逐步走向生态学化，应及时调整自身发展思路和建立起符合生态规律的新型教育体系。"④吴鼎福和诸文蔚认为："现代教育管理思维必须进行根本性的变革，未来教育发展必须走生态管理的道路。"⑤王加强、范国睿对教育生态提出一种教育学和生态学交叉生成的独特研究方式——教育生态分析。教育生态分析是一种注重全面联系、突出整体价值和强调动态过程、追求持续发展的教育生态研究方式。"注重全面联系、突出整体价值"是指以整体关联的思维方式研究教育生态主体与教育生态环境之间的关系；"强调动态过程、追求持续发展"强调以动态发展的思维方式研究教育生态的动态演化过程，即教育生态主体与教育生态环境之间以彼此联系为基础的协同进化过程。⑥ 而今，对标当下的教育，这些都已经成为教育中的现实与常态。融合发展已经成为现代教育发展的重要趋势，现实环境、现代技术、现有手段等都能够快速整合到教育过程之中，起到引领时代发展的作用。教育所面临的环境也越来越复杂，而教育的生态化发展是实现其可持续健康发展的前提。

"关系论""系统论"是生态学的核心理论，也是教育生态学研究的立论所在。"关系论"主要从生态环境对教育的影响入手，基于个体、群体、系统三个层面进行教育生态的层次分析，剖析教育的生态结构和生态功能，揭示教育的生

---

① 范国睿.教育生态学[M].北京：人民教育出版社，2000.
② 魏忠.教育正悄悄发生一场革命[M].上海：华东师范大学出版社，2014.
③ 邢永富.世界教育的生态化趋势与中国教育的战略选择[J].北京师范大学学报（社会科学版），1997(4).
④ 吴林富.教育生态管理[M].天津：天津教育出版社，2006.
⑤ 吴鼎福，诸文蔚.教育生态学[M].南京：江苏教育出版社，1990.
⑥ 王加强，范国睿.教育生态分析：教育生态研究方式初探[J].教育理论与实践，2008(7).

态规律;同时,"关系论"也注意到了教育对生态环境产生的反作用,因此强调了"教育与环境之间相互作用"的生态关系。①"系统论"主要从系统科学理论出发,强调系统是事物存在的普遍形式,教育生态学研究应着眼于教育系统内的生态规律性,关注教育生态系统的结构和功能及其演化规律,教育生态学研究要把握事物之间的因果关系结构,不能开展"只见局部、不见整体"的研究,而应从整体上进行综合分析,进行系统的思考。②范国睿认为"无论是社会生态系统还是教育生态系统,都是十分复杂的系统,教育生态系统与周围各种环境要素的关系,以及教育生态系统内部的各种环境要素与作为教育生态主体的人(尤其是学生)之间的关系也十分复杂。诚如汉森所说,生态学领域里有许多可变的因素,无人能够研究一切,集中力量研究一些特定的生态因素,便可有效地说明这些因素与不同层次教育之间的相互联系"③。

教育远比想象中的复杂,我们需要以复杂、生态的视角去重新审视教育。良好的教育生态有利于教育活动的实施,不良的教育生态导致教育效能低下,许多问题被迫搁置,得不到有效解决。教育环境的复杂在于其有着生态系统的基本属性,教师和学生构成生态主体,教室的物理环境、师生背景、教学媒介、师生关系、生生关系、师生情感态度等构成教育生态的微观层面环境。生态主体和生态环境之间相互作用、相互影响,共同决定微观教育生态系统的运行状态,实现生态系统中信息和能量的流动,从而构成微观教育生态空间。教师、学生与教育环境之间的交互作用看似简单,实则复杂,如果简单处理这种交互关系,就会导致空间失衡,失去生态效能,无法实现生态育人等功能。④

教育要想得到全面而合理的发展,就要拓展教育的生态向度,不断变革和创新思维方式,以生态学的视角营造一个良好的教育生态环境,建立一个合理、生动和完善的教育生态体系。"人类生态环境是一个包括自然环境、社会环境和规范环境在内的复合生态环境。"⑤"教育理念与教育实践的背离,应试教育

---

① 郭丽君,陈中.试析教育生态学的学科定位[J].现代大学教育,2016(2).
② 郭丽君,陈中.试析教育生态学的学科定位[J].现代大学教育,2016(2).
③ 范国睿.教育生态学[M].北京:人民教育出版社,2000.
④ 宁云中.生态空间失衡与重构:大学课堂的微观思考[J].大学教育科学,2016(4).
⑤ 范国睿.教育生态学[M].北京:人民教育出版社,2000.

与素质教育的此消彼长,学校教育突出知识的灌输,家庭教育强调知识的实用,而社会教育则诱导投机,学校教育、家庭教育与社会教育的相互消解,都是教育生态偏颇的表现。"[1]"学校系统内部的生态环境对整个教育、教学活动,对青少年的身心发展,始终产生着广泛而深刻的影响。"[2]

范国睿对教育生态系统做了一个全面的描述,在《教育生态学》一书中通过教育生态系统图(见图4)将生态系统分层概括为社会生态系统、教育生态系统、学校生态系统、课堂生态环境四个圈层,并分析了社会生态系统对学校生态系统的输入,包括了人力、物力、价值与规范等。学校生态系统向社会生态系统输出受教育者的知识、态度、行为、思维、情感等变化。学校生态系统的运行过程,是在学校内部环境中进行的能量转换过程,它本身也受到各种环境要素的影响。他认为教育生态学研究势必包括对微观的学校生态环境的研究。在学校生态系统中,人(尤其是作为受教育者的学生)是生态主体,其中的各类生态问题也大都围绕着学生及其行为而产生,因而需要考察学校内部校园布局、学校建筑等各种物理环境要素以及学校规模、班级规模、座位编号等社会环境要素。

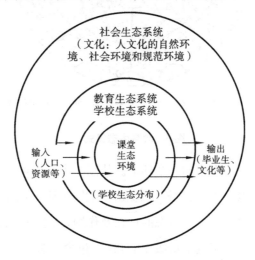

图4　教育生态系统[3]

---

[1]　刘春梅,张皓珏.论教育生态的偏颇与修复[J].河南师范大学学报(哲学社会科学版),2015(4).
[2]　范国睿.教育生态学[M].北京:人民教育出版社,2000.
[3]　范国睿.教育生态学[M].北京:人民教育出版社,2000.

班级生态有着天生的复杂性,关联着环境中的各种因子。教育生态复杂,无所不包,这点可从吴鼎福等所制的教育生态模式图(见图5)中略知全貌:教育被自然环境(N)、社会环境(S)和规范环境(M)重重包绕,各类环境之间随机关联,每一类环境中的个体因子在环境内关联,即 N_1 与 N_n 之间关联,同时也与其他环境中的个体因子相互关联,即 N_n、S_n 与 M_n 之间随机关联,连接无处不在、无时不有,主体与环境之间的相互作用,构成一个严密的环境空间,教育深陷其中,并深受影响。

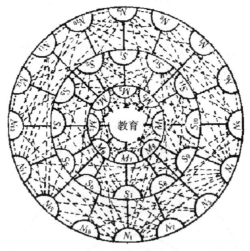

N_1——自然环境　S_1——社会环境　M_1——规范环境

图5　教育生态模式[①]

班级生态是教育生态中的一个环节。从图4中我们可以清晰看到,教育生态体系主要包含了教育生态、学校生态和课堂生态等三个圈层。我们发现,教育生态系统的分层忽略了班级生态的存在及作用,从学校生态的中观生态到课堂的微观生态研究直接跨过了班级生态,这一包含了教师、学生及家长的班级生态没有得到认可与重视,导致生态链条出现空缺。对班级生态关注缺失,一方面源于现有生态链条看似无限延伸,无缝衔接,导致学者对其研究关注不够;

---

① 吴鼎福,诸文蔚.教育生态学[M].南京:江苏教育出版社,1990.

另一方面，或许是因为教育生态理念源自国外，国外对班级生态研究的缺失导致学者对班级生态前期研究不足。基于这种研判，开展班级生态的研究，将会填补教育生态链中对班级生态研究的空缺，这也是本研究的动因所在。

2. 生态教育

人与自然的和谐相处是生态教育的价值追求。中国古代哲学思想、价值观念蕴藏着丰富的生态教育思想，深刻影响国人的价值观念。"天人合一"是中国古代生态智慧的思想基础，蕴藏着"万物皆一体"的整体自然观、"和而不同"的和谐共存生态伦理，"三生万物"的可持续发展观。[①] "天人合一"蕴含的是整体自然观，和谐相处、融为一体是人与自然的最高境界。如，《论语》道"君子和而不同，小人同而不和"。荀子谈"万物各得其和以生"[②]。《管子•五行》里提出"人与天调，然后天地之美生"，强调人的活动要与自然相协调，二者和谐相处后即能产生人与自然、人与人之间的大和大美。"天人合一"指的是天道和人道相通，即自然和人相协调、相统一。人类社会在发展过程中应当遵循或服从自然界的规律，并在与自然的融合与统一过程中获得和谐与安宁。"天人合一"注重人与自然和谐的一面，崇尚自然、追求和谐、倡导回归。人与自然"是以实现人与自然和谐统一为目的的德性主体，不是以控制、征服自然为目的的知性主体，也不是以'自我'为中心，以自然为'非我'、他者的价值主体"[③]。"天人合一"所蕴藏的可持续发展观，是生态可持续发展的核心要义。《管子•小匡》记载："山泽各以其时而至，则民不苟"，"山林虽广，草木虽美……禁发必有时"，"当春三月……毋伐木，毋夭英，毋拊竿，所以息百长也"。[④] 荀子称："草木荣华滋硕之时，则斧斤不入山林，不夭其生，不绝其长也。"[⑤]这要求人们必须按照山林川泽自然发展的规律取用，合理利用其间的生物资源。孟子强调生态平衡与可持续发展是万物共生共长的关键。《孟子•梁惠王上》记载："斧斤以时入山林，材木

---

① 罗顺元．儒家生态思想的特点及价值[J]．社会科学家，2009(5).
② 王先谦．荀子集解[M]．北京：中华书局，1988.
③ 马治军．中国古代生态理论资源的核心蕴含与后现代价值分析[J]．河南师范大学学报(哲学社会科学版)，2013(3).
④ 赵守正．管子译注 下．[M]．南宁：广西人民出版社，1987.
⑤ 安小兰．荀子[M]．北京：中华书局，2007.

不可胜用也。"孟子强调适时的农业生产要与事物的生长时序相结合,不能破坏它们之间原有的平衡。同时,《孟子·告子上》中称"故苟得其养,无物不长;苟失其养,无物不消",强调共生共存的可持续发展原则,认为万物生长皆有自身的特点和规律,人类伐之、用之,要依照时序,做到利用与保护相结合,这样万物便皆可繁茂而生生不息。"牛山之木尝美矣,以其郊于大国也,斧斤伐之,可以为美乎?是其日夜之所息,雨露之所润,非无萌蘖之生焉,牛羊又从而牧之,是以若彼濯濯也。人见其濯濯也,以为未尝有材焉,此岂山之性也哉?"这段话便是对万物共生、可持续发展的生动注解。

对于"生态教育",一种理解为生态环境保护教育。我们观察到学校教育中许多以"生态教育"为主题的教育教学实践活动,大都从环境保护意识培养着手,引导学生关注人与自然的关系,树立生态意识、环境保护意识,摒弃为了人的需要而掠夺、攫取自然资源,以满足人类发展的自我需要的做法,从而加深学生对生态环境保护的理解。许多学校一线的"生态教育"实践,如植树节、地球日、世界环境日等主题活动,以及其他习惯养成教育等,旨在通过实践活动,引导学生关注生态问题,培养学生的生态意识,推进人与自然的和谐相处。在实践过程中,教育者偏向关注校园环境优化、教室环境美化、生态环境保护教育等主题,主要是围绕人与环境和谐相处、节约资源、爱护环境等开展教育活动,引领学生生态环保意识的形成。

对生态教育的另一种理解为生态文明教育。生态文明教育是提升国民生态素养的重要方式,在生态文明建设中处于基础性地位,发挥着不可替代的先导性作用。其主要内容之一是"以提升全民生态意识和素质为根本目的、以最优化利用资源发展和建设生态文明教育为直接目的的顶层设计",并"将生态文明意识培养置于素质教育的突出位置"①。生态文明教育是整体推进生态文明建设的重要环节,是对生态文明的理念、内涵和行为方式的一种认知和实践教育活动。生态文明建设是中国特色社会主义事业"五位一体"总体布局中的重要组成部分,是事关人类发展与自然和谐共生的基本方略。只有把生态文明教

---

① 岳伟,李琰.生态文明教育亟须立法保障[J].教育科学研究,2021(2).

育融入育人全过程中,才能为未来培养具有生态文明价值观和实践能力的建设者和接班人。因此,推进生态文明教育的规范开展,是生态文明建设中不可忽视的重要方面。面对日益严重的自然环境危机,人们开始主动反思人与自然的关系。有效解决日益严重的环境危机,必须通过生态文明教育来提升公众的生态意识。1972年在瑞典斯德哥尔摩联合国人类环境会议上通过的《人类环境宣言》提出:"要培养这样的人,他们能够对于自己周围的环境在本身可能的范围内进行管理,并在每一步都要坚定地采取符合规范的行动。"[1]

生态文明教育,是在学校教育环节中引导学生从身边事做起、从日常生活着手,自觉养成爱护环境、节约资源等生态文明理念,并将其转化成日常生活习惯,入脑入心入行。在生态文明教育中,学生是主体,对于学生这个主体,我们应从世情国情、科技知识、生命价值、自然情感、经济模式及消费观念、行为方式等多方面系统开展教育,使其知晓今昔变化、明了中外差异、理性认识环境、自觉担当责任;着力培育学生知行合一的精神,让学生从日常生活开始、从身边小事做起,积极参与"美丽校园"建设并发挥其"绿岛效应";支持学生开展生态文明专题调研和社会服务实践,培育"知中国,服务中国"的家国情怀和主人翁意识。总之,要将尊重自然、顺应自然、保护自然的生态文明理念贯彻到学生培养的方方面面,涵养其精神、培养其素质、引导其行动,使之成长为具有生态文明精神品格和实践能力的一代新人。[2]

二、生态型班级的基本特征

生态型班级是教师、学生与家长群体通过在班级建设过程中的交往互动所形成的开放包容、群体协作、融合共生的班级生态系统。生态型班级通过各类个体之间的互动实现群体发展,群体之间的交往推动班级变革。在生态型班级中,各类群体所含有的物质、能量和信息不断输入与输出,在给班级发展带来动力的同时,也给班级建设带来了更为丰富的教育机会与教育资源,群体之间的

---

[1] 崔建霞.环境教育:由来、内容与目的[J].山东大学学报(哲学社会科学版),2007(4).
[2] 王利华.生态文明建设离不开生态文明教育[N].人民日报,2017-06-21(7).

交往互动也产生了丰富多样的班级形态。在生态型班级中,教师、学生和家长面对日常生活,通过个体的自我组织和与其他主体的共同协作,激活并生成独特的班级教育资源,提高班级在面对冲突等非均衡状态下的自我组织能力,以更加开放包容、动态发展的交互来为教师、学生及家长的生命成长提供健康的班级生态支撑。

生态视角的切入,让我们清楚认识到班级是一个生态系统,班级建设中的人、物、环境等构成一个生态环境,应该以生态化的模式来开展教育活动。有学者认为,未来教育将呈现出生态化的发展趋势,这很可能是教育发展的一个新时代,即教育生态化时代。吴鼎福认为:"现代教育管理思维必须进行根本性的变革,未来教育发展必须走生态管理的道路。"因此,了解班级生态的特征,才能更好地把握班级生态体系的构建。

(一) 多元融合的共生班级

一个良好的生态体系是共生共长共发展的、富有生命力的体系,体系内各个主体都能够获得生命力的彰显。班级是知识学习的场所,更是生命发展的重要场域。在班级日常生活中,教师、学生和家长能够在多主体的沟通、交流、冲突、协调等互动过程中获得生命力的彰显,每一个个体都能够获得发展,拥有积极的价值、准确的定位和独特的作用。在班级生态中,每一个个体都能从中获得生命发展的支持,为体系作出应有的贡献、发挥应有的价值。正如李家成所言"班级对于学生、教师和教育研究者而言都是如此熟悉,以至于我们往往忽略它的教育内涵"。在我们意识到班级建设成为学校教育活动中"最熟悉的陌生人"之时,"新基础教育"开始强调多主体共同参与,强调将教师发展、学生成长融入班级建设的动态过程。在班级生活中,教师会基于专业成长进行自我反思,通过教育活动在自觉的反思和改进中不断获得发展;学生也能获得朋辈关心、群体支持,并在学生、同辈、子女等多重角色中获得成长。

鲁洁说过:"无论是教师还是学生都是以整体的生命,而不是生命的某一方面投入各种学校教育活动中去的。"班级生态是班级生活的呈现形态,只有在生活中,人才能"以一种全面的方式,也就是说,作为一个完整的人,把自己的全面的本质据为己有"①。教师应该意识到,教育首先是一种生活方式,在长达十多年的学校教育中,学生的成长离不开日常生活,学生在班级日常生活中,是一种客观生命存在,他们获得个体真实发展,他们的心情有欢乐也有忧愁,他们对人对事有喜爱也有憎恨,这些通常不是教师可以左右的。苏联教育家苏霍姆林斯基将教育分为两面,一是教师进行的有目的有意识的主观方面的教育,二是学生自己从日常生活中看到的、听到的和实际感受到的客观方面的教育,并认为后者较前者更为有效。因此,教师更应该重视生活本身所具有的潜移默化的教育功能。

但是现实的学校教育、班级建设、课堂教学往往仅关注知识的传授,对班级建设中的教师生命力、学生生命力和家长生命力常常视而不见,甚至漠不关心,这会让班级失去生命的底蕴。这种有意无意的忽视、漠视值得我们警醒,并加以研究、改变。叶澜在对课堂的生命力的相关研究中指出,当前缺乏对"各个整体的、师生交互着的动态过程的研究""缺乏对复杂性的认知"。班级建设是"有计划、有目的、有组织的活动过程,而不是日常生活中随机进行的认识过程"。由于受到传统教育活动的影响,班级建设的过程变成"执行计划的过程",即按照既定"路线"引导出预定"答案",把教育过程从整体的生命活动中抽离出来,"忽视了作为独立个体、处于不同状态的教师与学生在课堂教学过程中的多种需要与潜在能力,也忽视了作为共同活动体的师生群体在课堂教学活动中的多边多重、多种形式的交互作用和创造能力"②。这就造成班级变得"机械、沉闷和程式化,缺乏生气与乐趣,缺乏对智慧的挑战和对好奇心的刺激",使班级中的三类主体的生命力得不到充分彰显。

但并非所有的班级生活都缺乏生命力。近年来,在各类新闻报道中频繁出现,吸引社会各界眼球的中小学生自编早操、课间操中,学生一改漠然的表情、僵化的肢体比画,一个个脸上洋溢着青春的气息,跟着节奏蹦跳,展现出青春该有的样子。其实,转变的并非只是早操、课间操的样式,转变的背后是对学生生

---

① 马克思.1844年经济学—哲学手稿[M].刘丕坤,译.北京:人民教育出版社,1979.
② 鲁桂苹.新课程下英语教学要"继往开来"[J].试题与研究:新课程论坛,2014(1).

命的尊重,彰显了学生、教师、校长等诸多教育主体的生命力的释放。教师要主动关注时下学生的关注点、主动融入学生的生活圈,让走近学生变得更加容易、更加顺畅。教师要摘下"师道尊严"的面罩,以学生成长的同行人的身份,主动参与到学生喜闻乐见的音乐、舞蹈等活动中来,与学生坦诚相待,拉近师生心灵之间的距离。

(二) 源于日常的复杂班级

班级看似简单,其生态体系实则错综复杂,每一个班级主体背后所携带的能量流、信息流无时不在影响着班级建设的过程。传统班级管理注重科学管理、规范管理,其背后是科学主义思想主导班级建设,而科学主义追求事物发展的客观性、普遍性和必然性,追求直接、简单的结果,而忽视结果前的过程性、复杂性事实。"科学所追求的客观性和确定性只允许对自然世界作出事实的证实或证伪,而把一切隐含价值的判断排除。"①这一特性在传统班级教育中也有着明显的体现,班级建设过程是知识逻辑式的,是目标预设的直线过程。但从生态学角度而言,任何系统和生态圈不存在绝对的平衡,而是波动式的平衡,因此,非线性是班级建设的重要特性。"今日主导教育领域的线性的、序列性的、易于量化的秩序系统——侧重于清晰的起点和明确的终点——将让位于更为复杂的、多元的、不可预测的系统或网络。"②但现实的班级建设是以结果为导向的,导致了班级建设的商品化输出。这种线性的和封闭的系统使教育目的变得琐碎化,仅仅局限于那些可以量化和特定化的目标。

生态型班级具备日常生活性。班级生活是学生在学校教育生涯中最日常化的生活之一,对教师和学生成长起着潜移默化的作用,具有显著的背景性、弥漫性和隐蔽性。③ 对于教师和学生个体来讲,班级是他们在未来多年里和同一群人朝夕相处、共同成长的场域。师生在多年相处的过程中,共同营造出所在班级的学习氛围、人际关系网络和班级文化等。教师群体与学生群体在日常互

---

① 金生鈜. 理解与教育:走向哲学解释学的教育哲学导论[M]. 北京:教育科学出版社,1997.
② 多尔. 后现代课程观[M]. 王红宇,译. 北京:教育科学出版社,2015.
③ 卜玉华. 当代我国班级生活的独特育人价值及其开发之研究[J]. 教育理论与实践,2008(8).

动中,慢慢积淀形成所在班级独有的班级生活模式,衍生出班级生活所蕴藏的特有资源,并随着教师和学生群体的发展而不断变化。

苏霍姆林斯基认为:生活不但反映到意识中,也反映到下意识中。记忆是自动地工作的,来自周围世界的信息进入下意识的要比进入意识的多。在那儿,信息不是杂乱无章地堆积在一起,而是分门别类、系统性地排列在一起的……这种信息并不是专门提供教育用的,却能产生强烈的教育作用。[①]

杜威认为"教育是生活的过程,而不是将来生活的准备","少年还不善于设想未来。他的幸福就是欢乐的今天,就是充实的精神生活,就是为创造人们今天的欢乐贡献出自己的体力和精力"[②]。

鲁洁认为教育是引导师生构建一种更美好的生活,一种全面、丰富的生活,引导学生在各种不同的生活建构活动中丰富自己的个性、提升自己的人格。[③]班级生活不同于日常家庭生活和课堂活动,尤其是在活动的空间和时间上有更多的自主性,教师、学生及家长之间,可以有多点连接的交往方式。回归日常生活的班级生态,教师、学生、家长都是真实的自我存在,是能够展现自我本真的。但是现在班级建设过程中存在"主体失真",大部分关乎自我、个性发展的东西都在统一标准中被无意识地遮蔽起来,个体须服从班级管理需要。日本教育学者佐藤学将其形象地描述为"悬在半空中的主体",班级中的师生互动、教育活动中的内容都只基于教学秩序的需要,与主体现实环境割裂,游离在真实体验之外,将班级活动中的学生想象成"速成品",一次建模,永久成型,这种被塑造的教育过程导致学生逐渐丧失主体性。此外,当下的班级建设鼓励教师尊重学生,部分教师只鼓励不批评,只点赞不扣分,不敢过多干预学生活动,主动放弃了教育机会,失去了教师的主体性。

(三) 动态发展的开放班级

班级是一个动态、开放的生态系统,是班级中诸多主体之间物质、能量、信

---

① 蔡汀,王义高,祖晶. 苏霍姆林斯基选集(五卷本):第3卷[M]. 北京:教育科学出版社,2001.
② 蔡汀,王义高,祖晶. 苏霍姆林斯基选集(五卷本):第3卷[M]. 北京:教育科学出版社,2001.
③ 鲁洁. 道德教育的根本作为:引导生活的建构[J]. 教育研究,2010(6).

息相互作用所形成的复杂系统。这个系统会在诸多主体互动过程中不断产生新的不平衡,并具备自我恢复、平衡的能力。为了维持良好的生态运转,班级生态系统需要以开放的形式整合容纳资源。教育生态分析是一种注重全面联系、突出整体价值和强调动态过程、追求持续发展的教育生态研究方式。研究中需要注重班级生态中各个要素的相互关联及作用。班级生态系统是班级中的生命体与班级环境互相作用而形成的动态系统。班级建设过程中诸多主体的发展是动态的、变化的。目标预设是当前班级活动的普遍特征,许多教师在开展班级活动时就持有固定、明确的目标和路径,整个活动过程都是直奔目标的行为。科学主义主导下的班级建设是目标预设的、过程直线的、结果确定的教育活动,忽视了师生的主观能动性,脱离了师生的日常生活场景,"合作""配合""表演"特点明显。在现实班级活动中,各种来自学生的疑问、意外答案甚至冲突等,都无法影响教师对预设目标的坚持,师生互动、师生问答都不太考虑教育活动过程中的偏差,任何异议、认知偏差都会被直接"纠正"为"标准答案",学生的偏差往往被认为是"错误"。

班级生态是一个开放系统,通过与外界物质进行物质、能量和信息的交换,才有产生和维持稳定有序结构的可能。而当前班级大部分处于"知识静态""过程静态",教师与学生成为教育过程中的"他者""围观者",对许多源自社会事件、班级活动的冲突及个体在班级互动中产生的困惑等视而不见,师生在教育过程中遭遇的真实问题、师生内心的真实想法被忽略,以致教育过程表面上"平静如水""水到渠成",实际上"暗潮汹涌""阳奉阴违",最终出现教育失效的情况。就"尊师重教"的传统教育文化而言,大多数班级出现"不平衡""质疑"等情况时,教师有着本能的抵触,甚至是对抗,容易将产生问题的对象视为敌人,从而导致班级生态的破坏和病态班级生态的产生。

班级建设应正视教育过程中所遇到的各种问题,并将这些问题视为衍生出的教育契机、教育资源。班级所面临的外部环境是动态变化的,受到社会舆论、新闻、事件等诸多因素的影响;同时,班级内部的师生及主客体之间的联系也是实时变化的。因此,班级建设要因势利导,因人而异,在贴近班级情况的基础上,处理好各类动态影响。在班级生活中,师生在接收外部信息的同时,不断更新和丰富个人的生活经验,并将这些经验转化为新的认知,形成新的生活体验。班级中的师生共同成长是"引导与自己的具体的生活经验联结起来,从而形成他所追求的生活意义,每个人都是从自己的生活经验、从自己与世界的关系、从自己对未来的想象、从自己的生活境遇中去把握意义的"①。在二元对立的师生关系中,学生的班级生活被简化成知识学习与接受规训,缺乏积极的交往与情感体验,导致"整体的人"的残缺。生态型班级中的师生是在共同知识层面与精神层面的交往中沟通、对话、交流,"师生关系是学生完整的人格与教师完整的人格相互交流而形成的,对学生的生活和成长具有重要的'教育意义'"②。

当前的班级已经不仅仅是教师主宰下的封闭环境,而是一个备受社会影响、家长干涉,且学生多元需求交织的复杂开放场域。班级内部主体之间关系复杂、利益交织、诉求多元、作用各异,逐渐形成了班级建设所面临的复杂形态。尤其是当今世界,全球化、"互联网+"等新的信息化手段对学校教育产生重大影响,各种信息通过"互联网+"形态投射进班级教育活动中,使班级教育逐渐显现出多样形态。因此,需要对复杂形态下的班级教育主体进行全面性、整体性剖析,从生态学视角来分析班级教育主体的交往互动形式与相互作用机制,构建基于生态学视角的班级教育理论体系,让诸多主体在复杂形态的班级教育中获得融合共生发展。

(四)自我修复的协作班级

生态型班级具有充分的包容性,能够承载生命的多样性发展。生态系统多样性可以定义为维持着复杂系统的遗传多样性、物种多样性、栖息地多样性以及功能过程的多样性。③ 健康的班级生态要求充分尊重学生个体化差异带来的教育多样性,并将其作为班级建设的基础。每一个学生和教师在班级中都有着自己独特的"生态位",并在生态系统中发挥着不可替代的作用。学生之间的差异并不是教育潜在的困难,而是多样的可能。生态学让我们意识到,每一个

---

① 金生鈜. 理解与教育:走向哲学解释学的教育哲学导论[M]. 北京:教育科学出版社,1997.
② 金生鈜. 理解与教育:走向哲学解释学的教育哲学导论[M]. 北京:教育科学出版社,1997.
③ 奥德姆. 生态学基础[M]. 孙儒泳,等译. 3版. 北京:人民教育出版社,1981.

以"融合"促"共生":生态型班级建设研究

学生和教师都是独特的生命个体,都有着个体的安全、社交、尊重和自我实现的需要。生态型班级建设,必须充分认识个体差异性、个体发展多样性,要坚决摒弃"园艺师手持大剪刀修剪小树苗"等潜在意识,要因势利导、因材施教,推动学生与教师的整体发展和自主发展。

班级生态是开放体系,是师生生命成长的共同空间。班级生态系统所具备的个体差异性、形态丰富性、空间包容性等特征,能够蕴藏丰富的教育资源,任何生命体的个性化成长都能够在班级中获得所需的资源和支撑,任何生命成长过程中的"意外"也都成为教育成长的底蕴。而当前班级中普遍存在"竞争性""标准化""排斥性"的学业遴选模式,破坏了班级的"涵育"功能。"在某种意义上,我们的学校就是工厂,在工厂里,儿童作为原材料被制成产品来满足不同的生活需求,制造的详细流程来自20世纪文明的需求,也就是说,学校的事务就是按照详细的流程来塑造学生。"①班级活动中的一切皆指向预设的知识学习目标,教育是标准化商品活动,教育过程中磨去了学生的个性、削去了学生的棱角,以效率和标准化取代成长过程中的多样性。

不同于当前班级呈现封闭、线性特征,生态型班级拥有更强的自我修复能力、更多的承载能力,在不平衡与平衡的持续转变中,生态型班级展现出更强大的生成动力。尤其是在"互联网+"形态中,班级面临更加多变的社会环境,这种环境是一个充满诸多刺激因素的复杂环境,班级中的主体必须发展与其相适应的认知能力,才能与这种复杂环境相互协调。因此,必须正视班级的动态发展与开放性,引入生态思维,提高班级的承载力和修复力。

在生态型班级里,各类主体是同生共长的共同体,各个群体相互协作、共同发展、自我完善。基于班级层面的生态实践能够突破"二元思维"带来的班级建设定式思维,便于重新构建"多主体""群体性""协作"的新型班级建设模式。但当今的班级建设过程难以支撑可持续的生态教育模式,"对抗""冲突""指责"等频频发生,教师、学生、家长等主体之间沟通单一,缺乏多元交叉及深度的交往,

---

① 孙益,武美红.如何用科学的手段来管理学校?——19世纪末20世纪初管理进步主义影响下的美国学校教育变革[J].教育科学研究,2017(6).

缺乏教育主体之间的协作,缺乏应有的教育合力,经常导致单打独斗的教育局面出现。学科式管理使教师群体间缺乏以"育人"为宗旨的配合与协作,缺乏以班主任为纽带的教育合力,导致班主任对学生进行"保姆式"管理从而身心俱疲,而科任教师则参与较少,缺乏教师团队意识。在知识主导的教育体系下,学生群体间形成单一的竞争关系,尖子生话语权替代了学生群体的声音,学生间缺乏以生命成长为底色的深入交往,丧失创造性与能动性。与此同时,家长教育观的分裂加剧了家校之间紧张甚至病态的关系,部分家长缺乏主体意识且急功近利,一味将学生托付给教师,并时不时根据自身的教育观念对班级教育活动横加指责及干涉。这种缺乏统一性与协作的班级建设犹如"一盘散沙",导致班级生态缺乏活力,引发班级生态的危机。

生态型班级是求同存异、和谐共处的发展共同体。建立在"二元"思维上的班级教育实践,已经不能满足当下复杂形态中班级建设的要求,导致其时常受限于"二元"困局中。生态学视角的引入将极大改变班级建设的研究视角,改变班级教育活动中主客体的"二元壁垒",创新班级主体间的互动方式与作用机制,积极促进诸多主体及作用因素之间的融合协作。生态型的主体之间,"这种关系将更少地体现为有知识的教师教导无知的学生,而更多地体现为一群个体在共同探究有关课题的过程中相互影响"[①]。生态型班级中的每一个教师和学生都能够从班级生活中得到成长的养分与机遇,都能够实现微型生态圈内的进步与发展。

三、生态型班级建设的意义

(一) 推动班级建设高品质发展

如何有效治理班级,是许多一线班主任的关注点。在与许多班主任沟通交流时,他们表现出对班级管理中的具体做法、策略更感兴趣,希望"一招鲜,吃遍天",靠着一两招"秘籍"管理、治理好所负责的班级。这种班级建设思路,形成了一种"技法模板""班主任秘籍"等热潮,但是热潮过后,人们会逐渐反思忽略

---

① 多尔.后现代课程观[M].王红宇,译.北京:教育科学出版社,2015.

教师自身因素、家长因素、学生实际问题所带来的影响,所谓的班主任管理"秘籍"也就成为不合时宜、"水土不服"的伎俩。

恰好"生态思维"能够回应当下班级建设中的诸多问题,可以帮助研究者通过系统性、整体性思维来分析班级建设。班级建设是一个系统性工程,要想建好一个班级,一定是基于班级整体情况来谋篇布局的,而非仅仅困于局部,以致无法解决班级建设中的根本性问题。在班级建设中,教师虽然需要通过一定的方法和技巧来解决班级中出现的问题,但更需要的是充分理解各种方法和技巧背后所蕴藏的思维逻辑和价值标准,以便解决班级中存在的根本性问题,进而促进班级建设的高品质发展。

(二) 促进班级建设中的多群体共同成长

随着时代的发展,班级建设的环境日趋开放,参与的主体越来越多,交流的渠道越来越宽,交流的内容越来越广泛,班级建设的过程中会吸收更多的社会资源,输入更多的社会信息,但是同时也带来了更多的问题。目前看来,班级建设的主要痛点在于教师、学生及家长等多主体的不融合与有冲突。生态型班级建设的精髓在于实现多群体共同成长,尤其是在班级中群体内部关系紧张,群体之间的冲突强于群体融合的需要,多主体利己诉求强于集体融合诉求的情况下,需要班主任用班级建设的愿景引导多群体交往,激活各群体融合的潜能,通过群体间健康有序的互动交往,逐步构建班级建设的共同体。在班级建设中,各个主体都是平等交往、相互尊重、同生共长的,要打破班级中的无形壁垒,促进教师成长、学生核心素养发展、家长自我教育,最终实现在班级建设过程中动态解决各个主体的成长问题的目标。

第二章 生态型班级建设的理论基础与现实依据

生态是生物在一定自然环境下生存和发展的状态,它是一种客观存在。自古以来,文人雅士便追求"诗意地栖居"。随着人类社会的发展,人类对大自然的过度索取超过自然生态的承受极限,原本"诗意地栖居"的生存环境日益遭到破坏,产生了生态危机。生态危机激起人类对人与自然关系的系统反思,生态意识逐渐被重视。我们应该深刻意识到,生态危机本质上是人类错误的资源观念和资源使用观念,生态意识的缺失是导致现代生态危机的根源所在。追求美好生活,需要不断涵育生态意识,践行生态行为,实现人与自然的和谐共存。班级同样具有生态性,也有着自身的生态发展路径。

班级自诞生以来,其建设过程获得了越来越多的社会资源注入,承载着越来越多的教育功能,发挥着越来越多的教育作用,但也面临着更多的社会需求,受到更多的关注。在时代背景、社会需求等多元因素注入班级的情况下,班级生态的内涵愈加丰富,班级内外部关系也愈加复杂,班级既承载着更高的期望,也面临着更为严峻的冲突、问题,而班级生态也面临着重重危机,需要以"生态"引领班级建设全过程,实现班级中人的完整发展。

一、理论基础:生态系统健康理论

以生态学的视角分析、诠释班级建设所面临的问题,是班级建设的新路径。在生态学理论体系中,可以通过激发生态系统的活力来破解传统研究中过于关注学生群体,而忽视教师群体的自身建设作用、家长群体参与班级建设的作用的难题。在生态型班级建设中,针对现实班级生态中的问题,尤其要注重激发教师群体活力、家长群体活力,引导群体活力围绕班级建设所需要的内容展开,抓住活力变化给班级建设带来的契机。伴随班级中生态主体的增多,教师群体、家长群体及学生群体等都会带来班级建设过程中组织结构的变化和重构。在信息化社会中,开放的信息传播给班级建设带来不小的冲击,造成诸多不良影响,如教师与家长的冲突与对立、家长群体内部的争辩与冲突、教师群体教育合力的缺乏等。这些班级中的冲突给班级建设带来压力的同时,也为班级建设注入了新动力,班主任要将化解冲突视为推动班级建设的重要抓手,将其作为调动个体活力、促进群体融合的有力手段,从而形成有序健康的协作模式,让班级建设能够更贴近班级主体发展的需要。这也是生态系统健康理论的优势所在,它能够有效激发群体活力,以适应复杂环境,在班级生态遭受环境胁迫时,使班级发挥抵抗干扰和自我调节的作用。

(一)生态系统健康理论的概述

1. 生态系统健康理论的缘起

随着经济社会的发展,人类对自然的影响不断扩大,人类社会对自然界的影响几乎无处不在。在与自然相互作用的过程中,人与自然的关系越来越紧张,人类从自然界中攫取的资源与日俱增,使自然生态系统遭受重大的破坏。同时,人与人之间的关系也发生了变化:从共同协作获取自然界的食物,逐渐转变为对自然资源的争夺;人际关系的和谐美好被社会竞争压力所取代,个体间的竞争加剧,旨在争夺更多的社会资源和发展空间。局部极端气候频频出现、全球变暖、臭氧层被破坏、土地沙化、酸雨增多、水体富营养化、物种灭绝、矿产枯竭等生态环境问题,都直接警醒人类应该重视人与自然的可持续发展。正是现实世界面临的突出问题使得人类对生态环境日加重视,生态系统健康理论呼之欲出。

生态系统健康思想源于对自然界的观察,1941年,奥尔多·利奥波德将土地健康定义为土地自我更新的能力[①],突出生态系统的自我修复和更新功能。

---

① 孙燕,周杨明,张秋文,等.生态系统健康:理论/概念与评价方法[J].地球科学进展,2011(8).

而二十世纪六七十年代以来,因人类工业化高速发展,生态环境遭到严重破坏,学者们开始关注生态系统的建设与管理。尤金·P. 奥德姆推动了生态学的发展,把生态系统看作一个具有自我调节和反馈能力的有机体,在一定外部环境的胁迫下可以实现自我恢复,但他忽视了生态系统在外界胁迫下产生的种种不健康问题。

1985年,D. J. 拉波特等仿照"生物危困综合征",在生态系统水平上提出了生态系统危困综合征(Ecosystem Distress Syndrome),反映胁迫对生态系统所造成的影响。这种综合征有如下症状:初级生产力降低、物种多样性丧失、机会物种和外来物种占优势、关键种群波动增加、生物结构衰退、疾病发生概率增加等。[1]

G. 霍林认为一个系统在面对干扰时,有保持其结构和功能的能力,恢复能力越强,系统越健康。J. R. 卡尔等指出无论是个体生物系统或是整个生态系统,它状态稳定,受到干扰时具有自我修复能力,管理它也只需要最小的外界支持,这样的生态系统被认为是健康的。B. D. 哈斯克尔、R. 科斯坦萨等学者认为,健康的生态系统具有稳定的新陈代谢,在一段时间内能够维持其组织结构,能够进行自我调节和具有应对胁迫的能力。[2] 这也是西方学者测量生态系统健康状态的三个维度:活力、组织结构和恢复力。

1994年,第一届国际生态系统健康与医学研讨会在加拿大首都渥太华举行,这次大会重点评价了各种实现生态系统健康的方法,并讨论了在地区、国家和全球范围内生态系统健康的监测、评价和恢复问题,同时宣告"国际生态系统健康学会"(International Society for Ecosystem Health,简称ISEH)成立,这标志着生态系统健康研究的兴起。[3]

"健康"意指一个人在身体、精神和社会等方面都处于良好状态。但"良好"的界定和维持,很难用一个统一的标准来说清楚。生态系统的健康状态,跟生

---

[1] 孙燕,周杨明,张秋文,等. 生态系统健康:理论/概念与评价方法[J]. 地球科学进展,2011(8).
[2] 刘建军,王文杰,李春来. 生态系统健康研究进展[J]. 环境科学研究,2002(1).
[3] Kristin S. Shrader-Frechette. Ecosystem health: A new paradigm for ecological assessment? [J]. Trends in Ecology & Evolution,1994(12).

态系统本身、系统的参与者的标准和目的高度相关,没有一个完整的参考标准。

对于生态系统健康的认识,有许多健康标准,如有人用"未经人类干扰的生态系统的原始状态""生态系统演替的顶级状态"等来描述生态系统的健康状态。

2. 生态系统健康理论的概念内涵和主要原理

生态系统健康(ecosystem health)是指生态系统具有和谐稳定的组织结构、畅通的生态流、较强的活力和恢复力,以及持续稳定的服务功能,对其他系统没有侵害作用。[①]

R. 科斯坦萨和梅格在《什么是生态系统健康?》中对生态系统健康的概念进行了专门论述,认为"健康的生态系统是一个可持续的、完整的,在外界胁迫情况下完全具有维持其结构和功能的生态系统"[②]。一个健康的生态系统在活力、组织结构和恢复力之间有一定的动态平衡,能够维持物种多样和物质交换路径多的生态组织结构。R. 科斯坦萨将生态系统健康界定为:如果一个生态系统是稳定和持续的,也就是说,它是活跃的,能够维持它的组织结构,并能够在一段时间后自动从胁迫状态恢复过来,那么这个生态系统就是健康的,并且不受外界胁迫的影响。

B. G. 诺顿提出了有关生态系统健康的生态学理论,认为生态系统健康发展具有动态性原理、层级性原理、创造性原理、相关性原理、脆弱累积性原理。[③]围绕上述原理,B. G. 诺顿认为,生态系统总是随着时间变化而变化,并与周围环境及生态过程相联系;生态系统内部各个子系统之间都是开放的,并有着各自的生态位,发挥着不同的作用;生态系统在自我调节过程中是以生物群落为核心的,具有创造性;在生态系统中所有的生态过程都是相互联系的,对生态过程的某一个方面产生影响的重大干扰将会对整个生态系统产生影响;生态系统在遭受自然的干扰时,会自动调整,以降低干扰对系统造成的影响,但是一旦超过临界值,生态系统便会崩溃。

---

① 张国庆. 生态健康评价及生态系统管理方法[J]. 现代农业科技,2012(11).
② Costanza R,Mageau M. What Is a Healthy Ecosystem?[J]. Aquatic Ecolgy,1999(1).
③ 肖风劲,欧阳华. 生态系统健康及其评价指标和方法[J]. 自然资源学报,2002(2).

3. 生态系统健康的评价

目前的主要评价方法有指示物种法、指标体系法、关键区域指示法。

(1) 指示物种法

指示物种法,主要是通过监测生态系统中的主要物种对环境胁迫的反应,如种群数量、多样性、生物量、重要生理指标、年龄结构等,来分析、评价生态系统的健康状态。如,在评价典型水体——小池塘是否健康时,主要对池塘中的各种鱼类、浮游生物、底栖无脊椎动物、藻类、水体含氧量等进行综合研判,分析该水体是否处于健康状态,是否富营养化。

指示物种法在水生态系统健康评价中得到广泛应用,但其利弊突出:利在于方法简单、实操容易,可以通过典型物种群体的生存状态来分析判断其所处生态系统的健康状态;弊在于指示物种标准和权重难以权衡,自然界中的物种各自处在不同的生态位,在生态链中起到不同的作用,如何判断和定位其在评价体系中的作用和权重,会直接影响到生态系统健康评价的结果。鉴于指示物种法的不足,我们不能凭借单一物种来评价生态系统的健康状态,而应该加大生态系统中物种的代表性、广泛性,方能从系统层面获取健康状态的正确研判。

指示物种法对生态型班级建设的启发在于,在将班级建设作为一个生态系统发展的过程中,需要充分认识到影响班级建设的生态主体,将生态主体列入班级建设的影响因素之中。如:应该充分考虑到家长在班级建设中的作用,并分析家长对班级建设的影响;充分认识到教师协作之间的积极作用和消极作用给班级建设造成的实际影响;充分考虑到学生除了学习成绩之外,其所处家庭、社区环境对班级建设的影响。班级生态复杂多变,我们在生态型班级建设中,不能只看成绩、课间是否吵闹、学生是否听话,而应该将其背后所蕴藏的各主体特性和其他生态因子纳入考评指标之中,这样才能反映出生态型班级建设的真实状态。

(2) 指标体系法

指标体系法,是评价生态系统健康的另一种主要方法。生态系统健康的评价指标包括生态指标、物理化学指标、社会经济指标三大类。生态指标是反映生态系统特征和状态的生物指标,主要包括生态系统、群落、种群与个体等不同层次的指标或指标体系;物理化学指标是检测生态系统的非生物环境的指标;社会经济指标着眼于生态系统对人类生存和社会发展的支持作用,采用经济参数和社会发展的环境压力指标等来衡量生态服务的质量与可持续性。① 指标体系建立的一般步骤:①选择能够表征生态系统主要特征的参数;②对这些特征进行归类,分析每个特征在生态健康中的意义;③确定每类特征因子的权重系数及各类因子中具体因子的权重;④对这些特征因子进行度量;⑤确定评价方法,建立生态系统健康的评价体系。

胁迫生态学主要从系统的组织结构、活力和恢复力三个方面来定义健康。一些学者认为可以用活力(Vigor,V)、组织结构(Organization,O)和恢复力(Resilience,R)三个特征来衡量生态系统是否健康。R.科斯坦萨等认为系统的活力、组织结构和恢复力处于某种平衡是一个健康系统所具有的重要特征,提出了综合性的系统健康指数(Health Index,HI),用它来衡量生态系统的健康状况:

$$HI=V\times O\times R$$

上式中,V为系统活力,表示生态系统功能,可根据系统活性、新陈代谢或初级生产力等来测量;O为系统组织指数,包括系统的多样性和连通性,可以根据系统组分内部以及组分之间相互作用的数量及多样性来评价;R为系统恢复力指数,它反映系统受到压力后维持自身活力和组织结构的能力,可以根据系统在胁迫出现时维持系统结构和功能的能力来评价。当系统变化超过它的恢复力时,系统立即"跳跃"到另一个状态。②

从理论上而言,可以从生态系统活力、组织结构和恢复力三个方面分别选取相应的测量指标来评价生态系统的健康状况,具体可见表2。

---

① 孙燕,周杨明,张秋文,等.生态系统健康:理论/概念与评价方法[J].地球科学进展,2011(8).
② 孙燕,周杨明,张秋文,等.生态系统健康:理论/概念与评价方法[J].地球科学进展,2011(8).

表 2　生态系统健康的各项测量指标[①]

生态系统健康指标	相关的概念	相关的测量指标	起源领域	使用方法
活力	功能 生产力 生产量	初级总生产力、初级净生产力 国民生产总值 新陈代谢	生态学 经济学 生物学	测量
组织结构	结构生物多样性	多样性指数 平均共有信息	生态学	网络分析
恢复力		生长范围 种群恢复时间 化解干扰的能力	生态学	模拟模型
综合		优势度 生物整合性指数	生态学	

有研究者构建了一个基于"活力、组织结构和恢复力"的三维图(见图 6)[②],用以说明生态系统健康的不同状态。当坐标上的一个成分为零时,三维图就成了二维坐标平面图。第一个平面描述了由组织结构和恢复力相结合而没有活力的系统,系统很少有或根本没有活力(如冰川、岩石、矿床等),是晶格化的。第二个平面描述了由恢复力和活力组成而没有组织结构的系统,系统很少或根本没有组织结构,如营养丰富的湖泊、河流、池塘,或者限于 r-选择物种占优势种的早期演替生态系统,被认为是富营养化的。第三个平面描述了由活力和组织结构组成而没有恢复力的系统,如农业生态系统、水体养殖生态系统和人造林场等管理化程度很高的生态系统,这些系统是很脆弱的。从严格意义上讲,晶格化生态系统、富营养化生态系统和脆弱生态系统都是不健康的生态系统。一个健康的生态系统在活力、组织结构和恢复力之间有一定的动态平衡,能够维持物种多样性和物质交换途径的多样性。

---

① 肖风劲,欧阳华.生态系统健康及其评价指标和方法[J].自然资源学报,2002(2).
② 肖风劲,欧阳华.生态系统健康及其评价指标和方法[J].自然资源学报,2002(2).

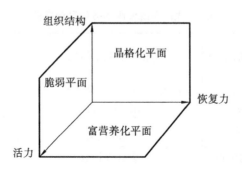

图6　生态系统的活力、组织结构和恢复力的三维图

（3）关键区域指示法

关键区域指示法，采用一些关键的敏感区域作为生态系统健康的指示器。如，生态系统中的典型区域湖泊，汇集了各种陆地水体，而水循环是地球上其他物质循环的载体，它的健康与否在一定程度上间接反映该湖泊集水范围内的生态系统健康状况，尤其是水生生态系统。因此，我们将湖泊界定为生态系统中的敏感区域，将其作为该片区域大生态系统健康的"警示器"。关键区域指示法的启发在于对评价大范围的生态系统的健康有着很强的实践意义。

以上三种生态系统健康评价方法各不相同，但是都离不开对生态系统中各种指标的衡量。有的研究将生态系统健康的评估指标归为五类：生态系统的活力，衡量生态系统的新陈代谢或初级生产力、服务质量和服务能力等功能；生态系统的结构，评价生态系统组分间交互的多样性、生态系统结构层次的多样性、生态系统内部生物的多样性等；生态系统的承载能力，反馈生态系统对外来干扰因素的承受能力；生态系统的恢复力，即当遭受胁迫因子作用后，生态系统的自身修复的能力；生态系统的扩散力，主要指生态系统对周边环境的影响能力，包括生态系统结构的扩散和服务功能的扩散。[①]

随着研究的深入，生态系统健康越来越被接受和认可，但是正如"健康"状态的界定宽泛而多样，生态系统健康的评价也呈现多样化，很难用一种方法或指标体系全面评价。以上的评价方式中，我们应该认识到生态系统健康有着多

---

① 赵良平.森林生态系统健康理论的形成与实践[J].南京林业大学学报（自然科学版），2007(3).

样的表现形式,由于系统本身的复杂性,需要综合考虑生态系统中的诸多生态因子,并将其纳入健康测量指标体系之中。虽然生态系统复杂、难测,但是其对组织结构、活力和恢复力的评价方法,为研究生态系统健康提供了备受认可的维度和指标。因此,在实践过程中,结合不同类型的生态系统,推行健康评价指标具有重要意义。

(二) 生态系统健康理论对班级建设的适切性分析

1. 生态系统健康理论符合班级建设动态发展的需要

从生态学意义上来分析班级建设,班级建设的过程就是班级中诸多主体之间的内部交往及其与班级外部环境中的能量、信息及物质之间不断循环作用的过程。这一动态发展形态,与生态系统健康理论有着很高的契合度,教师群体、学生群体、家长群体作为班级建设的主观能动者,通过各种渠道参与到班级建设的过程;班级中各类群体所伴随的群体环境、家庭环境、社区环境、社会环境等构成班级建设的外部环境,并通过主体筛选或由主体无意识地带入班级建设之中,发挥着显性或隐性的作用,给班级建设带来积极影响或消极影响。不同主体在相互作用后,在班级建设中起到不同的作用,有着不可替代的"生态位",形成自己的"生态圈",并与其他"圈层"之间积极交往,持续发挥某种作用。

一个健康的班级,必定是生态的。班级建设的活力源于班级中的"生产者"——教师、学生及家长,三者通过在班级场域中开展各类活动,产生能量,为班级生态系统注入活力。另外,传统班级中组织结构相对单一、关系相对薄弱,无法解释现今班级活动中教师、学生及家长等群体内部,不同群体之间交往所形成的复杂关系,而这种多维度的关系在生态系统健康理论中都能得到合理解释和具体分析。

生态系统健康理论注重群体交往所形成的组织结构,注重各个群体的活力,尤其关注不同群体在班级建设中受到外界环境、其他群体或个体所带来的胁迫之后的恢复能力,让班级建设表现出更多的承载力和包容性,让班级建设表现出更丰富的多样性和更多的生态活力。

2. 生态系统健康理论能为班级建设提供丰富、有效的理论支撑

之所以选择从生态视角分析班级建设,主要基于对班级建设复杂性的认识与研判。班级建设之所以复杂,主要是因为不同参与主体的参与程度不可控。教师群体中,班主任长期处于"主位",造成科任教师群体对参与班级建设的"缺位";家长群体在参与班级建设中长期"缺位",在遇到班级"冲突事件"时又表现出"越位";学生在班级建设中长期处于被动接受规训的"下位",丧失了作为主体参与的"上位"。参与班级建设群体的拓宽,导致班级建设中生态因素增多,这不仅关系到教师个体与学生个体,更是关乎群体之间的交往。群体所形成的文化、环境、价值观等在为班级建设提供丰富的条件的同时,也带来了一定的负面影响,对班级建设造成"胁迫"效果。不同的班级建设形态、不同的群体所构成的班级生态对来自外部的"胁迫"产生了各异的反馈。

(三) 生态系统健康理论对班级建设的启示

1. 生态型班级是班级建设的未来趋势

随着社会发展,班级建设所处的社会环境和学校内部环境都已经发生很大变化,班级建设已经突破了封闭校园环境的掣肘,直面社会环境;主体不再是单一的班主任个体,而是多群体叠加所形成的松散"协作体"。参与主体的变化、外部环境的变迁、所面临环境的复杂,让班级建设过程中的生态元素逐渐丰富起来,班级呈现出生态"栖息地"的原型。因此,班级建设的生态型路径成为班级发展的趋势。

(1) 班级是班级群体的栖息地及其与所处环境的交互场所

班级是一个"栖息地",是教师、学生及家长群体生命中的重要场域,是除了家庭之外教师和学生所处时间最长的场所。所以,班级生态系统类似自然生态系统,有着自身的生存状态和生态建设路径。在生态学中,生态关涉到生命体、栖息地、环境等关键要素。

生态要素在班级建设中得到衍生,生态不仅是对客观事物的分析,更是对生物体隐性关系的研究,群体伴随着生态关联而获得发展。生态学源于近代学者对生物学科研究的一个衍生方向,在继承了生命体、环境、栖息地外,新增了

"相互关系"。"ecology"一词首先由德国博物学家厄尔斯特·海克尔提出,并将其定义为"对自然环境,包括生物与生物之间以及生物与其环境间相互关系的科学的研究"①。100多年后的《韦氏大词典》(第10版)中的生态学(ecology)是指研究生物住所的科学,强调有机体及其栖息环境之间的相互关系。随着生物学学科的发展,更多的核心概念被注入生态学体系之中,"群落""链条""循环"等生态体系要素被更加关注。追踪生态学发展历程,生态学的核心概念逐渐成形,荷兰显微镜学家、微生物学的开拓者 A. van 列文虎克提出"食物链"和"种群调节",美国生态学家 F. E. 克莱门茨和 V. E. 谢尔福德提出"生物群落"的概念,美国生态学家 R. L. 林德曼和英国生态学家 G. E. 哈钦松提出"食物链"和"物质循环"等概念。这些概念都已经成为现代生态学的核心主题。

(2) 班级建设是多主体与外部环境循环流动的过程

班级建设的动力源于能量流动,主体之间的互动、班级内外部环境的信息流动,都为班级建设注入新动力。生态系统是系统内生命体在各种信息、能量及物质间的循环流动,生命体之间及与环境间的作用形成交往互动,带来生态多样性。生态系统具有整体性、开放性、多样性和交互性等诸多特点,它在不断进行的生态平衡过程中获得发展。

任何事物都不是孤立存在的,它们之间是相互联系、相互影响的。开放性和多元性是保持整个生态系统持续稳定的重要条件。1935年,英国生态学家A. G. 坦斯利提出生态系统的概念,"从生态学家的观点来看,它是一个存在于地球表面,构成自然基本单元的系统……每个系统内不只是有机体与有机体之间,有机体与非有机体之间也发生大量的各种各样的交换。这些系统的类型和大小各异,我们可以把它们称之为生态系统"②。

现代生态学代表人物、美国生态学家奥德姆认为生态系统就是在一定区域

---

① 奥德姆,巴雷特. 生态学基础[M]. 陆健健,等译. 5版. 北京:高等教育出版社,2009.
② Tensely A G. The Use and Abuse of Vegetational Concepts and Terms[A]. Athens: The University of Georgia Press,2000.

中共同栖息着的所有生物与其环境之间由于不断进行物质循环和能量流动过程而形成的统一整体。范国睿认为生态系统是指一定地域(或空间)内生存着的所有生物与环境相互作用的具有能量转换、物质循环代谢和信息传递功能的统一体。① 因此,对生态系统中"物质""能量""信息"等的分析,成为构建生态系统循环作用机制的关键。

(3) 生态型班级有着更强的承载力,为班级建设提供无限可能

生态型班级内部的组织结构更为复杂,能更好地应对复杂环境给班级带来的影响,为更多主体的生命成长提供丰富的资源与路径。生态系统有着不同寻常的组织结构,是能主动适应复杂环境的系统。首先,系统内部主体呈多样性,主体之间互动所形成的关系构成生态系统的重要因素,形成丰富的生态样式。其次,生态系统表现出极高的组织韧性,有着超乎寻常的承载能力,其生态承载阈值可大可小。杰拉尔德·G. 马尔腾生动地描述过生态系统的范围,他认为生态系统的选取可大可小:森林里的一个小池塘是一个生态系统,整个森林也是一个生态系统,一个农场是一个生态系统,整个农村景观也是一个生态系统。② 1887 年,美国生态学家 S. A. 福布斯发表著作《湖泊微宇宙》(*The Lake as a Microcosm*),成为将湖泊视为功能生态系统的科学家。此外,生态系统具有复杂的适应性。说其复杂是因为它们由众多联系紧密的部分组成;说其具有适应性是因为它们面对不断变化的环境具有能够作出调整的反馈结构。③

生态系统的承载力,为多样生态形成提供了坚实的基础。每一个生态因素都在生态系统中有着自身的作用和定位,各个组成部分之间相互关联、相互作用并形成独特的生态结构。在生态系统中,生命体通过信息输入,带来主体间的交互和能量的流动,促进群体和生态的发展,并通过能量转化实现信息、能量的输出,最终带来生态系统的变化。多样性、层次性、结构性是生态系统稳定的保证。从系统论的角度看,要素具有平权性,每一个物种不论处于生物链顶端

---

① 范国睿.教育生态学[M].北京:人民教育出版社,2000.
② 马尔腾.人类生态学——可持续发展的基本概念[M].顾朝林,等译.北京:商务印书馆,2012.
③ 马尔腾.人类生态学——可持续发展的基本概念[M].顾朝林,等译.北京:商务印书馆,2012.

还是底端,都是生态系统的结构性组成部分。① 奥德姆在强调生态系统的整体性时,注重其结构和功能所发挥的作用。他认为生态系统就是包括特定地段中全部生物(生物群落)和物理环境相互作用的统一体,并且通过系统内部能量的流动形成一定的营养结构、生物多样性和物质循环(生物和非生物之间的物质交换)。②

任凯、白燕认为任何有机体都不可能脱离一定的环境而独自存在,生物与环境是彼此不可分割、相互联系和相互作用的。诸多生物彼此间相互关联、共同发展,从而形成了一个自然整体,这也是生态系统的最初状态。③

2. 班级建设应更多关注主体间及环境间的交往互动

(1) 环境是开展生态型班级建设的重要基础

生态学的发展本身也是一个动态发展的过程,其研究的内容随研究目的而不断增多,随研究深度而不断具体化。在人类历史的早期,为了生存,人类必须了解周遭的环境,包括周围的动物、植物等,这样才能在严峻的野外生活中存活下来。火、石器等的出现,是人类认识自己与环境的关系并开始改造环境的最佳证明。

生态学从研究主体与环境之间的相互关系,逐渐发展为研究主体与主体之间、主体与环境之间的相互作用和交流。生态系统内,不同群体相互作用形成小圈层,不同小圈层交往形成更大圈层,从而构建起多重圈层结构的形态复杂的生态组织结构。生态结构日趋呈现出复杂形态,逐渐稳定发展形成一个自然的生态系统。生态学经常被看作是真正的整体论科学,因为它是研究有机体与环境的相互关系的科学。④ 因此,部分与整体之间的关系论证,成为生态学的理论基础,整体论与系统论则成为分析生态系统的基础所在。

单一形态的生态系统是有机体与环境的相互关系。1866 年,德国生物学

---

① 朱振林.生态位重叠与生态位空场:生态系统视角下高等学校的错位发展[J].黑龙江高教研究,2013(4).
② 奥德姆.生态学基础[M].孙儒泳,等译.3 版.北京:人民教育出版社,1981.
③ 任凯,白燕.教育生态学[M].沈阳:辽宁教育出版社,1992.
④ 李际.生态学范式研究:来自科学哲学的回答[M].北京:人民出版社,2018.

家恩斯特·海克尔首次明确生态学概念:生态学是研究有机体与其周围环境——包括非生物环境(指光、温度、水、营养物等理化因素)和生物环境(指同种和异种的其他有机体)的相互关系的科学。①

复合形态的生态系统由有机复合体与物理因子复合体形成,二者之间不可割裂。1935年,A.G.坦斯利提出生态系统的概念,认为生态系统是各个环境因子综合作用的表现。他认为生态系统的基本概念是物理学上使用的"系统"整体。这个系统不仅包括有机复合体,而且包括形成环境的整个物理因子复合体。我们必须从根本上认识到,有机体不能与它们的环境分开,而是与它们的环境形成一个自然系统。

生态学研究从自然界向人类社会的延伸,推动了生态学从关注"环境"到关注"人"的转变。从分析"物"转向关注"人",生态学实现了从自然科学向社会科学的华丽转身,这为研究人与环境提供了理论遵循,尤其是对分析不同主体相互作用、复杂环境大有助益。生态学的发展是从一门纯粹生物科学逐渐转变为兼顾人类科学的过程。学科发展越来越强调"复杂系统发展和调解中的自我调节"②。生态学作为研究生命系统和环境系统之间相互作用的规律和机理的学科,不断被运用到社会科学的领域,尤其适用于研究"系统"问题和"关系"问题,特别是在研究复杂关系问题上有其独到之处。生态学对社会的分析,很早就涉及教育网络关系,如学校、家庭及社区等,生态学在教育中似乎有着天生的契合点。1969年,美国生态学家罗伯特·惠特克将生态学从自然学科拓展到社会学科,他通过对生态内部组成的分析,认为生态学可定义为生物因素、社会因素和历史因素之间及它们内部的相互作用,而这些因素总是包围着一个人所在的家庭、学校、邻居及彼此重叠着的社会团体。③ 在早期,生态学关注人与环境的相互关系,侧重的是个体与环境的关系,关注学校情境中个体行为与环境的关系。

---

① 张金屯,李素清.应用生态学[M].北京:科学出版社,2003.
② 奥德姆,巴雷特.生态学基础[M].陆健健,等译.5版.北京:高等教育出版社,2009.
③ 张金屯,李素清.应用生态学[M].北京:科学出版社,2003.

(2) 生态型班级是动态发展的复杂系统

万物相连、动态平衡是生态系统的运行之道。综合生态学的发展历程,生态学的核心概念——进化、系统生态、复合种群生态、生物多样性、整体论等都为社会科学研究提供了崭新的视角;生态学的基本主题也主要涉及生态系统分析、能量和物质循环、种群动态、竞争、生物多样性等内容;生态学分析方法始终围绕着整体方法论,从复杂现象中寻找事物的本质;生态学方法与模式的要点在于指明教育情境的范围和复杂性。运用生态学的联系观、平衡观、动态观来考察教育问题,是较好的抉择之一。这些为分析当下复杂视野下的班级提供了强有力的支撑和独特视角,为探寻不再单一的班级提供了一个令人激动的方向。

学界把生态学的基本原理主要概括为胜汰原理、拓适原理、反馈原理、瓶颈原理、多样性原理、机巧原理、累加效应原理[①]。这些基本原理构成了生态学原理的主要内容。下面简要解释这些主要原理:

"物竞天择"的胜汰原理是自然界的永恒定律。自然界资源丰富却并非均衡不变,不同系统之间的承载力和对资源的获取能力各不相同,长久以来便形成了各个种群(小系统)的生存能力变化,优胜劣汰,竞争力、生存力弱的逐渐被淘汰,有生命力的获得更为丰富的生存资源。

"各居其位"的拓适原理是自然界的法则,优势主体需要主动求发展,获取发展资源,形成自身影响力。自然生态中各有机体都有着自己相对稳定的位置,起到特定的作用,形成自己的生态位。拓适原理可以反映生态系统内处于不同生态位的有机体的活动规律。处于一定生态位的生物,要保持其在生态位中的层级,必须主动拓展,从而获取保持生态位的必需资源,并通过自身的努力主动适应该生态位生存所需的各种环境。

"鲶鱼效应"带来的反馈原理是生态系统获得生长动力的主要机制。任何一种事物进入生态系统中都能带来刺激作用。反馈原理,是生态系统面临外来的物质、能量、信息等的输入后,对其产生作用和反作用的一种机制,从而形成

---

① 同蒙钢.生态教育的探索之旅[M].芜湖:安徽师范大学出版社,2013.

正反馈与负反馈,进而推动系统的稳定与发展。"反馈是指当系统的一个部分发生变化,并且该变化在系统其他部分形成效应链后,该变化在原发生部分所产生的影响。正反馈刺激着变化,对于我们周围世界环境问题的突然出现和其他快速变化,正反馈是有一定责任的。负反馈提供了稳定性,所有生态系统和社会系统都有很多负反馈循环,保持系统的每一部分都在正常范围,从而能让整个系统继续正常运行。"①"反馈"在生态系统中有着重要的作用,"所有的生物系统……都是建立在正反馈和负反馈的相互作用之上","在促进变革力量和保持稳定力量之间存在适当平衡"。"每一生态系统和人类社会系统都存在大量正反馈和负反馈循环,两种反馈不可或缺。负反馈提供了稳定性,它在使系统的运行维持在正常功能限度内发挥重要作用,并在必要时提供承载能力指向。"②

"厚积薄发"的瓶颈原理是生态系统获得突破创新的方式。瓶颈原理反映了复杂的生态系统面临自身发展需要和环境资源支撑之间的规律,任何系统都有一定的资源承载力阈值,当一个阶段内系统发展与资源承载力呈 S 形发展,前段资源承载力强的时候,系统发展很快;随着承载力临近极限,系统发展变缓。直到环境资源承载得到改造,瓶颈得到扩大,系统又会进入新的生长期。系统正是在不断突破瓶颈的过程中获得可持续发展。

"多姿多彩"是生态系统多样性原理的生动体现。生态系统多样性,主要是指复杂系统的遗传多样性、物种多样性、栖息地多样性以及功能过程的多样性。保持适当高的多样性是很重要的,不仅可以确保所有关键功能生态位的正常运行,还可以维持生态系统的恢复力,减少未来可能会遭受的胁迫的次数。

"转为危机"的机巧原理让生态系统更富挑战性。生态系统发展过程中,机遇与风险是均衡的,大的发展机会往往意味着高风险。在生态系统建设过程中要主动抓机遇,利用机遇改变不合时宜的构成部分和功能,尤其是要利用各种风险、威胁所带来的机遇,将其转化成系统优化、升级和发展的契机。

---

① 马尔腾.人类生态学——可持续发展的基本概念[M].顾朝林,等译.北京:商务印书馆,2012.
② 马尔腾.人类生态学——可持续发展的基本概念[M].顾朝林,等译.北京:商务印书馆,2012.

"最后一根稻草"是对累加效应原理的形象描述。生态系统内的变化是长期作用的结果。正如"古罗马不是一天建成的",生态系统的变革也来自无数个小事件、小影响累积在一起所产生的同频共振。在系统内部,要注意"小事件"所带来的影响,注重小影响积累所带来的大变化。

(3) 对班级建设路径的生态模式启示

生态系统由信息、能量及物质间的相互作用而形成。"一个完整的生态系统应该包括一个输入环境(IE)、一个输出环境(OE)以及作为界限的系统(S)。一个性能良好的或现实世界的生态系统必须有一个输入通道,另外在多数情况下还要有能量和物质的输出渠道。"[①] 生态系统＝IE(Input Environment)＋S(System)＋OE(Output Environment),如图 7 所示。

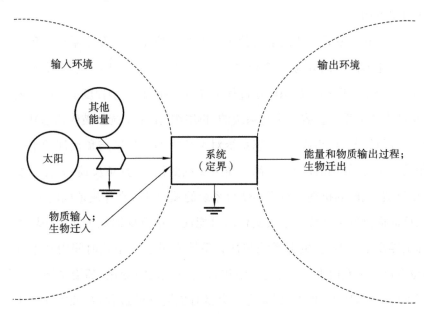

图 7　生态系统模型(奥德姆,巴雷特)

图 7 中生态系统中有三个基本成分:群落、能量流动、物质循环相互作用[②]。

---

① 奥德姆,巴雷特.生态学基础[M].陆健健,等译.5 版.北京:高等教育出版社,2009.
② 奥德姆,巴雷特.生态学基础[M].陆健健,等译.5 版.北京:高等教育出版社,2009.

生态系统的自我革新是驱动系统发展的重要动力。自组织是生态系统运转的一个重要形式,生态学认为生态系统是一个自创造、自组织、自运动的系统,系统内部各要素各关系的变化带来系统的变化。"所有的复杂适应性系统都是自组织的。"①"为什么生态系统的不同部分之间能够很好地适应呢?是什么负责组织各个部分,使它们之间的功能相互联系,形成反馈循环?或者说是什么使得各部分共同运转?奥秘在于生态系统本身,它自己组织了自己。"②

生态系统的变化来自内因驱动和外因驱动,内外共同驱动引起系统"成长"与"再组织"。内部因素引起的变化是一个渐变过程,需要对内部因素进行渐进式的优化,不断提升内部组织水平;外部因素引起的变化往往是突变式的,因为外部因素传输到生态系统内部,导致内部结构发生大变化,引起原有组织瓦解和新组织重构。

渐进式和突发式变化的混合使生态系统形成了一个复杂系统循环。生态系统的变化形态可以分为渐变式的"成长"与突变式的"再组织"。生态系统的"成长"是由正反馈和自组织构建过程主导,在空间和复杂程度上不断扩展的过程,是渐进式的系统扩容。生态系统的"再组织"是指系统从破碎状态到恢复的过程。"成长"与"再组织"与生态系统对系统内的正反馈与负反馈的承受力密切相关,"生态系统和社会系统都会经历反抗变化的力(负反馈)和促进变化的力(正反馈)之间的抗衡。负反馈使得系统的关键部分在作用范围内维持原状,而正反馈提供发生必要的巨大变化的可能性。正负反馈在不同的环境下交替发挥主导作用。因此,生态系统和社会系统有可能在很长时间内基本维持不变,也有可能突然改变。"③无论是渐进式或突发式的变化,都给系统发展带来了多种可能性,使得"再组织"成为一个富有创造性的过程,系统因外部干扰可能移动到另外不同的稳定域,从而导致生态系统的变革与再造。但生态系统是在"非平衡"与"平衡"之间波动,并最终实现生态系统内部稳定的。"生态系统、社会系统和其他复杂适应性系统在长时间内几乎保持同一状态,因为负反馈一

---

① 马尔腾. 人类生态学——可持续发展的基本概念[M]. 顾朝林,等译. 北京:商务印书馆,2012.
② 马尔腾. 人类生态学——可持续发展的基本概念[M]. 顾朝林,等译. 北京:商务印书馆,2012.
③ 马尔腾. 人类生态学——可持续发展的基本概念[M]. 顾朝林,等译. 北京:商务印书馆,2012.

直占主导地位,直至某个小变化引起一个强有力的正反馈循环,从而导致系统的快速变化。之后负反馈又取代正反馈以使系统保持其新的结构"[1]。

生态系统的可持续发展是基于系统本身的适应性发展的能力。"适应性发展是应对变化的制度上的能力。它能通过改变社会系统的某些部分来使社会系统和生态系统功能以一个更为健康的方式运作,从而对生态可持续发展作出重要贡献。"[2]

生态平衡原理源自生态系统始终处于运动状态,而非静止不动状态,生态是物质、能量和信息之间不断交换与维持所形成的。在这一过程中,生态系统的开放性是保持生态活力的重要条件,面对外来物质、能量和信息的输入引起系统的不均衡,生态系统能够通过自我调节处理外来干扰,从而保持生态系统的稳定,即生态平衡。生态平衡原理表明生态系统是动态的、相对均衡的,它有自我调节与自我维持的功能。而生态系统正是通过在平衡与非均衡之间的调整变化,实现系统结构与功能更新的。[3]

二、现实依据:非生态型班级存在的主要问题

班级与生态的融合,是班级建设发展的一个高级形态,是为适应新形势下班级建设的一个尝试与探索,更是对班级场域中各个主体的作用和育人功能的再认识。俗语说"相由心生",班级的生态形态源自对生态型班级的接受、理解与认可,是班级发展过程中自我变革、自我再造的过程。这一过程面临着班级建设的外部环境变化,以及社会、学校环境给班级建设带来的压力,压力转化成班级建设的驱动力,导致班级形态发生变化;同时,班级内部主体结构变化,参与主体多元、形式多样给班级形态的转变注入内在动力,内外双因驱动导致班级建设更趋复杂,使班级场域从物理空间逐步演变成一个以教育为主旨、多主体交叉、环境复杂、诉求多元的复杂形态场域,颇具有"生态圈层"的样式与意味。因此,以生态视角分析当下的班级建设,更能够解决班级建设所面临的现

---

[1] 马尔腾.人类生态学——可持续发展的基本概念[M].顾朝林,等译.北京:商务印书馆,2012.
[2] 马尔腾.人类生态学——可持续发展的基本概念[M].顾朝林,等译.北京:商务印书馆,2012.
[3] 任凯,白燕.教育生态学[M].沈阳:辽宁教育出版社,1992.

实问题。

当下班级生态面临重重危机。一种新形态组织结构的产生源自旧秩序的解构和重组,人们对班级的期望也是如此,时代的变化导致班级教育功能发生了历史性的变迁,班级从最初的集中学习知识技能的物理空间演变成关注师生生命成长、涵育学生多元核心素养的场域,而传统的班级建设模式跟不上新时代的要求,必然会产生各式各样的问题。此外,班级的内外部环境也面临着诸多变化。因此,班级建设中的很多问题在传统思维模式下无法得到解决,班级生态危机逐步显现。

(一) 班级建设的"孤岛化"困境

长期以来,科学主义主宰了近现代传统学校教育及班级建设。在科学外衣的笼罩下,一切都可以被科学标准化,同样教育活动也可以标准化。美国学者小威廉·E.多尔认为:科学及其衍生的技术为我们带来了许多令人惊奇的"事物"……但因视科学为唯一的途径,我们失去了许多宝贵的东西。[①] 基于效率、标准、管理的需要,班级授课制的出现及时回应了资本主义工商业发展对知识技能传播的迫切需要,尤其是第一次工业革命后,"学科化""标准模块""流水线"的工业化教育模式为社会发展输送了充裕的人力资源。在"科学至上"的工业化社会,科学主义思想对学校教育的变革深刻,"管理""治理""规范"成为班级教育的标签要素,班级蕴含着浓厚的工业化气息,规模化、标准化和规范化成为教育者对班级的核心描述。美国心理学家伯勒斯·F.斯金纳认为"教育也许是科学的技术学院的最重要的分区",为了提高学习效率,积极推动学校教育达到机械化的目标,教师成为教学机器,学生变成学习机器。

科学主义的方法论侧重科学分析,其基本研究范式是将原本整体的教育实践活动拆分成若干关键部分或环节,以便于把单个个体活动从整体活动中剥离出来,分析其简单化、碎片化的线性活动,以获得确定性的结果。"布瑞钦卡认为,由于教育现象至为复杂,要发现教育现象中的法则性,并非易事,因为教育科学所探究的对象并非像自然界那样呈现出分离的组成部分,为此必须通过对

---

① 多尔.后现代课程观[M].王红宇,译.北京:教育科学出版社,2015.

多样化的教育现象加以分离来进行研究,通过对各个部分的透彻研究,就可以对教育现象做整体的理解。"①这样一来,教育活动局限于"本原""知识""逻辑"这样的框架之中,它给人们提供的认识人与世界关系的路子是狭窄的,而不是宽阔的。它为人们提供的世界图景是单调的、片面的,而不是主动、多样和丰富的。②

"科学至上"理念给学校教育带来生态性危机,科学主义导向下的教育活动以自然科学为标准,追求精准、定量、客观,整个教育活动是围绕预设目标与预定结果两个主题开展的,教育活动异化成了标准化、格式化、形式化、公式化的诸多指标化活动。在科学主义的统治下,教育由原本浑然天成的系统活动被切割成了多个阶段与模块;原本"万物皆可教"的和谐共生的教育活动,已经演变为大规模的标准化生产,失去了教育原有的"共生共长"特性,教育成为磨去学生个性棱角,将其打磨成"圆滑卵石"的机械过程。这一问题一旦传导到班级中,便表现为各主体难以适应复杂形态的班级建设过程,班级建设中的家校关系、师生关系、生生关系等多主体的交互呈现出"病态"与"危机"。

关注班级建设的研究者对班级中的教师、学生等方面进行了诸多研究和反思,让当前班级建设形象焕然一新,但并未触及未来班级建设的根本问题,没有摆脱科学主义范式给班级建设带来的枷锁。虽然班级实践过程中展现出丰富的样式,但都是基于科学主义范式下的标准、规范。对科学主义范式下班级建设中存在的问题表征、实践困局等逐一分析,有助于认识班级生态的现状并进行深刻反思。

管理控制方面,师生之间同生共长的生态关系被破坏,管制、规训替代了对话、交流。在当前的教育中,尊师重教、教学相长等优秀传统逐渐淡化,师生之间的互动主要是知识的传授,缺乏基于生命底色的交流,缺乏"学高为师,身正为范"的引领,缺乏师生生命成长的"立体感",缺乏情感的交流。教师较少关注

---

① 毛亚庆.从两极到中介——科学主义教育和人本主义教育方法论研究[M].北京:北京师范大学出版社,1999.

② 毛亚庆.从两极到中介——科学主义教育和人本主义教育方法论研究[M].北京:北京师范大学出版社,1999.

学生的生命成长,学生也不再"信其师,亲其道"。教师与学生之间被成绩等考核指标衡量,造成了师生之间的漠视,甚至是对立。

学科分隔方面,分科而教的模式割裂了教育生态。分学科教育所带来的无形壁垒,导致班级建设丧失了教师群体的合力,科任教师各谋其课,"只见课、不见人"的教育活动频频出现。班级教育中以学科为界限,班主任负责班级教育,学科教师仅负责学科知识教学,育人与学知之间脱离,导致班主任的"独斗"与其他教师的"旁观",一方忙忙碌碌,另一方"围观""欣赏""评鉴",只教书不育人,难以实现教师相互尊重与认同,也容易在教育同一学生群体的过程中出现教师的"各说各话"和学生的"无所适从"。由于当前实施分课程教育体系,许多非班主任的科任教师撂下了育人职责,将自身定位为"知识的讲授人",难以形成教师群体协同育人的格局。

泛商品化方面,教育商品化、消费化观念深刻影响班级建设中多主体的教育观,造成教师与家长之间的各种冲突。当下师生关系紧张现象时有发生,很大程度上同教师与家长之间的教育理念差异有密切关联。互联网上频现教师与家长之间的"隔空喊话",双方表现出缺乏基本互信,缺乏有效的沟通渠道。有些家长完全将孩子"托付"给教师,有些则依据自己的教育价值观来指责教师育人过程中自身不认同的行为。这些冲突往往通过QQ群、微信群等途径传播和放大,背后折射出的是冰冷、紧绷、互相猜测的教师与家长关系。

简言之,在科学主义的影响下,教育行为被标准化、指标化、流程化,班级建设越来越像企业管理,教书育人成为"生产线"。在科学主义倡导的教育氛围中,教师群体、学生群体、家长群体之间的学习共同体、成长共同体、工作共同体被一一粉碎,班级建设成为支离破碎的片段。因此,班级建设必须彻底转变,以"生态"来重新理解班级建设中的诸多主体、因素,将其融合到班级建设过程之中,转向生态型班级建设。

(二)复杂环境干扰与脱离真实环境带来的负面影响

班级建设的过程是生态系统循环发展的过程,是教师主导多群体整合班级内外部信息、能量相互作用的过程,输出班级场域中的教育资源,涵养群体生命成长,推动班级建设。但现实中的许多班级建设,在遭受复杂环境的同时,没能够有效激活生态主体,让主体真实参与过程之中,主动丢弃了多样的可能。另外,班级建设脱离了真实的生活环境,导致没有新的信息、能量及时注入班级建设的过程中,为班级建设提供新的教育资源。生态意识让我们认识到班级建设源自学校教育与班级生活,并受到社会、家庭、个人多种因素的综合影响。人为地将班级环境"净化""封闭",将会导致班级建设缺乏真实的环境影响,失去班级场域的育人功能,让班级建设面临严重的环境危机,让原本蕴藏丰富教育资源的环境失去作用,让班级建设丧失活力。

班级建设面临人为隔离社会环境的困境,丧失了从社会环境中获取丰富资源的机会。班级建设源自学生的管理需要,是对教室内学生的规范管理,是配合以学习为导向的过程管理。随着学生观、教师观的演变,班级建设逐渐衍生出关注学生生命、教师专业成长等主题,但班级建设始终困在班级之中,许多教师简单地将学生圈在班级的封闭空间内,将学生当作一个个纯粹的个体,许多时候只参考学生的学习能力,忽视学生的家庭、性格、经历等深刻影响学生的因素,只基于知识教育的需要,开展灌输式教学。许多班级被知识包裹起来,与所处的环境隔离开,学生在家庭、社会中所沉淀的经验被忽视、无视,班级建设无法满足学生的真实需求。长此以往,班级建设成为机械的、重复的劳动,失去了生命成长的底色。

班级建设与学生生活、社会生活之间的无形壁垒,导致两者的边界模糊,功能不明,进而导致环境资源转化成教育资源时遇到障碍。在现实班级建设过程中,一方面由于生态意识不足,教师没有意识到班级及所处环境中各类资源可以转化成教育资源,成为班级建设的重要元素,进而可以让学生所要的"生活""故事"等成为成长过程中的营养,以支持学生的健康发展;另一方面由于统筹资源的能力有限,转化资源的手段不足,教师在潜意识中只是紧盯课本,忽视所在环境能够提供的无形教育资源。现代社会,学生与社会之间有着千丝万缕的联系,学生接受信息的渠道已经超越了地域、时间等限制,"思想所到之处,无不联通"。这就对教师的资源统筹能力、资源筛选能力等提出了更高的要求,同时给教师的教育活动带来了危机与契机并存的压力,使教师要么成为航行于社会之中的方舟，要么成为随波逐流的一叶扁舟，抑或成为沉寂于海底的封闭潜艇。

班级中价值取向泛化与多元化，对班级中教师、学生与家长之间的协作都提出更高的要求。传统的班级仅关注学生的知识素养培育，而现今的班级关注学生的成长与发展。学生的发展素养以培养全面发展的人为核心，分为文化基础、自主发展、社会参与三个方面，综合表现为人文底蕴、科学精神、学会学习、健康生活、责任担当、实践创新等六大素养，具体细化为十八个基本要点。各素养之间相互联系、相互补充、相互促进，在不同情境中整体发挥作用。① 多元化的价值取向，必然导致班级建设中各主体诉求的差异化，各个素养均衡发展需要教师的专业素养、家长的支持配合和学生发展需求之间的互相融合。在多群体参与、多样诉求表达背景下，教师、班级乃至学校如何推动各素养之间均衡发展，需要对班级建设的内涵、模式、评价等有全方位的创新探索。

（三）班级中主体沉默与虚假活跃共存

班级建设的主体危机主要体现在对人的禁锢上，主体的"缺位"或旁观者心态使班级建设充满了虚假的参与。

看似热闹非凡的班级，其实是少数人"狂欢"的场地。许多学校在改革实践中，为了突出学生的主体性，在教书育人环节设计诸多能够让学生参与、表达、交流的环节，使班级内部的交流结构获得改变。但是在诸多活动中，活跃度高的学生成为班级建设中的强势者、现有利益获得者，他们获得了更多的关注，得到更多展现自我的空间，但是在他们主体性"高亢"的同时，许多非"高度活跃"的学生在班级生活中处于静默状态，成为班级活动中的旁观者。许多学生在班级展示中成为"专业户"，获得教师更多的关注、鼓励，成为班级活动中相对固定的中坚力量。这一小部分学生获得远超同辈的资源与支持，成为班级中的"少数人"，进而导致整个群体活力的丧失。

为了突出"主体性"而表演，禁锢了班级主体真实的成长。在班级建设过程中，学生是教育"主体性"的表演者，应该让学生从学校、教师或家长的束缚中解

---

① 《中国学生发展核心素养》发布［EB/OL］.（2016-09-14）［2023-09-14］http：//edu.people.com.cn/n1/2016/0914/c1053-28714231.html.

放出来,追求以学生的兴趣、学生关心的问题为出发点的教育。但实际情况是,学生在国家、教师、家长提出的"主体性生活"的强制要求下不堪重负。学生成为学校教育展示的"主体性"表演者,成为班级活动中的"提线木偶",导致班级建设陷入了认知浅薄与育人氛围贫乏的局面。

现行学校教育改革中倡导家校社协作,一时间人人都有话语权,多群体的无序参与或冲突严重影响着班级建设的过程。班级中传统的权威泛化,尤其是教师的权威式微,给班级建设带来系列问题,如教育惩戒能否得到学校和家长的支持、学生评价能否分类、个性化的教育活动能否经受住网络评论等,这些因素无不干扰着班级建设的每一步。其实这些现象背后都是教师权威的消散,班级成了多方力量的较量场所,给教师的带班治班及教学育人带来一定程度的影响。

(四)班级建设的虚拟交往与建设盲区

信息化、网络化、多元化、个性化,这些是现代班级建设所面临的关键词,现代班级身处复杂的社会环境之中,原本封闭的班级发生了显著变化。

如果说现代班级的网络形态,便是班级建设存在于无处不在的网络信息之中,那么学生之间、师生之间、家校之间的交流越来越存在于网络形态之中,网络已经成为班级教育不可忽视的一个阵地。但是,网络往往只发挥作业布置与提交、信息通知与发布等简单的功能,没有使网络两端的主体有效交互,丧失了其交流不受时空限制,为群体交互提供更为快速便捷的渠道的价值。

教育发展的网络形态,给传统班级形态带来了不可估量的冲击与影响,"虚拟空间加剧个人主义学习,使教室和学校的公共性被肢解"[①]。一方面,现代教育享受着现代网络所带来的各种好处与利益,将从网络获取的各种资源用于教育教学;但是,网络的隐蔽性和虚拟性也给班级教育带来了深刻的、隐性的影响。正如雪莉·特克尔在《群体性孤独》一书中说到的,人在网络世界中有三层境界与三种状态。第一层境界是深陷其中不能自拔,人们通过移动设备把自己牢牢地拴在网络上,从而获得自我的新状态;第一种状态是"逃离现实世

---

① 佐藤学.教育方法学[M].于莉莉,译.北京:教育科学出版社,2016.

界"——"也许他们正在你身边,但他们的精神已经游离到了另外一个世界"。第二层境界是在现实世界与网络世界之间切换顺利;第二种状态是"双重体验"——人们能够体验到"虚拟与现实的双重人生"。第三层境界是超脱网络陷阱,超脱生活;第三种状态是"多任务处理"——人们由于可以同时处理多种事情而赢得了更多时间。①

网络形态开拓了虚拟时空,班级的网络空间是教书育人的隐秘阵地,许多在现实班级中的教育活动在网络形态的交流中不断被消解,在班级建设中也容易被教师群体所忽略。班级建设中的网络形态,主要以班级微信、班级QQ群等形式呈现在师生及家长面前,并成为网络形态班级沟通交流的主要平台。同时班级中也存在多种多样的网络交流群,如以学生群体为主的QQ群、微信群等,以家长群体为主的QQ群、微信群等。这些群成为班级主群所附带的衍生群、附属群,并发挥着更为深层的作用,且不被教师所掌握与使用。这些网络交流群是家长之间或学生之间自发组建的,因而它们更加富有群体特性,能开展更为深度的交流与互动,群内价值观念的交流与互动也更加深刻地影响着群体的发展,并影响着该群体对其他群体的认知。

班级建设阵地泛化,实体阵地和虚拟阵地共存并相互影响。教室是实体空间,承载着多主体背后所蕴藏的资源、多主体交互中所形成的复杂关系;同时在虚拟空间中,如各种微信群、QQ群、交流圈等,传统班级的围墙被摧毁,并快速、深刻地影响着班级中的教育活动。伴随着学校教育面临更加开放、更多应用场景的趋势,教师、学生及家长之间的互动呈现出了两极分化的趋势:一是班级虚拟空间的产生,让诸多主体之间的沟通更加频繁、快速,他们之间交换想法的时候更容易摩擦出火花,碰撞出教育灵感或制造出难以调和的冲突,这些都是难以以传统思路和方法掌控的;二是主体之间的沟通行为更加隐蔽,趋于虚拟化和网络化,在网络形态的遮蔽下,诸多主体之间更容易搭建起沟通桥梁,也有着更为隐蔽的单线沟通,或形成更为隐蔽的圈层。正如许多班级都建立了两

---

① 特克尔.群体性孤独:为什么我们对科技期待更多,彼此却不能更亲密?[M].周逵,刘菁荆,译.杭州:浙江人民出版社,2014.

个班级群:一个班级群中有教师,另一个班级群中没有教师。相对于传统的家委会类型的家校沟通渠道,这类家长自由组建的没有教师在的沟通群,形成一种个体诉求泛化、共同愿景缺失、协作意识淡漠的非传统教育合作圈层,往往给班级建设带来一定的负向舆论压力。

从以上诸多情境可以看出,传统的班级形态难以承载新时代的教育诉求,班级生态已经难以承载诸多班级活动,容纳学生、家长及教师成长的需要。因此,必须改变班级形态,有效激发班级生态主体的活力,推动班级组织结构向扁平化发展,让更多主体参与到班级建设中,不断增强班级建设过程中的多样发展与自我恢复能力,推动班级建设创新发展。

第三章　班级生态的调查研究

生态无所不包，无所不含。班级生态中既存在客观因素，也存在主观因素。尤其是在公共场域中，人与人之间的态度、情感等深刻影响到该场域内生态体系的生成，群体内的互动所形成的关系成为班级生态的主要内容，厘清群体互动内容，描述清楚班级生态因子，才能进一步推进班级生态建设，有效化解各种班级生态危机，保护班级健康生态。通过问卷调查测量出影响班级建设的生态因素，为生态型班级建设提供科学合理的测评指标体系，将生态型班级建设的研究路径从单一的经验描述转向经验描述与指标考核相融合。根据调查问卷的情况，有针对性地开展访谈活动，有效补充班级建设中的生态维度。本章的分析力争通过多维的观察与测量，立体反映出班级生态的应有之义。

对于生态型班级建设的调查研究主要分两部分进行：第一部分是开展班级生态的问卷调查，研究班级生态因素、生态群体之间的互动关系及效果；第二部分是对教师群体、学生群体及家长群体进行访谈，了解各个群体对班级生态的认识和想法。此外，后续部分将会结合调查研究中发现主要问题的表征，开展入班行动研究，结合影响班级建设的生态因素，参与班级建设过程，以期分析出班级生态系统中各群体交往、班级内外部信息流动存在的主要问题，并制定解决对策。

一、调查设计

（一）调查问卷与访谈提纲的编制

1. 调查问卷的编制

（1）问卷的维度：个体与群体、群体之间的互动交往问卷(详见附录 1—2)主要围绕教师、学生和家长三个群体在班级中的互动交往设计内容。根据调查需要分别设置了班级生态调查问卷(教师卷)、班级生态调查问卷(学生/家长卷)两套问卷。其中,鉴于学生成长受到家庭教育的直接影响较大,且具有隐蔽性,所以将学生卷与家长卷归并在一起,以研判学生认知与家长认知异同对班级生态建设所带来的影响。问卷的主要内容包括班级中的教师、学生、纪律、秩序、竞争,兼顾班级中教师群体、学生群体、家长与教师群体互动、班级状态等内容。

(2) 问卷的编制依据:整合多个班级量表,新增不同群体内部及群体间的认知、互动内容等

班级生态体系的测量,主要是对班级中不同群体内部及群体之间互动沟通所形成的关系进行测量,尤其对群体内部协作、群体之间的互动进行测量,以筛选出影响班级建设的生态因素。问卷设计主要参考了江光荣的《我的班级》问卷、李子健等的《香港课堂环境量表》(Hong Kong Classroom Environment Scale)、爱普斯坦的《家校合作测量量表》(Home-School Partnership Assessment Scale)、穆斯和特里克特的《班级环境量表》(Classroom Environment Scale)、弗雷泽的《学习环境调查量表》(Learning Environment Inventory)。其中,以江光荣编制的《我的班级》为主体问卷(该问卷主要针对学生眼中的班级),同时根据测量各类群体互动关系的需要,将《香港课堂环境量表》《家校合作测量量表》等问卷中涉及的群体互动等内容整合到主体问卷中。新增的主要内容包括教师群体之间的互动(教师关系、教师合力、教师支持、教师创新、职业倦怠等)、家长与教师之间的互动(教师对家长互动满意度、教师与家长之间沟通的主要内容、沟通渠道与方式、家校协作内容、家长与教师的配合度等)、家长群体之间的互动(群体满意度、沟通程度、民主协商、家长合力等)、班级状态(班级氛围、社会资源、班级日常生活、民主平等、班风等)。

问卷的设计旨在通过收集教师、学生及家长三类群体对所在群体的基本认识,以及对不同群体的认知、态度等,了解班级建设中不同群体在认知与行动上的异同,勾勒出生态型班级建设中的互动维度。

(3) 问卷的内容:主要围绕各个群体对班级的认识进行设计,主要测量班级的生态维度

问卷每部分都从对班级状态的认知(基于江光荣编制的问卷中所涉及的师生关系、学生关系、纪律和秩序、竞争、学业负担等五个维度)开始,并根据班级生态系统特性,增加群体互动的维度(学生群体互动、教师群体互动、家长群体互动),来对班级群体之间生态因素互动进行测量(见表3)。

表3 调查问卷的主要维度

维度	主要表现
师生关系	师生之间的亲和度、教师对学生的支持和关心程度
学生关系	相互关心、相互帮助、真诚友好、齐心协力、学习竞争
班级状态	秩序、纪律、整洁、压力
教师群体状态	关系融洽、形成合力、相互支持、乐于创新
家长群体状态	自我组织、善于沟通、化解冲突
群体间互动	满意度、沟通频次、沟通渠道、参与程度

2. 访谈提纲的编制

(1) 访谈提纲设计思路

访谈提纲(见附录3)围绕班级生态系统中的教师、学生及家长三类群体进行设计,旨在了解不同群体对班级生态的认知、态度和行为所表现出的差异,并对差异化内容进行分析。通过访谈班级中不同生态位的个体及群体,依据他们对班级建设中不同场景的描述,探知当下班级建设中存在的生态问题,以及症结所关涉的不同主体。通过对群体自我认知及群体间相互认知的描述,勾勒出影响班级建设的诸多生态变量,为开展生态型班级建设研究提供实践支撑。

(2) 访谈提纲设计维度

访谈提纲根据调查问卷的主要维度和内容来设计,围绕班级认知、群体内互动、群体间的交往、外部因素的影响等进行深入的个体访谈,主要了解班级的生态因子、班级群体的活跃程度、交往中的信息交流、群体遇到问题时的态度和处理问题的方式等,对班级生态的活力、恢复力和组织结构进行进一步的描绘。

通过访谈与问卷调查的交叉印证,构建班级生态的多维内涵。

(二) 调查问卷与访谈提纲的信度检验

1. 调查问卷的研究及分析工具

问卷调查法,侧重不同群体及其互动的内容。其中,针对学生群体的问卷模块在江光荣的《我的班级》问卷基础上增加群体互动内容,针对教师群体、家长群体的问卷模块在《我的班级》问卷基础上做出适合教师或家长表达的改编,并选取《我的班级》问卷中的部分题目。面向教师群体,还增加了有关教师合力的题目、家校沟通的题目与家长互动的题目。为了检验改编的有效性,对所有维度进行测量学指标检验,并采用 SPSS 25.0 作为本次研究的分析工具。

该分析工具采用描述性统计来分析基本信息,用 t 检验与 F 检验来比较差异,用结构方程模型来构建班级生态的影响因素模型。统计显著性水平设为 0.05(其正确的可能性为 95%)。

2. 问卷及问卷测量学指标

调查问卷的计分方式采用五级计分,即 0 为"从不如此",1 为"偶尔如此",2 为"有时如此",3 为"经常如此",4 为"总是如此"。为了检验调查数据的稳定性,在大规模开展问卷调查前,对回收的 100 份有效问卷进行分析,对班级生态维度的内部一致性作信度检验。经检验,各维度的测量学指标整体优良。

(1) 班级生态问卷(教师卷)的信度检验

教师眼中的师生关系,采用 4 道题测量:"学生喜欢我""我亲切和蔼""我真心地关心学生""我常常鼓励学生"。经 SPSS 25.0 软件分析,克隆巴赫 α 系数为 0.84。在统计学中,克隆巴赫 α 系数愈高,工具的信度愈高。在基础研究中,信度至少应达到 0.80 才可接受;在探索性研究中,信度只要达到 0.70 就可接受,介于 0.70 至 0.98 之间均属高信度。

教师眼中的学生关系,采用 4 道题测量:"如果谁有心事,学生之间会相互关心""学生之间缺乏友爱""不少学生为了自己而损害别人""学生之间互相支持和鼓励"。克隆巴赫 α 系数为 0.72。

教师眼中的纪律,采用 2 道题(班级状态中的前 2 道题)测量:"我在的班课堂比较乱""我们班的课堂很有秩序"。克隆巴赫α系数为0.61。

教师眼中的竞争,采用2道题(班级状态中的中间2道题)测量:"学生之间竞争激烈""我用各种办法,使学生互相竞争"。克隆巴赫α系数为0.77。

教师眼中的学业负担,采用3道题(班级状态中的后3道题)测量:"学生很少有空闲去玩""学生感到学习压力大""我带的班上功课负担相当重"。克隆巴赫α系数为0.81。

(2) 班级生态问卷(家长卷)的信度检验

家长眼中的师生关系,采用4道题测量:"学生喜欢教师""教师亲切和蔼""教师真心地关心学生""教师常常鼓励学生"。克隆巴赫α系数为0.92。

家长眼中的学生关系,采用4道题测量:"如果谁有心事,学生之间会相互关心""学生之间缺乏友爱""不少学生为了自己而损害别人""学生之间互相支持和鼓励"。克隆巴赫α系数为0.71。

家长眼中的纪律,采用2道题测量:"孩子所在的班课堂比较乱""孩子所在的班课堂很有秩序"。克隆巴赫α系数为0.59。

家长眼中的竞争,采用2道题测量:"学生之间竞争激烈""教师用各种办法,使学生互相竞争"。克隆巴赫α系数为0.81。

家长眼中的学业负担,采用3道题测量:"学生很少有空闲去玩""学生们感到学习压力大""孩子所在的班上功课负担相当重"。克隆巴赫α系数为0.87。

(3) 班级生态问卷(学生卷)的信度检验

学生眼中的师生关系,采用8道题测量:"我们喜欢班主任""我们的班主任比较通情达理""我们的班主任亲切和蔼""班主任是个容易亲近的人""班主任真心地关心学生""我可信任班主任""班主任鼓励学生""班主任比较顾及学生的自尊心"。克隆巴赫α系数为0.92。

学生眼中的学生关系,采用8道题测量:"如果谁有心事,别的同学会关心他/她""同学之间缺乏友爱""我们班比较团结""有困难的同学会得到别人的关心和帮助""不少人为了自己而损害别人""同学之间互相支持和鼓励""同学之间可以说真心话""对班上的事情,大家会一起出主意想办法"。克隆巴赫α系数为0.80。

学生眼中的纪律,采用 8 道题测量:"我们班的课堂比较乱""我们班的课堂比较吵闹""教师要花不少时间维持课堂秩序";"我们班的课堂很有秩序""我们能遵守课堂纪律""跟别的班比,我们班秩序比较好""我们的教室很整齐""上课时同学们安静,专心听讲"。克隆巴赫 α 系数为 0.91。

学生眼中的竞争,采用 7 道题测量:"同学之间竞争激烈""在学习上,大家明里暗里都在跟别人比较""我们班上竞争的气氛浓厚""大家都害怕在学习上落后""为了不被别人超越,在学习上谁也不敢松懈""我们班上似乎每个人都想要胜过别人""教师们用各种办法,使学生互相竞争"。克隆巴赫 α 系数为 0.86。

学生眼中的学业负担,采用 7 道题测量:"我们的家庭作业不多""教师布置很多作业""班上会额外增加课或补课""我们有很多考试和测验""我们很少有空闲去玩""同学们感到学习压力大""我们班上功课负担相当重"。克隆巴赫 α 系数为 0.82。

(4) 班级生态问卷(群体部分)的信度检验

教师互动,采用 7 道题测量:"各科教师间关系融洽""教师在班级中形成了教育合力""教师们都关心每位学生的成长""教师之间关系紧张,经常出现相互排斥的情况""教师之间相互支持与配合""教师的职业倦怠随着教师的工龄而增加""教师们富有活力,勇于探索新方式方法"。克隆巴赫 α 系数为 0.80。

家长互动,采用 9 道题测量:"家长们经常避开教师讨论班级中发生的事情""家委会经常就班级活动征集家长们的意见,并能完整反馈给教师""家委会只会执行教师的意见与安排,不能组织教师与家长间的有效沟通""家委会是家长们民主推选出来的""家委会的意见能够较好代表家长群体的意见""家长群中经常会讨论班上的事情,并向教师反馈意见""教师的意见经常与家长的意见冲突,难以保持一致""家长间经常自发讨论班上事务,并能形成一致意见反馈给教师""家长之间的关系比较紧密,能够形成合力"。克隆巴赫 α 系数为 0.80。

教师与家长互动,采用 9 道题测量:"教师满意家长对孩子教育的配合""教师(通过 QQ、微信、电话、家访等)向家长介绍学校、班级、教师和孩子的情况"

"教师定期就学生的在校行为、学业成绩与家长沟通,而不只是在有问题时才联系家长";"家长与学校教师(通过QQ、微信、电话等)双向沟通,充分了解孩子在校的学习和生活情况""班主任鼓励并组织科任教师与家长、家长与家长之间开展多种形式的交流互动""教师(通过QQ、微信、电话、家访等)主动了解孩子的家庭背景和在家表现""教师通过多种途径征集家长对班级教育教学的意见和建议,并向家长反馈""教师充分了解家长的兴趣专长和教育资源,组织协调家长为学校提供各种义务服务""教师们与家长们沟通时相互尊重并相互认可"。克隆巴赫α系数为0.88。

3. 访谈提纲的情况

访谈提纲(见附录3)是根据调查问卷的主体内容来匹配设计的,是为了深入了解班级生态中各类主体在参与班级建设中各个环节,及与其他主体互动时的认知、态度和行为方式,探究其背后的价值取向和原因,用以支撑分析班级生态中不同主体在交往方式、关注内容及处置方式上的差异,为构建健康有序的班级生态体系提供有力的分析依据。

二、调查实施情况

(一) 问卷调查的实施

1. 问卷调查的总体和样本

样本选择的前提假设:武汉的小学处于经济、社会发展较快的地区,学校和班级中的各类主体能够更快接受到社会经济的快速发展带来的影响,而且各类信息能够更加快速地渗透到班级建设过程中。所以,武汉地区的班级建设面临更丰富的资源和更为复杂的环境,这为研究提供了良好的氛围和营养,为可能的研究成果提供了更好的支撑。

本研究的主体是武汉地区小学阶段中高年级(小学三至六年级)的教师、学生和家长。教师卷是独立问卷,直接推送至教师个人参与填写;学生卷和家长卷采用合卷设计,考虑到家长对班级的了解主要源自学生,二者之间的判断与选择将会有高度的关联,因此将问卷设计成合卷,分部分填写。

通过问卷星平台制作问卷,获取相关问卷的微信或 QQ 的二维码,将问卷二维码发放给教师,并由班主任负责推送,进而开展问卷调查。除了班主任,问卷的推送者还包括学校领导,他们将问卷发至相应年级的班级群中,邀请学生、家长自愿同步填写。

问卷发放及回收情况:本研究主要调查教师、学生与家长三类群体对班级生态的认识。问卷调查样本情况如表 4 所示:教师 478 名,来自 11 所学校,其中武汉市教师 470 人(98.33%);家长与学生各 6266 人。为了从整体上去理解教师、学生与家长三类群体对班级生态的认识,根据学校名称、年级与班级建立匹配的数据库,共有 4373 名师生成功匹配。由于一名教师会成功匹配多名学生,故教师样本会增加,匹配样本用来分析不同主体与班级生态各个维度的相关程度。

表 4　问卷调查样本情况

群体类型	人数
教师	478
学生	6266
家长	6266

2. 样本的基本情况

(1)参与问卷调查的教师的基本情况

我们对 478 名教师的年龄分布、工龄分布、月工资收入等情况进行简单的统计分析,基本情况如下:

参与调查的教师年龄分布情况详见表 5。由表 5 可以看出教师群体中年龄在 35 岁及以下的占 70.92%,参与网络问卷调查的教师大部分属于青年教师,他们对网络形态的调查问卷更为熟悉,参与积极性也更高。

表 5　教师年龄分布情况

年龄	人数	百分比
20—25 岁	104	21.76%
26—30 岁	158	33.05%

续表

年龄	人数	百分比
31—35 岁	77	16.11%
36—40 岁	49	10.25%
41—45 岁	61	12.76%
46—50 岁	18	3.77%
51—55 岁	11	2.30%
合计	478	100%

参与调查的教师工龄分布情况详见表6。由表6可以看出,参与网络问卷调查的教师工龄在5年及以内的占比超一半,10年及以内的占比超七成,反映出青年教师对网络沟通及交往的方式更为熟悉,使用更得心应手。同时,青年教师对这一主题也更为关注,有了解班级生态的主观意愿。

表6 教师工龄分布情况

工龄	人数	百分比
少于1年	59	12.34%
1—5 年	181	37.87%
6—10 年	95	19.87%
11—15 年	29	6.07%
16—20 年	26	5.44%
21—25 年	53	11.09%
26—30 年	19	3.97%
31—35 年	13	2.72%
36—40 年	2	0.42%
41年及以上	1	0.21%
合计	478	100%

参与调查的教师月工资收入分布情况详见表7。由表7可以看出,在教师群体当中月工资为3001—4500元的占大多数。参与网络问卷调查的小学教师月工资收入水准不高,明显属于社会声誉较高、经济收入不高的水平。这样的

局面,可能跟参与问卷调查的教师大部分属于入行时间不久的青年教师有关。但我们应该认识到,教师工资收入水平对教师在教书育人上的精力投入等有着重要影响。

表7　教师月工资收入分布情况

收入	人数	百分比
1500—3000元	34	7.11%
3001—4500元	343	71.76%
4501—6000元	69	14.44%
6001元及以上	32	6.69%
合计	478	100%

（2）参与问卷调查的学生家长文化程度分布情况

家长文化程度分布情况详见表8。从整体上看,学生父亲、母亲的文化程度以大学本科、专科为主,各占近60%。学生父亲、母亲文化程度占比排第二的为高中及以下,所占比例均在30%左右。其中大学本科、专科层次中,父亲、母亲的所占比例相近。但是母亲的文化程度在高中及以下所占比例明显高出父亲的,母亲的文化程度为硕士、博士的比例稍低于父亲的。这种差别会影响到家长参与班级建设的价值观、信息分享、资源支持等。

表8　家长文化程度分布情况

文化程度	父亲人数（百分比）	母亲人数（百分比）
高中及以下	1807(28.84%)	2122(33.87%)
大学专/本科	3731(59.54%)	3650(58.25%)
硕士	590(9.42%)	426(6.80%)
博士	138(2.20%)	68(1.09%)
合计	6266(100%)	6266(100%)

参与调查的家长群体中,父亲的文化程度情况如下:高中及以下,1807人（占比28.84%）;大学专/本科,3731人（占比59.54%）;硕士,590人（占比9.42%）;博士,138人（占比2.20%）。由此可见,父亲的文化程度以大学本科、

专科为主。但是也出现明显的分化,有28.84%的父亲文化程度为高中及以下。在一定程度上,家长的学历会影响到他们对班级建设的参与度、资源输入等情况。

参与调查的家长群体中,母亲的文化程度情况如下:高中及以下,2122人(占比33.87%);大学专/本科,3650人(占比58.25%);硕士,426人(占比6.80%);博士,68人(占比1.09%)。由此可见,母亲的文化程度以大学本科、专科为主。

(3) 参与问卷调查的学生家长职业分布情况

家长职业分布对家长的个体经验交流和群体凝聚力建设有着重要的影响。家长之间有共同话语,有基本价值认可等,这些能为班级建设提供较为和谐的外部环境,也能为达成群体共识提供便利条件。参与调查的学生家长职业分布情况详见表9。企业/公司工作人员是家长群体职业的主要分布,另外,私营业主和自由职业者所占比例近三分之一。分析家长的职业分布情况,为了解家长的群体认识、沟通方式、关注内容提供了有力参考。

表9 家长职业分布情况

职业	父亲人数(百分比)	母亲人数(百分比)
党政机关工作人员	233(3.72%)	110(1.76%)
企业/公司工作人员	2921(46.62%)	2400(38.30%)
高校/科研院所工作人员	333(5.31%)	323(5.15%)
中小学教师	41(0.65%)	122(1.95%)
私营业主	1211(19.33%)	776(12.38%)
农民	48(0.77%)	41(0.65%)
运输、快递行业	100(1.60%)	21(0.34%)
自由职业者	704(11.24%)	1182(18.86%)
无业人员	21(0.34%)	324(5.17%)
其他	654(10.44%)	967(15.43%)
合计	6266(100%)	6266(100%)

参与调查的家长群体中,父亲职业情况如下:党政机关工作人员,233人

(占比 3.72%);企业/公司工作人员,2921 人(占比 46.62%);高校/科研院所工作人员,333 人(占比 5.31%);中小学教师,41 人(占比 0.65%);私营业主,1211 人(占比 19.33%);农民,48 人(占比 0.77%);运输、快递行业,100 人(占比 1.60%);自由职业者,704 人(占比 11.24%);无业人员,21 人(占比 0.34%);其他,654 人(占比 10.44%)。由此可见,在家长群体当中父亲职业大多是企业/公司工作人员。学生父亲职业类型占比排前三的分别为企业/公司工作人员、私营业主、自由职业者。

参与调查的家长群体中,母亲职业情况如下:党政机关工作人员,110 人(占比 1.76%);企业/公司工作人员,2400 人(占比 38.30%);高校/科研院所工作人员,323 人(占比 5.15%);中小学教师,122 人(占比 1.95%);私营业主,776 人(占比 12.38%);农民,41 人(占比 0.65%);运输、快递行业,21 人(占比 0.34%);自由职业者,1182 人(占比 18.86%);无业人员,324 人(占比 5.17%);其他,967 人(占比 15.43%)。由此可见,在家长群体当中母亲职业大多是企业/公司工作人员。学生母亲职业类型占比排前三的分别为企业/公司工作人员、自由职业者、其他。

(二)访谈的实施

1. 访谈实施的基本情况

深度访谈环节一共访谈了来自湖北 8 所小学(其中武汉市的学校 5 所、其他地区的学校 3 所)的 8 名中高年级的小学生、对应的 8 位家长(其中父亲 3 位、母亲 5 位),也访谈了来自武汉 8 所小学的 8 位教师(其中班主任兼科任教师 6 名、科任教师 2 名,涉及不同性别、教龄、科目)。访谈后整理形成了 16 份访谈记录文本(1 名学生和 1 位家长的访谈合一份)。

根据制定的访谈提纲进行了一次模拟访谈,并结合模拟访谈的反馈,对访谈提纲中的部分话语表述进行了简化修改,让其更能明确表达其基本含义,为开展直接、坦诚的访谈做好准备。

2. 访谈对象的基本情况

表 10 中家长和学生都是以家庭为单位来分组的,即在访谈该学生的同时,

也对该学生的家长进行关联访谈。二者之间的访谈内容可以相互印证,为深入分析班级事件或问题提供支撑素材。

表 10 访谈对象:家长和学生组的基本情况

访谈对象编号	访谈家长	职业	访谈学生	学校	年级
A组	赵妈妈	公司职员	江同学(男)	武汉为明学校	四年级
B组	轩轩妈	公务员	轩轩同学(男)	武汉市红领巾国际学校	六年级
C组	崔妈妈	高校教师	石头同学(男)	武汉市光谷第五小学	五年级
D组	甜甜爸	工程师	甜甜同学(女)	武汉市光谷第一小学	三年级
E组	天力妈	高校教师	天力同学(男)	湖北大学附属小学	四年级
F组	小跃妈	全职妈妈	小跃同学(男)	仙桃市大新路小学	五年级
G组	雷爸爸	自由职业者	雷同学(男)	咸宁市崇阳县第二小学	六年级
H组	紫轩爸爸	公司职员	紫轩同学(女)	孝感市玉泉小学	六年级

表 11 中的教师访谈对象,人员结构合理,各单位、教龄、学科等都有所涉及。其中,资深教师(教龄 20 年及以上)4 位,教龄 3 至 19 年(含 3 年)的 3 位,教龄 3 年以内的 1 位。教师的学科分布合理,其中语文教师 4 位、数学教师 3 位、美术教师 1 位。对于班主任工作经验,3 年及以内的 3 位,4 至 10 年(含 4 年,不含 10 年)的 2 位,10 年及以上的 1 位,未担任过班主任的 2 位。

表 11 访谈对象:教师的基本情况

访谈对象编号	访谈教师	单位	教龄	学科	任班主任时长	标签
教师1	陈××	武汉市常青第一学校	23年	语文	3年	特级教师
教师2	童××	武汉市光谷第六小学	9年	数学	7年	
教师3	王××	武汉市光谷第九小学	4年	数学	4年	
教师4	张××	武汉市常青第一学校	21年	语文	21年	市十佳班主任
教师5	黄××	武汉市铁四院学校	1年	语文	1年	
教师6	张××	武昌区三角路小学新华校区	3年	语文	3年	
教师7	陈××	武汉市常青实验小学	20年	美术	0年	市学科带头人
教师8	周××	华中农业大学附属小学	33年	数学	0年	

三、调查结果

生态型班级建设,是在对现有班级生态状况进行基本观察和研判的基础上,优化班级组织结构、班级主体活力和班级群体恢复力的一个系统性工作,旨在有效激活班级中的生态主体,有效组织生态资源,让生态主体健康有序地参与班级建设的全过程,最终建成生态型班级。因此,认清班级生态的真实状态,发现问题,分析各个群体内部及群体之间在生态交往中的内容和路径等,是开展生态型班级建设的前置条件。

三类群体对当前班级生态的不同认知,是班级生态的现状,群体认知上的差异,也是推动班级生态发展的内在动力。通过访谈勾勒出群体生态的样式,通过问卷调查厘清班级建设中的职业因素和个人因素等,再将二者相结合辨析出生态型班级建设中的关键因素。此分析可以反馈当前班级建设中不同群体的参与程度与认知水平,为生态型班级建设提供改进方向。

(一)教师群体责任"箱格化"

教师是班级建设的主导者和推动者,其在班级建设中的状态直接关涉到生态型班级建设的进程和效果。通过调查,班级生态系统中的教师群体的现状如下。

1. 班主任作为班级建设主导者缺乏生态意识,科任教师缺乏主动参与意愿,教师群体合力不足是班级建设面临的共性问题

教师群体是班级建设的核心力量,教师群体形成合力是构建良好班级生态的重要基础。总体而言,我们认为教师群体内部活力还有待进一步激发,班级建设过程中的组织结构层次有待进一步实现丰富、多样、系统化,从而为引领生态型班级建设提供强力支撑。树立协作意识是教师群体合力的前提,分科教学带来了教师之间的分离,使教师对班级建设的协作缺乏应有的意识,导致教师合作意识缺乏。教师协作模式需要进一步研究,教师协作的内容、方式及相互配合处置模式等也需要进一步深入探索。

调查结束后,我们对教师群体缺乏合力的原因做了分析,发现教师群体缺乏基于班级建设需要的组织结构。教师个性鲜明,难以自发融入班级建设的过程之中。究其原因,一是,班主任群体缺乏协作意识,无法调动科任教师群体参与班级建设,或将班级视为班主任一个人的工作领域,甚至是抵触其他教师参与班级建设和提出建议;二是,科任教师有协作意识,但处于萌生状态,局限于"临时顶替"般的配合,没有参与班级建设的主动性和自觉性。许多科任教师在访谈中提及,作为教师有参与班级建设的意愿,但是不清楚参与的内容、方式和程度,并且对班主任是否有开放心态,是否能处理好教师关系有着明显的顾忌。显然,为推动班级建设过程中教师合力的形成,需要明确教师群体参与的内容、方式、路径等,并优化班级的组织结构。

对调查问卷进行分析发现,教师眼中的班级建设现状(见表12)整体处于良好、和谐的状态。其中,教师群体对班级中的"竞争"的认识差异较大,反映出不同教师对基于学生之间"竞争""学业"等容易引起关系紧张的维度有着不同的认知;教师群体对师生关系、学生关系、纪律等认识差异不明显,对其都有较高的评分,反映出班级中教师与学生、学生与学生之间的关系处于健康状态,利于群体之间的交往。

表12 教师眼中班级生态各维度的差异比较

维度	平均数	标准差	中值	t	p
师生关系	3.66	0.43	2	84.45	<0.001
学生关系	3.28	0.65	2	43.25	<0.001
纪律	3.35	0.68	2	43.05	<0.001
竞争	1.98	0.99	2	−0.42	0.68
学业负担	1.56	0.44	2	−21.90	<0.001

从表12可以看出,在教师群体眼中,师生关系、学生关系与纪律的平均数均高于中值2,其统计检验值分别为 $t=84.45(p<0.001)$、$t=43.25(p<0.001)$、$t=43.05(p<0.001)$;学业负担低于中值2,其统计检验值为 $t=-21.90(p<0.001)$;竞争水平与中值接近,几乎不存在差异。这说明教师眼中的师生关系、学生关系、纪律等整体上处于良好的健康状态。但是,教师群体对班级中"竞争"的看法有较大差异。学生群体内部的竞争关系整体上是缓和

的,并非十分紧张。这可能与问卷调查对象主要为小学阶段,升学压力不大、班级氛围较为宽松有关。

日常教学压力是影响教师参与班级建设的重要因素,科任教师都承担着较多的教学任务,其参与班级建设需投入个人精力和承担时间上的压力,这直接影响其参与班级建设的程度。从参与问卷调查的教师周教学工作量(见表13)的数据中可以看出,每周所承担的教学工作量在13节课以上的教师占大多数,教师的工作量较为饱和,并没有太多的时间关注班级建设的需要。

表 13　教师周教学工作量

工作量	人数	百分比
1—3 节课	3	0.63%
4—6 节课	14	2.93%
7—9 节课	29	6.07%
10—12 节课	177	37.03%
13 节课及以上	255	53.35%
合计	478	100%

班主任生态意识的缺乏是生态型班级建设的主要障碍,同时科任教师主动参与班级建设的意识不强、教学任务重等因素严重影响科任教师参与班级建设的深度。在访谈中,许多班主任没有将其他科任教师纳入班级建设的主力军,而是将其视为"临时替补",认为其并不需要发挥主动性、能动性。班主任生态意识缺乏,难以调动其他教师,难以主动构建生态型班级。

班主任是班级管理的主角,主要针对学生群体进行管理,稳步推进班级建设。但是,班主任缺少对班级中科任教师的管理权限,科任教师是否参与班级建设,关键在于其自觉性,且许多科任教师将自己定位为教学者,主动忽略了"教育者""协作者"的角色。访谈中,许多班主任没有主动组织科任教师群体的想法或意识,与科任教师群体的交流沟通维度单一;科任教师也仅以上课为主要任务,没有主动参与班级建设的想法。这就给教师群体的生态构建带来困难。

访谈对象:教师张××(武昌区三角路小学新华校区,语文教师,班主任,现

以"融合"促"共生":生态型班级建设研究

教五年级)

科任教师教学任务重,难以主动参与班级建设。科任教师参与的障碍在于教学任务重,教师群体之间没有基于班级建设的分工,导致科任教师主动参与的意识不够、意愿不足。

问:您的班上,其他科任教师参与班级建设的情况如何?

答:我们学校比较特殊,班上的英语教师,一个人带了三个年级,有好几个班,他的课表上一个星期有二十几节课,所以想让他对班级做点事情是不太现实的,我对他的要求是只要在课堂上学生有什么问题他能够及时去解决,就已经足够了。副班主任肯定也要管理班级,这个班也是他的班。但有的副班不太负责,我们班的还好。我们学校一般是语文教师当班主任,有的副班是音乐教师、美术教师等,他们很少待在班上,可以说是形同虚设。

问:其他科任教师,有主动参与班级管理的吗?

答:我们班是没有的,在我们学校这种情况也很少。基本上大部分不是班主任的教师会觉得自己的课能够安稳度过就可以了,这是很普遍的现象。

问:作为班主任,您认为其他教师参与配合班主任的工作是不好,还是难?

答:我是本班班主任,也是其他班的科任教师,但不是其他班的副班主任,如果班上学生有问题的话,我会进行一定的思想教育,这是作为教师最基本的意识,学生有问题,肯定想去帮助他改正。如果问题当场能够解决,我会直接说,但有些不好处理,就会课下跟班主任交流。我不会放任这个问题,做科任教师可以不去管,但有问题一定要反映。这个问题还是要看教师的责任心,各个教师相互配合,这样才能在整个班形成合力。但是目前我只感觉到我一个人的存在。

访谈对象:教师王××(武汉市光谷第九小学,数学教师,班主任,现教五年级)

"做好自己的事",透露出班级建设是班主任的职责,学科教学是科任教师的事,参与班级建设并非职责所在,而是自愿。甚至,有部分科任教师将班级管理中的基本工作直接抛给班主任,并不对相关问题进行应有的处置。

问:您班上的其他教师参与班级建设的情况如何?

答:因为现在学校里面基本上就是强调自己的事情,就是该你做的事情你就做,不该你做的事情,就不做。所以哪怕一件看起来非常简单的事情,别人不做,你也不能说什么呀,所以就是要跟科任教师沟通。

问:其他教师如何参与班级建设?

答:因为我们现在每一个班级都是一个正班主任,配一个副班主任,我的副班主任因为教科学,而且又不在我们这个年级,所以我得到他的帮助就很少。他教的是科学,基本上不上我们班孩子的课,其实我们班得到他的帮助,可能就是在学校开一些紧急会议的时候,还有就是学校请孩子的爸妈来参观的时候,其他时候可能就得不到他太多的帮助。如果我要请假,可能更多的时候我会跟我们班的语文和英语教师交代,请他们帮忙多看一下这个班。

平常与科任教师互动,主要就是面对面聊,更侧重于学习,其次就是平时课堂上学生的表现,比如回答问题啊,发言状态啊,活动的积极性啊等方面。

班级情况好的时候是不会聊的,差的时候多半会主动跟我说,这个时候我就要去整顿纪律,或者看如何处理一下。

访谈对象:教师童××(武汉市光谷第六小学,数学教师,班主任,现教三年级)

教师群体在班级建设的过程中,缺乏一个成熟的协作路径,对于如何有效协作缺乏充分的认识。班主任不主动,非班主任主动意识缺位,带来了教师群体内部关系的僵化。一些关系在这种僵化的局面中异化,班级建设仅依附于班主任、临时顶替者等,最终影响到班级建设的质量。

问:您所在班级的其他教师对班级建设的投入情况如何?

答:其他教师有参与班级建设活动,但是我可能相对来说会主动一点。每次接班我会建一个班级内部群,把我们班所有的科任教师拉到这个群里面来。这个群的作用是很大的,比如说有时候学生请假了,我会在群里发,谁谁谁请假了,让他们也知晓今天哪些学生请假了。有时候会涉及安全问题嘛,因为他们不知道学生究竟是请假了呢,还是没有回到教室。所以我基本上会建一个内部群,有一些特别需要关注的学生,或者请假的学生,我就会发到群里去。

问:您如何与班级中的其他教师互动?

答:我有时候会跟科任教师讲班上的情况。有时候孩子会跟我讲自己很喜欢科学,那我可能会跟科学课教师讲,这个孩子昨天跟我说,他非常喜欢科学……我有时候想通过自己的努力改善孩子们和教师们之间的这种关系,因为毕竟在很多其他科任教师的心目当中,他们最终评判一个孩子好和不好的标准可能很简单,就是什么呢,这门课程,或者说这门学科,他学得怎么样,所以我有时候会把孩子们做得比较好的东西发到群里去。因为有时候我们只上课,我们只会看到孩子在课上的那种表现,但是课下的东西他们不当班主任是看不到的,所以他们就不知道原来这个孩子还有别的什么样子。我还会经常跟我的科任教师聊起班上孩子有哪些好的方面,比如聊班上谁谁谁做了一件非常暖心的事情;他们就会想,噢,原来这个孩子还是这个样子的,他们会觉得很惊讶,会想这个孩子原来还有这么好的一面,这么暖心的一面。

2. 相较于其他教师,班主任更为关注学生之间的关系,对班级自治的评价更高

下面从师生关系、学生关系、纪律、竞争和学业负担等五个方面,对班主任与科任教师进行差异比较(见表14)。教师群体整体上对各方面的认识较为协调,他们对自己关心学生、通情达理、走近学生等方面有着较高的自我评价,认为师生关系较为良好;对于学生关系,二者在认识上有着显著差异,班主任所感知的学生关系要好于科任教师的,这与班主任与学生之间联系更为紧密、对学生群体了解更多,学生群体也基于班主任权威从而更加配合班主任的管理有关;纪律方面,二者的认知差异显著,班主任群体认为班级纪律好于科任教师所评价的,对课堂秩序等的维护,班主任的角色作用表现明显,也符合班主任在班级管理中的核心地位;对于竞争和学业负担,二者的认知差异不显著,教师们对学生的要求是一致的,都是按照培养方案推动学生成人成才。

表14 班主任与科任教师对班级生态各维度的认知差异比较

维度	班主任 (228人)	科任教师 (240人)	t	p
师生关系	3.69±0.39	3.63±0.46	1.39	0.16

续表

维度	班主任 （228 人）	科任教师 （240 人）	t	p
学生关系	3.34±0.60	3.22±0.67	2.08	0.04
学业负担	1.60±0.42	1.53±0.46	1.70	0.09
纪律	3.41±0.62	3.29±0.74	1.94	0.05
竞争	2.02±1.01	1.94±0.97	0.88	0.38

注：人数不等于478，因为有缺失值。

班主任眼中的师生关系与科任教师眼中的师生关系并无显著差异，$t=1.39, p=0.16$。所有教师都有同样的教师规范和道德准则，善待学生、公平公正等价值观深入教师心中。

班主任眼中的学生关系要好于科任教师眼中的学生关系，二者存在显著差异，$t=2.08, p=0.04$。这一差异源于班主任更多参与到班级建设中，与学生走得更近、耗费心血更多，更熟悉学生个体的状态，对学生之间的情况更为了解，也对学生关系有着高于一般教师的标准和要求。在某种程度上，相对于班主任而言，学生在科任教师面前会表现得更为轻松和真实，不良表现会更多出现在科任教师面前。

班主任眼中的学业负担与科任教师眼中的学业负担并无显著差异，$t=1.70, p=0.09$。对于学习，教师们的要求是高度一致的。学业负担主要是对学生家庭作业量、课外加课、学生闲暇时间、学习压力等进行测试，综合教师评价的平均数远未达到中值2，说明在教师的认知中，当下学生在学校里的学业负担是不重的，甚至是偏轻的。这与当下社会整体反映学生学习任务重、学习压力大的状况有较大的差异，这种差异反映出学业压力不仅来源于学校教育的任务，可能更多来自家庭给学生安排的其他学习活动，或者家长对孩子提出的较高的学习要求和标准。

班主任眼中的纪律与科任教师眼中的纪律存在显著差异，$t=1.94, p=0.05$。这一数据表征也符合与教师访谈所收集到的情况。班主任有着带班的主责,对班主任的考核主要体现在"纪律"维度,班主任本身的"制度权威",使其管辖下的班级纪律会好于科任教师。对于班级中出现的纪律问题,科任教师往往不将其视为开展教育教学的主要困难,而是将其直接反馈、移交给班主任处理,鲜有直接处置的情况。另外,科任教师对班级管理的参与度不高,在班级管理的威信上、精力投入度上会明显低于班主任,这也让科任教师的课堂纪律比班主任的课堂纪律差。同时,许多科任教师所讲述的案例也印证了班主任对班级纪律的把控能力明显好于科任教师,班主任成为班级纪律管理的主宰。

班主任与科任教师眼中的竞争并无显著差异,$t=0.88$,$p=0.38$。教师对班级中的竞争氛围、学生之间的竞争状况,以及在激励学生等方面都有着相同的认知与诉求。但是,从约为2的分值可以获知,教师认为学生之间的竞争动力不足,学生之间在学习上的比拼不够,没有处于你追我赶的努力学习状态。

3. 教师个体差异关涉到教师参与班级建设的态度与能力

教师个体之间的差异,如专业背景、婚姻状态会影响其对班级建设中学生的关注度。师范专业背景对教师队伍的教育理念、教学方法等有着深刻影响。数据调查中(见表15),教师专业背景是师范的有314人(占比65.69%),专业背景是非师范的有164人(占比34.31%),由此可以看出在教师群体当中,专业背景是师范的占大多数,他们将会在教育实践过程中更好地坚持教育理念,在教书育人时更多地践行"为人师表""身正为师、德高为范",凸显师范专业教育的深厚底蕴。同时,有师范专业背景的教师会将"立德树人""以人为本"等观念贯彻在班级建设过程之中,也更会认同与参与生态型班级建设。

表15 教师专业背景情况

专业背景	人数	百分比
非师范	164	34.31%
师范	314	65.69%
合计	478	100%

根据对调查问卷的统计分析,是否具有师范专业背景,会对教师在班级建设中关注的维度产生不同的影响。根据不同专业背景的教师对班级生态各维度的认知差异比较数据(见表16)可以分析出,在师生关系、学生关系、竞争、学业负担方面师范专业的教师与非师范专业的教师的认知并无显著差异;但在纪律方面,二者存在明显的认知差异($t=2.59,p=0.01$),师范专业的教师的管理水平明显优于非师范专业的教师。由此可以看出,在班级建设过程中,教师的专业能力尤为重要。这里的专业能力不仅仅指专业的教学能力,同时也指专业的课堂管理能力与班级管理能力。

表16 不同专业背景的教师对班级生态各维度的认知差异比较

维度	师范专业	非师范专业	t	p
师生关系	3.64±0.44	3.70±0.42	−1.25	0.21
学生关系	3.25±0.67	3.33±0.60	−1.38	0.17
纪律	3.40±0.67	3.23±0.69	2.59	0.01
竞争	2.03±0.97	1.89±1.03	1.50	0.13
学业负担	1.55±0.45	1.57±0.43	−0.31	0.76

师范专业的教师与非师范专业的教师,在师生关系的认知上并没有明显差异,$t=-1.25,p=0.21$。这与教师群体有着比较好的素养基础,尤其是与教师队伍建设中持续开展专业培训密切相关。

对学生关系、纪律、竞争和学业负担进行分析发现,师范专业教师对班级管理的把控程度更高,治理能力更强。师范专业的教师与非师范专业的教师,在学生关系的表现上并没有明显差异($t=-1.38,p=0.17$);师范专业的教师在纪律水平上要高于非师范专业的教师,二者存在明显差异($t=2.59,p=0.01$);师范专业的教师与非师范专业的教师,在竞争关系的表现上并没有明显差异($t=1.50,p=0.13$);师范专业的教师与非师范专业的教师,在学业负担的表现上并没有明显差异($t=-0.31,p=0.76$)。

教师的婚姻状态等家庭因素直接影响班级建设中的"压力阈值"。参与问卷调查的教师婚姻状态数据(见表17)显示,已婚292人(占比61.09%),未婚173人(占比36.19%),离异10人(占比2.09%),未填的有3人(占比0.63%)。

教师群体中家庭婚姻状态比较稳定,而稳定的家庭婚姻状态对于教师群体保持稳定的情绪与良好的心理状态至关重要。已婚教师在价值观、育儿观、学习观等方面会有一个升级重构的过程,尤其是已婚教师有了育儿经历后,对学习、竞争等会有不同的体验,会影响其在班级建设中对学生、家长身上所发生事情的理解与认可。

表17 教师婚姻状态

婚姻状态	人数	百分比
已婚	292	61.09%
未婚	173	36.19%
离异	10	2.09%
未填	3	0.63%
合计	478	100%

调查数据显示(见表18),已婚教师对学业负担、竞争、纪律等有着更加深刻的认知,但教师对师生关系、学生关系的认知并未因婚姻状态有明显差异。教师婚姻状态影响其对学生学业负担、竞争关系和班级纪律的认知,但是不影响其在学生关系、师生关系上的一致认知。已婚教师感受到的竞争水平要高于未婚教师和离异教师眼中的竞争水平,三者之间存在明显差异,$F=6.52, p=0.002$。经过事后进一步检验发现,已婚状态相对于未婚状态和离异状态,教师对竞争关系的感受要更深。已婚教师眼中的纪律水平要高于未婚教师和离异教师眼中的纪律水平,三者之间存在明显差异,$F=4.15, p=0.016$。对比可知,已婚教师的规则意识会更强烈,对于班级的纪律要求也会更高。

不同婚姻状态的教师对学业负担、竞争和纪律等三个方面的认知差异显著,这在后续访谈中也得以印证。受调查的已婚教师大多亲身体验到育子压力,他们作为孩子的父母,对教育中学生所遭遇的种种压力感同身受,对学生的种种反应也更能体会和理解。同样抱有"望子成龙"等期望的已婚教师,在学业负担、竞争、纪律等方面有着更为严苛的要求和积极的评价。

表18 不同婚姻状态的教师对班级生态各维度的认知差异比较

维度	已婚	未婚	离异	F	p
师生关系	3.68±0.41	3.63±0.47	3.65±0.43	0.94	0.390
学生关系	3.24±0.64	3.34±0.65	3.19±0.75	1.35	0.260
学业负担	1.60±0.45	1.51±0.42	1.28±0.43	4.80	0.009
竞争	2.10±0.93	1.77±1.03	2.23±1.32	6.52	0.002
纪律	3.42±0.64	3.23±0.73	3.35±0.75	4.15	0.016

4. 教师群体内部组织结构缺乏生态构架，教师个体普遍缺乏协作意识，参与班级建设的意愿不强，参与群体协作的路径和模式也有待优化

班主任作为班级建设的主导者，有整合资源的需要但缺乏有效途径。访谈中，许多班主任认为理想状态下科任教师在班级建设中可以起到很大作用，班主任与科任教师之间可以形成巨大的教育合力，但在实际过程中却没有达到应有的效果。一是班主任对科任教师参与班级建设有期待，却没有有效的方法将科任教师整合到班级建设的队伍之中，反映出班主任是班级建设的主导者，其他教师的参与只是为班级建设锦上添花，或提供有益信息，是"换了一个视角来观察孩子"。二是教师群体内部的组织结构不明晰，教师之间相互协作缺乏成熟模式。许多科任教师参与班级建设的意识有待增强，且没有较好的路径和渠道参与班级建设，模棱两可的认知让许多科任教师认为参与班级建设是"插手班级管理"，同时由于自身肩负着教学及管理任务，科任教师不一定会去直接管理学生，而是将学生的相关情况反馈给班主任。班主任孤军奋战，缺乏来自教师群体的有力支援，这是当前班级建设中的普遍现状。三是目前班级生态体系中教师群体意识淡薄，缺乏合作动力。科任教师认为班级建设是班主任的主责，也是班主任的"领地"，自己参与其中会让班主任有所芥蒂。另外，科任教师的教学意识强烈，但是对培育学生缺乏主动性，面临学生问题时会漠视或者是将矛盾转移到班主任处，主动丢弃教育权。四是教师群体良好生态的形成，需要以教师群体协作良好，形成良好的群体氛围为基础。这就要求班主任要有建设教师群体的基本意识和能力素养，要有协作与组织能力。

访谈维度:对教师群体内部组织结构的审视

访谈对象:教师陈××(武汉市常青第一学校,语文教师,教龄23年,带班经验丰富)

问:您从教多年,具有丰富的带班经验和科任教师经验。您认为科任教师对整个班的管理起到一个什么作用?您所观察到的这些科任教师,对班主任的工作有没有帮助呢?

答:我觉得实际上是可以起到很大作用的,但是目前作用发挥得并不好。因为我从事语文教学,教主学科,但同时也教一些类似于选修的古诗课、书法课,这些课每个星期只有1—2节。在这样的课堂中,孩子们的表现和在主课上有很大的不同。孩子可能在班主任或者主学科教师的课堂上会有所顾忌,但在小学科教师的课堂上比较真实,这样也可以发现这个孩子其他的长处。有一些孩子可能在主学科方面并不是那么优秀,很难被教师关注到,但是在某些方面有兴趣或者特长,往往在小学科的课堂上能够发挥得更好。所以说小学科教师如果能够跟班主任沟通,告诉他某些孩子的表现,会完善班主任对班级每个孩子的了解,我觉得是有作用的,因为换了一个视角来观察孩子。

问:科任教师在班级中能起到更好的作用,但是这个作用为什么没有发挥呢?

答:因为目前我感觉到的现实状况是,这些小学科教师的教学任务比较重。主要是小学科教师的教学面远远宽于主学科教师,他们往往要带十几个班或者是好几个年级的很多班,所以说不一定能把学生搞得清清楚楚。

另外,小学科教师没有去和班主任沟通的意识,这是普遍存在的问题。还有一些小学科教师认为插手班级管理不太好。对于有问题的学生,科任教师不一定会去直接管理这个孩子,他可能会首先跟班主任反应或者沟通,但有这种考虑的应该比较少,多数没有这个意识和时间精力。他没有精力,也没有意识,我觉得主要是这两方面的原因。

问:对一个班级来说,您觉得班主任需要这些科任教师的帮助吗?

答:得看这个班主任自身的专业水平,有的班主任非常有经验,对每个孩子的了解比较充分,那这种信息对他来说就是锦上添花。而有些班主任缺乏经验,专业水平不够,这样有价值的信息对他来说是很有必要的,那就是雪中送炭了。

问:一般情况下,班主任会主动找科任教师去了解他班上的孩子在其他课堂上的一些表现吗?

答:大多数班主任不会主动去了解,除非是某一个学科的课堂上持续出现问题或者是出现了比较大的问题。

班主任在班级管理中起着举足轻重的作用,所以一定要在上课之余提高自己的管理能力,让学生、家长、学校三者之间保持一种平衡。无论是哪一门课的教师,在与学生保持距离的同时,也要与学生建立良好的沟通关系,在课余时间多去接触学生,要在真正做到关心、关爱、尊重每一位学生的基础上,与学生保持距离,引导他们懂得生活、懂得珍惜、懂得尊重,在自我体验中长大。

5. 教师群体的活力是班级建设的主要驱动力,班主任在凝聚教师群体的过程中具有不可替代的作用

班主任是教师群体活力释放的总指挥。班主任拥有系统思维、整体思维,将会极大程度地影响教师群体的发展,能将班级中的其他教师变成班级建设的参与者、协作者。班主任应主动凝聚教师团队,根据教师个体的特点,分析班级建设的需要,将教师个体的差异性和兴趣点有机融合到班级建设过程之中,激发教师群体的活力。教师群体的活力,主要表现为教师之间沟通是否顺畅、参与班级建设的频次、教师之间互动的内容、教师群体内部矛盾能否自行化解等。因此,有效激发教师群体活力的关键点在于班主任,以及满足教师群体专业化成长的需要。要摒弃教师群体内部因学科教学不同所产生的隔阂,应基于立德树人的根本任务,以培养学生的核心素养为目标,充分调动教师多维度的潜能,让教师形象更加立体、更为丰富。

教师群体活力的激发,需要教师作为教育者的自我意识的觉醒,需要教师个体主动将学科教学融入教书和育人的全过程,主动承担起立德树人的根本使命;需要学校构建基于班级发展的教师协作模式,厘清教师个体参与班级建设中的"度"与"量",界定好教师协作的边界和内容,明确内容和方式,理顺参与渠道。另外,建立教师参与班级建设的工作量认定机制,引导教师群体参与。从工作量上讲,教师参与班级建设需要投入巨大的感情、很多的时间和精力等,而且是无形的,是难以考核的。因此,科任教师参与班级建设的工作量和工作价值需要得到有效认可。

通过访谈,我们可以看到一些现象,受到一些启发。一是教师群体活力是班级建设的主动力,教师群体活力十足,则班级建设氛围良好,教师之间沟通顺畅,能够齐心协力做好班级建设。如果教师参与的自主性不强,协同育人的责任意识不够,则教师群体形同一盘散沙,难以形成群体活力进而为班级建设助力。二是教师之间沟通较为单一,主要是以学习评价或反馈为主,是比较温和的、非问题导向的沟通。班主任所建的教师沟通群仅仅通报学生纪律、发布安全提醒等,深层次、针对复杂问题的沟通没有在沟通群中体现。三是主体意识是影响教师参与班级建设的主因,教师的思想认识到位,其参加班级建设的能动性、积极性就能得到保障。如若思想认识不到位,则教师参与班级建设的动力就会丧失,教师对班级中出现的问题就会表现出懈怠、漠不关心,甚至是忽略。从教师访谈中,我们也有一些新的发现:主、副班主任配合,成为班级管理的主要力量,但是科任教师未能有效融入班级建设过程。这种情况的出现,需要学校从整体上对教师群体建设进行新的探索,打造围绕班级发展所需的教师队伍,提升群体的融合与协作效率。

6. 共同愿景的缺乏,导致教师群体协作不足,恢复力低下

教师合力是教师群体基于教育目标发展需求而主动凝聚在一起的力量。合力的形成过程是一个动态的过程。合力一旦形成,群体即使经受到外部不断的干扰和冲击,也依旧是一个和谐团结的教育协作体。教育的主体意识是教师组织抗击外部冲击的关键,只有树立"人人都是教育者,时时都是在场者"的意识,教师群体才能够不分场地、不分时段地参与到班级建设过程中,使群体的协作效果不断叠加,形成教育合力。如果教师群体缺乏活力,参与班级建设过程不深,在没有共同教育理想与目标的情况下,班级中的教师群体将形同散沙,毫无合力可言,从而导致群体恢复力低下,带来诸多班级问题。

以旁观者身份出现的教师,失去了对教育理念的不懈追求,以学科教学为标准要求自己,丢弃了教育者的本分,面对学生成长中面临的困难,选择漠视、避让,造成了团队综合功能的发挥受阻,也给班级建设带来盲区。

访谈维度:对教师群体恢复力的观察

访谈对象:教师陈××(武汉市常青实验小学,美术教师,科任教师,教龄20年)

问:您认为科任教师对班级建设的投入如何?

答:如果是自己,分情况而定。如果说是在课堂上发生的一些,我觉得我在课堂上就能够解决的问题,或者是在下课之后,我觉得在很短时间内就能够解决的问题,我可能就自己解决了。在解决之后,有的时候我可能还会跟班主任反馈一下;有的时候可能问题太小了,因为班主任工作也很忙,我就不会再去麻烦班主任。但是像有一些事情,我觉得班主任是必须知情的,比如说有些孩子可能撒谎了,因为我个人是比较注重孩子的品行方面的问题的,所以我觉得这个问题要是涉及品行方面,或者涉及一些原则问题的时候,就会跟班主任沟通和交流一下,然后看班主任怎么跟我配合。

比如说我今年搭的这位教师,他刚当班主任,刚开始的时候,他几乎是每一件事情都会问我,甚至连第一次开家长会,他的发言稿都给我看,让我帮他修改。就是因为他是完全两眼一抹黑的那种,所以就不存在我对他指手画脚,他不会有这种感觉。但是在这之前,我搭的是另一位教师,他比我的教龄长,那位班主任相当有经验,所以我就不会对每一件事情都发表意见,一般是他问我,我才会发表我的意见。

其他科任教师的投入——这个我不好评价,因为是这样的,其实有的时候科任教师也不是不愿意去参与班级的管理,他也会有他的一些想法或者顾虑,或者说他会观察班主任需不需要他的帮助。我是这样想的,但其他人我不了解。

我想如果要是没有什么经验的班主任的话,他可能更希望得到科任教师的这种帮助。

一般来说是这样,如果是称职的班主任,他肯定是希望得到科任教师的反馈的。班主任平时就很忙,他们自己的工作就已经很琐碎了。作为科任教师,如果学生有任何问题,他都去找班主任,在课堂上发生了任何问题,他直接就把学生往班主任那儿一拎，然后就走了。那如果这种事情次数很多，班主任自己的工作也忙不过来，可能就会希望科任教师能在一定程度上，在小事情上，帮助自己。

访谈对象：教师周××（华中农业大学附属小学，教龄33年，科任教师）

问：您认为其他教师对班级建设的投入如何？希望有哪些改进？为什么？

答：科任教师都会参与一些，但不是很多，因为每个班级管理的风格不同，所以科任教师也会忌讳一点，不会发表太多看法。

个别学生出现了学习上的偏差，出现问题了，我们会跟班主任沟通，比如调整学生的座位之类的。然后对于班上学生出现的矛盾，我们也会跟班主任反映，但对于自己学科的事情一般不会跟班主任说。对于学生的问题，我们只是提建议，我们只有建议权，没有决定权。

教师群体的形成需要核心要素与主导渠道。群体中核心人物的引领是关键，这些人物也是带领群体抵御干扰、恢复健康状态的关键力量。通过访谈可以概况出：第一，班级中的教师群体并非一个正式组织，而是基于个体需要的松散团体。班主任成为松散群体中的主心骨，班主任的需要成为科任教师参加班级建设的外部原因。如果是新手班主任，他们需要其他教师的指导与协助，则其他教师较容易参与班级建设；反之，如果班主任是熟手，则其他教师参与班级建设的主动意愿就会降低，如非班主任需要，一般会"主动撤退到安全区域"，"管好自己分内的事情"。第二，班主任带班方式直接影响到其他教师参与的情况。当前普遍的现状是科任教师有参与，但是不会多，主要原因是考虑班主任的感受。另外也从侧面反映出教师群体在班级建设中缺乏深度沟通，科任教师怕参与得多，班主任有想法；而班主任也希望科任教师参与，可是又担心科任教师教学任务重，他们不愿意参与。

（二）家长群体参与"理想化"

对于班级建设来说，家长群体的存在感越来越强，他们已经成为班级建设中不可忽视的一种重要力量。整体上说，家庭对个体的影响最为深刻，但它也是班级生态中最薄弱的环节，给生态型班级建设预留了新的增长空间。"关注自己孩子"是家长的天性,这种天性必然带来家长群体缺乏生态沟通渠道,家长群体内部没有自我组织的能力,也缺乏来自学校、教师的积极引导。家长们对群体内的沟通要么不知从何处着手,要么简单地遵从家委会的活动要求,成为班级中的"沉默者",甚至处于"隐身"状态。家长之间沟通少、自结小圈子,家长与教师的沟通严重依赖家委会,个体自主参与不够,长此以往家长群体、教师群体之间相互脱离,在面对冲突时,缺乏和谐积极的处置方式,往往是妥协或是走向极端。因此,重新认识家长群体是生态型班级建设的着力点,让家校之间的协作助推班级高质量建设。

1. 家长群体是生态型班级的新生动力源

家长是班级建设中不可忽视的一支重要力量,他们对班级建设的态度和参与程度,直接影响到学生的情感态度、教师的投入和行为选择。家长的文化程度不一、职业类型丰富,这一群体中蕴藏了丰富的差异性资源,能够为班级建设提供丰富多样的教育资源。家长对班级状态、师生关系、同学关系、班级纪律、学生竞争、学业压力、教师群体、教师与家长互动、家长群体等的不同认知,能为构建生态型班级提供丰富的生态元素,对班级建设起到至关重要的作用。

参与问卷调查的家长在文化程度上表现出合理的结构。从整体上看,学生父亲、母亲的文化程度以大学本科、专科为主,占比近60%;高中及以下学历占比约30%;硕士和博士层次占比约10%。其中在大学本科、专科层次中,父亲、母亲所占的比例相近。但是在高中及以下学历中,母亲所占比例比父亲所占比例高出约5%。在硕士和博士层次中,母亲所占比例也低于父亲所占比例。这种父亲、母亲在学历结构上的差异,或多或少影响到家长参与班级建设中的价值观、信息分享、资源支持等方面。但在后续的分析和研究过程中发现,在家庭参与中往往母亲的参与度比父亲的参与度要高,母亲的文化程度会更加影响子女的教育以及班级的建设。

(1)家长群体对班级生态不同维度的认识有着明显差异。从表19可以看出,家长群体对师生关系、学生关系、纪律的评价较高,但对竞争、学业负担的评价不高,低于中值2,认为班级中学生之间的竞争不够、学习压力不大。这表明,家长对班级中的竞争性学习活动关注度更高,有着更高的内心评判标准和要求,对学生在班级中的学习状态满意度不高。家长对班级中的交往因素,如学生与教师、学生与学生之间的人际交往有着宽泛的理解,没有更高的要求。

表19　家长眼中班级生态各维度的差异比较

维度	平均数	标准差	中值	t	p
师生关系	3.77	0.49	2	287.86	<0.001
学生关系	3.40	0.70	2	158.76	<0.001
纪律	3.36	0.81	2	132.56	<0.001
竞争	1.93	1.29	2	−4.42	<0.001
学业负担	1.01	0.99	2	−79.21	<0.001

从表19中家长对班级生态五个维度的认知差异比较可以看出,整体上,家长对班级中的交往有着较好的认识,对学习等能形成压力因素的评价相对较低。其中,师生关系、学生关系、纪律的平均数都高于中值2,其统计检验值分别为$t=287.86$、$p<0.001$, $t=158.76$、$p<0.001$, $t=132.56$、$p<0.001$;而竞争与学业负担的平均数则低于中值2,其统计检验值分别为 $t=-4.42$、$p<0.001$, $t=-79.21$、$p<0.001$。这说明家长眼中的班级生态总体来说是良好的。总体而言,小学阶段的家长对于班级中师生关系和学生关系的了解更多地源于自己孩子的认知,因此在学生群体整体对班级生态现状较为满意的情况下,家长眼中的班级生态总体来说也是较为良好的。父母的文化程度在师生关系的差异比较中,不存在显著影响,不同文化程度的家长在师生关系的评价上表现出了高度一致性,认为教师亲切和蔼,能关心、鼓励学生。对于学生关系,家长也有较高的评价,认为学生之间相互关心、相互鼓励。

(2) 家长的职业类型影响其参与班级建设的态度和方式。家长群体有共同话语,有基本价值认可等,能为班级建设提供较为和谐的外部环境,也为达成群体共识提供便利条件。企业、公司从业人员是家长群体主要的职业。另外,私营业主和自由职业者一共所占比例接近三分之一,为了解家长群体对班级建设的认识、关注内容、参与方式提供了参考。

(3) 父母对班级群体互动的认知差异比较。从表20可以看出,在班级建设中,父母对不同群体参与互动的认识有着明显差异,父亲对教师与家长、家长间的互动有着更高的评价,母亲对教师与家长、家长间的互动有更高的标准和期盼。

表 20　家长眼中不同群体互动的差异比较

群体互动	父亲	母亲	t	p
教师群体内互动	29.68±0.08	29.67±0.04	0.07	0.945
教师与家长间互动	41.24±0.22	40.25±0.12	4.01	<0.001
家长群体内互动	33.36±0.17	32.63±0.09	3.83	<0.001

从表 20 分析得出,在教师群体内互动方面,父亲与母亲的认知不存在显著差异。在教师与家长间的互动质量方面,父亲所认为的教师与家长间的互动质量显著高于母亲所认为的教师与家长间的互动质量,$t=4.01$,$p<0.001$。在家长群体内的互动质量方面,父亲所认为的家长群体内的互动质量也显著高于母亲所认为的家长群体内的互动质量,$t=3.83$,$p<0.001$。

2. 家长群体对参与班级建设的期待值较高,但对参与的内容、实施路径等缺乏共识

家长是直接指向某一固定学生的社会角色。家长的家庭属性决定了家长参与班级建设的行为是围绕"自己孩子"的自发行为,不会将其他孩子作为关注对象或行为互动的对象。这种行为模式可以通过一些典型事例看出,例如,家长拿到班级活动照片时,会第一时间寻找出自己孩子的影像,然后才会关注其他孩子。

班级建设的共同愿景是凝聚家长群体的关键。当前的家长群体对于自身参与班级建设的价值缺乏认知,对参与的内容和路径认知比较模糊,导致家长群体参加班级建设的主动性不够,实效性不强。家长群体中的一些非正式组织影响教师引导下的班级建设过程,严重的甚至干扰教师的本职工作。

访谈对象:家长 G(湖北大学教师,孩子读四年级)

班级建设中家长之间的交流互动比较少,家长群体内部活动少,依赖教师、家委会参与班级建设是大部分家长的选择。

问:您与其他家长的沟通情况如何? 主要是什么内容? 请举例说明。

答:我们班有两个群,教师只在QQ群发通知。微信群没有教师,里面基本就是家委会收午餐费的通知,然后有时有家长会发一些学校总体情况之类的信息,不会聊关于教师或者学生本身的东西。

我和其他家长都不是很熟,可能开家长会的时候见个面,但是平时学校没有组织活动,就没机会跟其他家长交流。

我们班家长都很少互相交流,除非是孩子一起读过幼儿园的,因为幼儿园时期家长陪伴孩子的时间多一些,一起参加活动的机会也比较多。进入小学之后,每开一次家长会,家长都是结束了就走,有时候旁边坐的是谁的家长都不太清楚。

有些关系比较好的家长还是会在一块儿谈论班上的事情,比如说教师排的座位之类的,一般就是单谈某一件事情。不过我们班主任对于班上的安排做得还蛮好的,没什么值得挑剔的地方。

问:您如何看待家长参与班级建设?

答:我没有参加家委会。一方面是我没有时间,另一方面我不想过多干预孩子的学习。如果我参加家委会,我就会更多地参加班上的活动,可能有意无意就会干预孩子的学习或者活动。所以从一年级开始,我就建议我孩子自己的问题自己解决,不要来找我,也不要让我去找班主任。这种教育在现在看来就比较有意义,班主任也表扬他独立性比较强。

我们班的家委们还是非常尽责的,学校安排的事情一般做得很好。

我们学校有家长课堂,每学期有一两次,请一些从事特别职业的学生家长来分享。比如:有的家长是律师,就来给孩子们普及法律知识;有的是在环保系统工作的,就从环境保护方面来讲课。这些活动还是挺有意义的。

访谈对象:家长L(孩子就读于武汉市红领巾国际学校,六年级)

家委会是联系家长与教师群体的重要组织,是教师开展活动的助手。家委会在家长群体意志表达、家长群体组织、家长群体教育资源利用、家长群体冲突解决等功能实现方面还有较大的提升空间。

问:您与其他家长沟通情况如何?主要沟通什么内容?请举例说明。

答:肯定有交流呀,一般聊孩子几点睡呀,做作业快不快呀之类的。

我们有一个有教师在的群,有一个没教师在的群。有教师在的群就聊得比较官方嘛,每次教师发个通知我们就回复一下"收到"什么的。没教师在的群我们就会问一下作业啊,发一点牢骚,比如作业蛮多啊;或者是教师有一些要求要通过家委来说,家委就会在群里说,比如要买些什么资料。

问:您如何看待家长参与班级建设?

答:我不是家委,因为我没时间搞这个事情,家委要有很多空闲时间,特别是低年级的。高年级的倒是无所谓,高年级都已经走上正轨了嘛。一年级、二年级的时候家委是特别忙的,就连学校组织去春游、秋游,家委都要一起去,因为教师忙不过来。

我觉得家委可能会收集一下家长们的意见,然后大概跟教师说说。

如果有时间的话我是会参与的,比如说班上下午需要家长来做一下清洁,或者是来布置一下教室,开运动会要打扫场地什么的,有时间我就会去。

学校也会请家长过来给学生上课,就是结合自己的实际工作或者自己擅长的方面来讲。以前有,现在没有了,一般低年级活动会多一些。再加上他们是个私立学校,活动本身就很多。

访谈对象:家长C(孩子就读于武汉市光谷第五小学,五年级)

问:家长一般会为班级做什么?

答:一般家委们会负责每学期的教室布置、卫生打扫、秩序维持等。教师还会请家长在班上讲述自己的从业知识,比如有一次邀请到的家长是部队的科研人员,他给小朋友们讲述了武器之类的,小朋友们就很开心。

问:家委是以什么方式选出来的?

答:都是家长自愿,家委大多是全职妈妈,可以全心投入班级建设。

问:家长有没有单独的群?

答:没有,现在的两个群都是有教师的。群里有一件事情让我印象挺深刻:疫情期间,小朋友的卫生意识不强,家委们就一起商量着买了桌布、酒精等分发给学生。

问:您一般会和其他家长聊天吗?

答:会,主要是问作业。我和与孩子关系好的同学的家长聊得多一点。有时候周末孩子们约着出去玩儿,家长会陪同。孩子们玩儿的时候,我会和其他家长聊孩子的生活习惯和学习习惯。

访谈对象:赵妈妈(公司职员,孩子就读于武汉为明学校,四年级)

问:您如何看待家长参与班级建设?

答:我们班在疫情期间更换了教师。之前的教师刚毕业,缺乏经验,所以家委会向校长反映,换了有经验的教师。

问:您如何看待班级中的教师、学生、家长间出现的问题或冲突?

答:这些问题在低年级比较常见,因为学生的沟通表达能力比较差,所以教师的解决方法很重要。在冲突事件发生后,教师仔细了解情况,一般会先通知家长,让家长互相联系,之后教师进行协调。看事件大小,较小的事件家长之间解决,较大的事件教师会与双方家长进行沟通交流与协调。

访谈对象:教师童××(武汉市光谷第六小学,三年级数学教师,班主任)

家长能够通过各种渠道为班级建设提供有效资源。充分挖掘家长群体所蕴藏的教育资源,让家长的职业资源、兴趣资源通过参与班级建设过程有效转变成支撑学生成长所需要的丰富多样的资源。家长群体时常因为学生之间的冲突而激发矛盾,缺乏有效的冲突化解渠道。

问:您如何看待班级中的教师、学生、家长间的冲突?请举亲身经历的例子说明。

答:如何看待——说实话,其实我跟家长说话很真诚很直接,我就跟他们讲,学生和教师、和家长之间如果发生矛盾或者怎么样,其实谁赢了都是输,为什么?最终都是输了孩子的成长,我们错过了孩子成长的好时机,对不对?我说有什么可以直接交流。这样说,我就在处理和家长的关系方面变得容易了。确实有一些矛盾闹得比较大,但是我觉得这种情况很少。当然不能排除我跟有些家长做了很多的工作,但他们仍然很介意。

举例(摔牙事件)——基本上到目前为止,我只经历过一起这样的事件,就是当年有一个孩子牙齿摔断了。因为孩子断的是换过的牙,所以家长非常介意,前前后后也处理了特别长时间。一方的家长又不按程序走,后来还是学校解决了这件事。可能这是我到目前为止遇到的最麻烦的一件事情。

其实孩子们真的很单纯。在学校里面,哪怕孩子是很调皮的学生,他的很多行为也是很单纯的,他没有想那么多。就比如"摔牙"这件事情,双方家长闹得那么严重,但是两个孩子早就在一起玩了,早就和好了。

问:您是如何看待家长的质疑与挑战的?是如何面对的?

答:"摔牙"事件——这件事情后来还是学校来解决的,可能这是我到目前为止遇到的最麻烦的一件事情。但事实上在这件事情当中我相信我做了我能做的,包括提醒家长保险的事情,包括点点滴滴需要注意的事情,我都提醒到位了。我把我前后怎么处理的写了一份材料,把具体的过程向学校反馈了,学校领导也看到了。我觉得我处理得很到位了,每一个环节、每一个细节我都关注到了。最后家长反而觉得我没有帮她要到赔偿款,可能不是很开心。虽然前前后后耗时比较长,但好在最后解决了。

换班主任事件——我当时接三年级的一个班,是因为他们以前的班主任要去交流了。以前的班主任很好,但丢下了这个班,当时家长是很不理解的。我第一天在群里面发消息是没有一个人理我的。他们不理解,到学校去闹。我自己先打开一扇门,主动把自己的联系方式发到群里,告诉家长,有什么事情随时给我打电话。我很愿意跟他们沟通交流,他们想了解我之前的带班经历也好,或者我的业务能力也好,我都非常愿意告诉他们。我做到了主动。

问:您如何看待家长参与班级建设?

答:我觉得家长参与班级建设是很有必要的。因为我觉得现在对孩子的教育啊,真不是说单靠哪一边就可以的,而是大家把能用的资源都用起来,然后尽可能给孩子带来一些成长。就比如之前有一位家长告诉我,如果不是因为疫情,可能我们班学生已经走进了科技馆,或者走进了军营部队。家长们会利用自己的一些资源,把孩子们带到这样的一些场馆去参观,去学习,去了解更多的东西,我觉得这对孩子们来说是很有帮助的。

我觉得我们班的家委确实不错,他们做事情时是真心为班级的发展考虑的,就是很主动。比如我们之前搞运动会,因为我们学校的场地比较小嘛,所以运动会是在华夏学院开的,家长就会提前去为孩子们搭好帐篷,以及为孩子们准备一些物资。

有时候班上需要志愿者,比如我们学校的家校护卫队需要家长们参与,这个时候家长们就会很主动地排班。排好班之后,如果今天轮到某位家长了,他就会到学校去值班,护送全校的学生放学。我们班上有些事情需要家长帮忙的时候,他们就会主动、自发地过来。比如我发布了学校的一些活动信息,他们就会问我需不需要帮忙。他们觉得我一个人忙不过来,他们对于这些事情都很主动。

我以前在武昌区的时候,我们每一年都会有"故事爸妈进课堂"的活动,就是看家长们各自有什么资源或者有什么特长,然后到课堂上分享。一方面,我比较赞同孩子们去了解不同行业的信息,他们可以先接触,这是我的一个观念。另一方面,其实有时候我也想通过这种方式,让孩子了解自己的家长。因为我问很多孩子爸爸妈妈是做什么工作的,他们不知道,他们完全不知道爸爸妈妈每天在忙什么,所以我觉得其实这也是现在很多孩子对父母没有感恩之心的一个原因吧。他们完全不清楚自己的父母在做什么,更不可能了解父母背后付出的艰辛,我会通过这种方式,让家长走进课堂。比如我以前的班上有当医生的家长,他们就过来讲一些医护啊,卫生啊,健康方面的知识。这样做,一是让孩子了解了自己父母的工作,二是让这些很好的资源化作给孩子们的一种教育,我希望能够达到一种双赢的局面吧。

综合分析访谈结果,家长群体对参与班级建设的态度反映了以下几个问题:第一,对于家长参与班级建设,家长们更多提及的是家委会和家长课堂,大多数家长参与班级建设的意识不强、行动不多。大多数家长也比较认可通过家长课堂推动家长群体的交流。另外,许多家长对参与班级建设的认识还处于初级阶段,认为是参与教室卫生打扫一类的事件,对班主任的教育合作伙伴这一角色了解很少。第二,家长群体参与班级建设的组织形式混乱,成为家长参与班级建设出现"乱象"的根源。"不参与"与"过度参与"是当前家长群体参与班级建设的两大症结,问题的关键在于家长群体应采取何种形式有效参与到班级建设中来。家长群体缺乏生态沟通渠道,群体没有自我组织的能力,也缺乏来自学校、教师的积极引导。许多家长对群体沟通不知从何着手,只会简单地遵从家委会的要求,成为班级中的"沉默者",甚至处于"隐身"状态。第三,家长群体主要依托"虚拟空间"（如微信群、QQ群等）参与班级建设，沟通学生的基本情况。沟通的主要内容为孩子的成绩，对孩子的品行、心理等方面的关注停留在意识阶段，没有具体的行动。同时，家长群体之间互动最普遍的就是询问孩子的成绩、作业等内容，学习成为家长间的主要连接点。第四，家长群体有意识地将教师隔离在家长群体之外。从访谈情况来看，几乎每个班级都有一个没有教师存在的家长群，在这个群里，家长之间在谈论班上的事情时相对放得开，不必担心自己在群中的"不当"言行被教师视为挑战教师的威信、不支持教师的工作。第五，家长群体可以参与的班级活动较少，形式单一，参与过程被动。许多时候，参加班级劳动成为家长参与班级活动的主要形式，多位家长谈到家委或其他家长轮流承担班级卫生打扫工作。家长代替孩子做卫生，"保洁"成为家长参与班级活动的一种捷径，这也让孩子失去了接受劳动教育的机会。第六，家长群体已有一定的自组织功能，但功能的发挥还有极大的提升空间。家长群体间的沟通，主要围绕学生的学习成绩、在校表现等关涉学生个体的信息展开。当家长群体中产生冲突事件时，由于群体的自我管理方式、路径缺失，不能在家长群体内比较和谐地解决冲突双方的问题，问题往往容易被激化，然后移交至班主任处理。许多时候，面对冲突时，家委会等不能主动承担起问题的调解者、化解者这样的角色并发挥相应的作用。家长群体的组织功能有时候会产生一定的负面效应，比如以家长群体的诉求来不恰当地干预班级建设，甚至直接干扰教师的日常工作，这给教师的工作尤其是对青年教师的工作带来一定压力。

（三）学生群体交往"圈层化"

学生的发展是生态型班级建设的原点，支撑学生发展和生命成长是生态型班级的核心价值。中小学生正处于自律道德发展阶段，能够认识到人与人之间的协作，能独立完成自我评价和对他人进行基本判断。因此，只有认清学生群体，才能更好地引导学生发展，让他们融入群体之中，并从中获得更好的体验和收获。中小学生处于情感和认识发展的初级阶段，对人与人之间的交往和互动都基于自身朴素的情感需要。中小学生之间的交往主要是兴趣交往，处于人际交往的初级阶段。组织各种学生活动，能有效调动学生的积极性，让学生成长为班级建设的主体,获得更多维度的发展。

因此,教师和家长成为学生群体成长的关键因素,教师和家长的引导是学生群体成长的关键,印证了"没有教不好的学生,只有不会教的老师"。学生群体的发展,需要教师对之进行系统性、持续性的设计与影响。

学生对于人际交往有着健康的认知。从表21可以看出,师生关系、同学关系、纪律、竞争的平均数都高于中值2,其统计检验值分别为 $t=336.81$、$p<0.001$,$t=192.81$、$p<0.001$,$t=136.97$、$p<0.001$,$t=37.77$、$p<0.001$;学业负担的平均数却低于中值2,其统计检验值为 $t=-110.00$,$p<0.001$。从数据分析可以得出,学生眼中的班级生态指标良好,他们对师生关系、同伴关系都较为满意。

表21 学生眼中班级生态各维度的关系比较

维度	平均数	标准差	中值	t	p
师生关系	3.81	0.43	2	336.81	<0.001
学生关系	3.46	0.60	2	192.18	<0.001
纪律	3.31	0.76	2	136.97	<0.001
竞争	2.47	1.00	2	37.77	<0.001
学业负担	0.95	0.76	2	−110.00	<0.001

访谈对象:江同学(武汉为明学校,四年级,男生)

小学生的兴趣爱好,是学生个体之间建立连接的关键,学生之间的亚文化传播成为学生群体形成的重要基础。班级建设不仅要基于教师需要、家长需要,更应充分重视学生成长的需要,将学生成长的需要注入班级建设中,推动学生在知、情、意等多维度的成长。

问:谈谈你所期望的理想班级、理想同学、理想教师、理想家长。

答:最想要的班级里有对自己好的教师和同学,并且在有需要的时候可以关心自己,鼓励自己。虽然现在也可以在班级里感受到,但希望更好。

问:你在班级有自己的"朋友圈"吗?在"朋友圈"里主要和同学聊什么内容?

答:班上同学都有自己的小圈子,在这个圈子里都会聊游戏等,但不会涉及作业。

访谈对象:石头同学(武汉市光谷第五小学,五年级,男生)

问:你最喜欢班级的哪些方面?

答:我们班的同学比较团结,这点我比较喜欢。

问:有没有不喜欢的地方?

答:有的,就是班里会有造谣的风气。

问:你最想要的班级是什么样子的?

答:就是不造谣、团结、大家一起玩儿、不拉帮结派、没有小团体的班级。

问:同学之间有网络交流群吗?

答:有的有的,我们班很多人都有智能手表,所以会在智能手表上聊天。

问:你和朋友都会聊什么内容?

答:一般都是问作业,还会发积分红包和自己的动态。

访谈对象:紫轩同学(孝感市玉泉小学,六年级,女生)

问:班上的风气主要受到哪些外界因素影响?

答:主要是网络上面的,我们班有很多女生都追星。男生就还好,他们会一起打篮球,也会一起打游戏,还是会互相影响的。

访谈小结:

(1)班级是学生成长的重要场所。学生在学校、班级里开始积累做人的道理,同时也在培育心理上的健康和成熟,所以,学生应该在健康、美好的班级情感文化的浸润中成长。这种健康、美好的班级情感文化应该是班级成员团结友爱、积极向上;人人热爱集体,又被集体所爱;人人赞美别人,也被别人赞美。教师要善于抓住时机,发现教育的切入点,激发学生的情感,引导他们关心他人、关心集体,打造浓厚的班级情感文化。

(2)小学生的组织结构相对稳定,他们以兴趣爱好为连接点构建自己的"朋友圈",在"朋友圈"中交流的大多是他们感兴趣的话题,较少涉及学习。外部环境对小学生参与班级建设有一定影响,但是影响程度如何,关键取决于其能否流入小学生交往的渠道并产生影响。小学生群体对网络元素关注较多,尤其会将抖音、快手等新媒体平台里的内容传递到"朋友圈"中,并以此形成小圈子,这一现象应该引起注意。

四、班级建设群体的生态问题检视

班级建设中出现的问题,是生态系统的问题,是生态系统中各个群体及群体交往所产生的问题。厘清问题所在,分析问题成因,才能系统性解决班级生态问题。

(一)教师群体"各自为政"

从古至今,教师都是以个体形象展现在世人眼前的,鲜有对教师群体的画像。孔子被推崇为"大成至圣先师",被誉为"万世师表",他以"君子"要求自己以"仁、义、礼"来衡量各种家庭和社会关系。陶行知曾说"德高为师,身正为范"。人民教育家于漪坚守"爱"的初心,她认为"天工造物十分奇妙,每个学生都有自己的独特性……每个学生的生命都值得尊重,都必须关心"。无论时代如何发展,每一个时代的教师,都有自己时代的属性和特点,但世人对教师有一个共识:教师是人类历史上最古老的职业之一,也是最伟大、最神圣的职业之一。教师的道德形象深刻影响着学生一生。

但我们也应该清醒地认识到,社会是错综复杂的,随着时代的发展,教师的自我认知和社会对教师的认知维度都发生了巨大的变化。以"人"为出发点的教育价值取向,要求教师更多关注个体"自我",还要有更多的自我认知、群体认同,同时也要能够适应世人价值观念的多元化发展。教师群体需要主动适应新时代、新要求,迫切需要从个体"慎独"走向群体"融合";在班级建设过程中,要围绕立德树人的目标,更多发挥教师群体的育人合力。

1. 传统教育文化中教师的个体形象影响至深

外部环境与教师文化是教师群体成长的重要文化基因,教师个体参与教育活动的方式、教师之间互动的形态都受到教师文化的深刻影响,并且教育文化能产生隐性的决定作用。传统儒家文化中的教师以孔子先贤为代表,孔子先贤以"走上神坛"般的存在,影响着后世教师的精神世界。

(1)"圣贤文化"与"一师带众徒"的古代教育模式深刻影响教师群体的成长

中国古代的圣贤文化,让教师的个体形象存在于世人心中,深刻影响着后世教师的内心世界。教师被笼罩在"圣贤"巨像的阴影之中,背负着极大的心理和精神压力。两千多年来,"孔圣人"的光辉形象让世人敬仰膜拜,"圣贤"形象已经深深刻入中华文化之中,这让作为"凡夫俗子"的教师群体无法满足世人的期盼和想象。

据古书记载,孔子"开坛授课",有弟子三千,得贤人七十二;古代私塾给世人的印象也是在一片朗声中,一师带众徒弟,摇头晃脑地诵读四书五经。古之师者,或许留在世人心中的本就是形单影只的历史印象。回顾古代教育,并没有一个教师群体在世上留下浓墨重彩的一笔。"一己之力"的古代私塾教育模式,影响了教师成长的心路历程,使教师从内心深处缺乏对群体的认识和对群体功能的运用。

古便有之,现代亦然,由于学科教育模式的兴起,教师之间更是"各自为政",各为其学。随着工业革命兴起,为满足工业世界制造业对人才的需求,教育活动从中世纪以宗教知识学习为主,逐步转向了以生产技术学习为主,教师难以独自胜任教学工作。因此,人们根据技术学习所需的知识模块划分出若干个学科,教师根据学科学习需要,在班级中一同传授知识,这是第一次分工协作开展教育活动的最初形态。在社会历史发展进程中,由于科学主义、机械主义对教师的工作模式产生影响,人们对技术、知识过度痴迷,知识爆炸带来社会分工细化,教师也面临着分工教学的需要,教师群体被人为地分割开来,教师被要求各自履行所负责学科的知识传授职责。因此,各科教师之间的互动交流逐渐减少,各科教师逐渐形成各自的信息孤岛,"口耳相传""围炉话教育"的景象已经不再出现。

(2)传统的教师文化指向师生交流文化,缺乏对教师群体内部文化的重视

我们常常谈到教师文化,主要指向教师与学生之间的文化模式与沟通方式,如"蜡烛""春蚕""园丁"等比喻,都体现了教师与学生之间互动所形成的文化氛围。我们在认同这些观点的同时,也可以发现这些文化隐喻都是对教师如

何对待学生的认知观念,是对教师个体与学生个体之间关系的描述。反观如何看待教师群体自身的文化,我们尚需要好好思考一番。此种反差便是教师群体内部文化缺失的表现。有研究将教师文化分为两个类型:封闭保守的适应型教师文化、富有开放性和创造性的创生型教师文化。适应型教师文化,对变化缺乏主动认知,偏向于对现实的被动接受,而创生型教师文化则更加具有开放性,教师能够不断根据实际情况形成新的教育观念和组织教育活动。在教师群体中,适应型的教师居多,他们更偏向稳定有序的班级建设状态,对班级中的新情况、新问题缺乏主动的思考和探索,被动适应问题所带来的变化,对问题本身和创造性解决问题的方式缺乏应有的认知。面对班级中出现的问题、冲突,及外部环境带来的冲击和变化,更多是从旁观者的角度来处理。

教师群体之间的交流维度单一,缺乏基于交互需要的丰富认知。在日常学校环境、班级环境中,教师群体之间的沟通与交流主要是学校管理活动,如以教好书为主题的教研活动,是基于知识层面的信息交流,没有个人感情、情绪的加注,整个活动就像是两个信息存储器之间的数据流动。

教师个体对班级的私密属性的认知,让教师之间难以敞开心扉、坦诚交流,群体内存在一道隐形墙壁。在谈到对"推门听课"做法的看法和意见时,许多教师认为教室是教师专属的教育活动场域,听课之前一定要预约、打招呼或敲门,以示对教师个体的充分尊重。这种尊重背后,是教师个体自我封闭状态的充分暴露。教师将本应是公共场所的教室视为私人领域,"非请勿进"的心态浓厚,这便是教师个体状态和内心世界的一个真实写照,给教师群体之间的交流带来巨大障碍。

教师所持有的共同教育信念是教师群体文化形成的重要基础,也是教师群体行为规范的遵循。"教育信念作为教师教育理念现代化的内化环节,是一种文化和习惯,是积淀于教师心智结构中的价值观念,它常作为一种无意识或先验假设支配着教师的教育行为。"[①]教师作为特殊的社会群体,其群体文化源自传统、育人经验、教师普遍持有的价值观、个人信仰,这些都成为涵育教师群体

---

① 叶澜,等.教师角色与教师发展新探[M].北京:教育科学出版社,2001.

文化的重要资源,是大文化形成的基础。另外,教师小群体文化,受其所在地区、学校的影响,尤其是在学校中,教师群体文化更是在学校具体的场域、特有的情境中产生的。校长的治校风格、教师的工作作风、学生的学习风气、家长群体的特点等,对教师群体文化产生复杂的影响。尤其是以评价为导向的教师考核模式,考评体系设计的维度直接影响到教师群体的形成。当前以成绩为主要指标的考评体系,让本已零散的教师群体缺乏合作的可能,教师直奔考核指标体系中的学生成绩,其他隐性因素,如学生的价值观、个人情感诉求、社会情感养成等都不会被教师主动关注,教师之间仿佛是熟悉的陌生人,在同一个班级空间中授课,却少有实效性的精神交流与对话。

2. 标准化的分治模式是教师群体聚合的主要障碍

良好的教师文化是教师群体健康生态形成的支撑性条件,有助于个体之间形成良好的关系,让教师能够在身心舒适、安全健康的环境中进行精神上的充分交流与分享,在教育理念和教育行为上相互影响、相互促进,在群体内部形成相互帮助支持,为教书育人的目标而齐心协力、通力合作、互为支撑的良好生态氛围。

(1) 学科教学模式下教师群体内部互动单一,缺乏有效沟通渠道

"分而治之"是当下学校开展教育活动的基本格局,也是教师群体割裂开来的客观原因。不同年级组、不同学科教研组等传统模式下的教师组织形式,是基于分学科开展教书育人活动的,教师之间的合作停留在"种好各自的责任田"层面,学生的成长目标被切割成零碎的任务,再拼凑成一个整体,但实际上得到的是支离破碎的效果,"完人"的教育目标难以实现。最直接的表现形式便是,一个班级中的班主任、科任教师并不在一间办公室内,而是分别归属到各自的学科办公室中,教师之间的合作仅停留在班级表面。原本以一个班级为共同教育目标的教师群体,因为分科而失去了及时、便捷、随性的沟通空间。教师群体内缺乏良好的沟通渠道、沟通空间,且难以自然形成,需要更加自觉、强有力的凝聚才能发挥群体的沟通、协作作用。

教师工作的个体性明显。教师常常独立自主地处理教学工作及班级管理中的事务性工作。每个教师都有自己特有的工作风格,在教师之间的人际交往

中,通常较少过问他人的工作,他们追求这种"自主性",并且享受着"自主性"带来的成就感。"自主性"的教师文化使得他们对外部变化缺乏积极响应的心理准备,他们不愿意、不习惯与其他教师合作,也从心理及行为上排斥任何形式的改革。教师往往很难以开放的心态接纳未知的新鲜事物,从而在内心生出对课程改革的抵制。①

(2) 班级建设与课堂教学的分离,给班主任带领下的班级建设带来壁垒

班级是承载学生成长的空间,长期以来"以教学为中心"的导向,让班级建设让位于学生学习知识的需要,班级的育人功能得不到完整体现。教师在开展教育活动时,将知识与品行两者分开,全情投入知识的传授过程,对学生成人的其他需求听之任之,甚至撇开不管。尤其是班主任岗位的设置,让许多科任教师有了只管教学,把秩序、德行等育人活动一股脑儿地甩给班主任的想法。甚至有科任教师错误地认为育人是班主任的职责所在,主动去管学生的品行会被认为是不务正业,或者是干涉别人的工作,插足了他人的领地。人人都是学生教育的第一责任人的观念显得苍白无力。面对学生成长中出现的问题,教师之间互踢皮球,科任教师将其搁置,或者课后将问题、情况等通通转达给班主任,让班主任成为班级秩序的统治者。人为地分割、分离教师群体,造成教师群体毫无凝聚力、协作力,犹如握在手心的沙团,一摊开手掌便散成沙,毫无合力。在班级中经常遇到的情况是,科任教师向班主任投诉所带班级的纪律差、学生不配合等情况,对班级中发生的一些事情不作处理,仅仅要求班主任做好学生管理、班级管理,而自己俨然成为班级的局外人,与教书育人的全员参与、全流程参与、全时段参与精神相背。教师群体应该懂得教书育人是教师永不褪色的职业追求,而不要陷入"在班级中就是教师,走出教室就是市民"的误区。

(3) 教师群体内的竞争压力带来"零和博弈",让群体丧失合力

班级建设是一项综合性工作,教师之间的合作必不可少。但是现行评价体系及评价体系中的标签效应,导致了教师之间竞争的加剧和教师群体的"零和博弈",而竞争之下教师的压力被无限放大,最终导致教师群体失去了合力的可

---

① 王荣,裴秀芳.基础教育课程改革中的教师文化困境及其重建[J].教育理论与实践,2017(10).

能。教师群体一旦陷入"零和博弈"中,伴随着学校的指标性评价体系通行,教师之间的竞争压力会不断增大。以"标签"论成败,必然导致教师群体内部争取更高的生态位,让教师个体之间不存在合作的可能。

教育变革、课程改革等外部环境压力,给教师群体聚合带来显著压力。"课程改革中诸多大刀阔斧的改变使教师在工作中失去了固有的、强有力的'支撑点',给教师的教学带来了心理上的巨大冲击,迫使教师处于胆怯、不确定的大环境中无力找到支点,导致教师对新课程改革表现出焦虑、抵触情绪,由内心生发的抵触心理便不自觉地影响教师的行为方式。"[1]在学校推进的新课程改革中,我们注意到一个特殊现象:年轻教师在课程改革中脱颖而出,成为学校各类教学展示活动、教师表彰活动、科研活动、校际交流活动的主力军,而以往被赞誉富有教育经验的老教师反而沉寂下去了。我们可以这样理解:年轻教师尚未经过时间沉淀,未能形成自己教书育人的稳定心智模式,更加乐于、易于接受新理念、新方法,而老教师历经多年磨炼,已经形成了自己稳定的教育风格,更加偏向于求稳。在改革中,老教师参与变革的主动性与参与度明显低于其他教师。在这个过程中,许多校长没有及时引导教师群体内部的交流互动,没有将老教师的教育经验转化为引领教育变革的重要资源,而是选择易于推动改革的新教师群体作为突破口,局部推动学校教育变革。这样的变革思路必将带来教师群体内部的"零和博弈",使新教师以为老教师倚老卖老、老教师以为新教师不够尊重他们,长此以往,必然带来教师群体内部的阵营分割,群体内新老教师之间的理念、情感、行为模式等融合不够,导致教师群体的生态不和谐。

(二)学生群体组织涣散

提到"学生"一词,人们脑海中往往会浮现出教室中整齐端坐的幼稚面孔,他们充满了朝气、活力与热情。但如果提问:到底什么是学生?学生应是什么样的?我想百问会有千答。学生最基本的属性是人,是接受教育的人,拥有无限发展可能的人。康德认为,"人是唯一必须受教育的被造物"[2]。费尔巴哈提

---

[1] 王荣,裴秀芳.基础教育课程改革中的教师文化困境及其重建[J].教育理论与实践,2017(10).
[2] 康德.论教育学[M].赵鹏,何兆武,译.上海:上海人民出版社,2005.

出,"我们的理想是完整的、实在的、全面的、完美的、有教养的人"①。苏霍姆林斯基说过,"每个少年是多么渴望看到自己的成绩,多么渴望别人承认他的优点和技艺。这种愿望为精神全面发展提供了无限的可能性"②。无数哲人、教育家对作为人的学生都有着自己独特的认知。

每一个学生都与众不同,都有着自己独特的禀赋。众多独特的个体聚在班级中,在交往、交流、沟通中,形成了一个个独特的学生群体,为丰富多彩的班级生活提供了无限可能,也为班级生态提供了不竭的动力。苏霍姆林斯基在《要相信孩子》一书中说道,"每个孩子都有他自己在某一方面的积极性,都有某种特殊的禀赋、某些自然的素质和某方面的倾向性……每个儿童身上都有许多'根',这些'根'向全身输送养料,滋养着他们精神上的美质"。因此,教师要积极引导学生群体进行生态化建设,让每一个拥有独特禀赋的学生都能够在班级中获得自己的生态位,获得个体丰富、多样、无限的可能,让每一个精彩的生命都能够在班级中获得绽放。

1. 学生个体凸显,群体存在却被忽视

"物以类聚,人以群分",学生群体客观存在并在班级建设中起到一定作用。学生群体是个体的共同体,个体共同活动、相互交往,形成了群体。个体通过群体活动形成共同的价值取向,并在群体中获得认同、关心、支持。因此,群体不是空间概念,同在一个班级中的学生并非天然形成的群体,而需要通过活动促进学生之间产生实质性的互动、交流、对话,形成积极的互动关系,形成群体应有的凝聚力。学生群体内部的互动关系能够促进以知识学习为核心的互动,进而丰富学生之间的关系,推动更深层次的交流和互动。学生群体内部的互动关系是一个客观存在的事实,教师必须认真面对,明了这一群体所起到的作用,在班级建设过程中积极引导,善于借助这一群体的力量。

虽然学生群体客观存在,但是班级组织过程中学生的个体性远远强于群体性,对学生的评价也是基于个体性评价,缺乏群体性评价维度,学生群体的功能

---

① 孙孔懿. 苏霍姆林斯基教育学说[M]. 北京:人民教育出版社,2018.
② 孙孔懿. 苏霍姆林斯基教育学说[M]. 北京:人民教育出版社,2018.

远未得到重视和发挥应有的作用。为此,教师就必须认真面对,决不能采取回避或者压制的态度。教师重视学生群体所隐藏的巨大能量,一旦适度引导、激活,将会给学生个体的积极发展和学生群体的共同进步带来协同促进作用。

社会学的群体分类法主要是将群体分为统计群体与实际群体。实际群体可以再分为正式群体和非正式群体、成员群体和参照群体、大群体和小群体等。对于学生群体,学界常将其分为学生正式群体和学生非正式群体。学生的正式群体主要是基于知识学习需要而相互沟通、交流所形成的学习型组织。学生在班级中遵守共同的班规约定,各自承担班级中不同的角色,拥有不同的权利和义务。学生的非正式群体是班级中的学生自发形成或组织起来的群体,没有明确的群体规则,学生之间是松散的组成,没有明确的权利、义务。学生喜欢的篮球、音乐、游戏、明星等都能够成为学生之间相互交流的共鸣点,从而形成围绕某一个主题,由一个或多个核心学生牵头组织的学生交流互动群体,他们之间主要以情感为纽带,以主题活动为载体,个体在群体活动中获得较高的认可度,通过丰富的互动形成较强的内聚力和较高的行为一致性。

管理界奉行的科层管理制度对教师开展班级管理,尤其是管理学生群体影响至深。它的制度化、标准化的管理要求在一定程度上压缩了学生的自由成长空间,遏制了许多延伸发展的可能。我们应该清晰认识到在班级建设中对学生群体的多样性认识不足,迫于班级建设渠道单一、时间有限、参与不积极等问题,不重视学生群体的丰富性和各自作用,甚至不重视学生群体在班级中的"合法性"。学生群体很多时候甚至被视为在干扰教书育人的正常秩序。实际上,学生群体本身蕴藏着丰富的教育资源,这些源自学生个体的经验,都能成为群体内部相互学习的资源。然而,教师在精力投入和沟通方式上很难深入学生群体内部,失去深入了解学生的重要渠道、贴近学生的教育契机,造成班级建设中的一片"盲区",难以主动引领学生群体的内在健康发展。

2. 班级外部因素对学生群体的不良影响越来越大

信息爆炸时代,海量信息涌入学校,给学校教育带来了丰富的资源。同时,许多社会信息如泥沙俱下般"涌入"校园、"投射"到班级之中,并对学生个体成长造成不良影响。

从学校教育实践层面看，社会信息在学校中普遍流传，不断影响着学校、班级建设的文化氛围，如果资源转化不足，引导处置不当，就会让外部信息侵蚀班级建设的正向发展，在学生群体中造成负面影响。列举几个在当代青少年中广泛流传的关键词——"粉圈""应援""萌文化""潮文化"，这些词汇在小学生中的流传，能够清晰地反映社会文化对学生群体的影响。同时，现代社会的快消文化同样深刻影响着学生，许多学生对从网络渠道了解到的网红文化、社会热点等表现出极大的关注，呈现出盲目跟风状况，但大部分学生是为融入同伴群体而被动关注，大多出于感性和冲动。正是这种转换快、变动多的多元社会信息的影响，给班级建设带来了诸多问题，一旦教师选择忽视社会信息对班级建设、学生群体建设带来的隐性影响，教育盲区便会暴露，造成班级建设实际效能的低下。

社会事件会通过电视、网络、报刊、教师、学生、家长等途径在班级中不断传播。来自社会的某些主题所产生的影响会吸引一批学生聚集在一起，他们模仿这个小群体的通用语言，表达共同的价值观念，甚至拥有相同的行为习惯。如"粉圈文化"中的学生将课余时间花在同一个明星或同一个项目上，并在所圈粉的事情上投入大量情感和精力，成为一致行动人。如果学生所圈粉的事情不是正向的、积极的，任其在学生中发展，就会对学校教育、班级建设造成极大的干扰和破坏。

社会亚文化对班级文化的侵扰，实际上反映出社会环境、社会行为给学生群体带来不良的影响。社会亚文化在学生群体中的传播，对班级建设而言仿佛就是一面镜子，反射出班级建设中存在的缺失与不足，值得反思。学生群体自动集群的"圈粉"行为，并非源于追求物质或追求明星，而是一群人因为"兴趣"而聚在一起，学生个体只有主动"入圈"融入群体，才能获得大家的关注、认同和理解。这是学生争取群体认可的一种方式，一定程度上也反映出现有的班级建设在关注学生精神世界和个性成长方面的不足，缺乏差异化、多样化的培养渠道。没有合适的渠道能够吸引学生自主集群，学生群体便会向班级之外寻求所谓精神上的契合点，而缺少判断能力的学生，自然会聚在明星、动漫等物化特征明显的事项上，通过同一话题获得群体的鼓励与支持，获得群体的认可与理解，从而形成不被教师所接受的"粉圈""追星""应援"等社会流行文化。如果教师不理解这些社会文化在班级中传播的具体原因,没有走进学生的真实内心世界,一味打击或压制,则会将自己与学生隔离开来,让非正式组织的学生群体变成班级建设中的干扰因素,影响班级生态的健康。学生群体内部也会逐渐形成多个亚健康的非正式群体,对正向的班级建设造成阻碍,破坏健康有序、有活力的班级生态。

3. 新媒体等网络载体向学生群体注入大量鱼龙混杂的资讯,给学生成长带来难以预估的冲击

"网络原住民"生于网络时代,成长于网络环境之中,在开放格局下接收海量网络信息,给班级建设输入了大量社会信息。这批"10"后"网络原住民"正是小学生的主要人群,是当前学校教育的主要对象。对于他们而言,网络就是他们生活中不可缺少的一部分,数字化生存是他们从小就开始适应的生存方式。班级建设只有主动适应社会信息化所带来的影响,才能够迎时代浪潮而发展。

学生接触网络日趋低龄化,网络使用人群基本覆盖整个学生群体。根据中国社会科学院发布的《青少年蓝皮书:中国未成年人互联网运用报告(2023)》,未成年人互联网普及率几乎饱和,未成年人对于互联网的使用集中在娱乐和学习上。多选题调查中,47.5%的未成年人选择"看视频",40.1%选择"听音乐",36.4%选择"写作业/查资料",31.3%选择"聊天"。在具体的应用程序中,短视频类App和视频网站最受未成年人欢迎。《青少年蓝皮书:中国未成年人互联网运用报告(2023)》指出,线上聊天成为未成年人重要的上网需求,联络现实社会的朋友成为该群体网络社交的主要目的。从上面的数据可以看出,网络环境为学生群体打造了沟通交流的重要平台,成为班级建设的重要外部环境。同样,来自网络的信息,也成为吸引学生群体交流的重要内容。

网络发展也给班级建设带来了挑战。当下网络已经成为学生成长过程中不可或缺的一部分,学生之间的交流与沟通也逐步趋于网络化、虚拟化。从活动空间来看,网络空间具有隐蔽性,学生之间通过网络渠道的互动也具有隐蔽性、随意性,除了参与的学生之外,其他人群很难了解、掌握,这给班级建设带来了无形的影响。同时,网络形态的交流给班级建设提供了新的场域,网络空间成为学生互动交流的主要场域,让网络形式的互动变成学生群体积极参与、乐于接受的形式,进而成为激活班级生态的重要途径。这样,班级互动的网络空间也成为创新班级建设的新空间。

对处于网络形态的学生群体进行有效识别及积极引导存在很大难度。学生群体的网络形态,是学生以自身兴趣而主动聚集在一起的兴趣圈、活动圈,这个群体内的学生之间具有自主、自愿、平等交流的特征,群体内部个体之间信息交流、传播更加具有主动性、针对性和时效性。但是我们也应该认清网络的两面性。网络社会一方面带来了海量教育资源,为学生成长提供各种知识,拓宽了学生的视野和知识面;另一方面,网络信息的多样性也给学生成长带来了极大的冲击,网络上的不良信息、有害信息等更是侵入学生的成长世界。纷繁的网络信息和学生沉迷于网络对学校教育产生的负面影响也日益凸显。《青少年蓝皮书:中国未成年人互联网运用报告(2023)》指出,部分未成年人沉迷于网络,持续影响其身心健康和正确价值观形成。网络文化的多样性使青少年容易沉迷于网络,而网络暴力对青少年的身心则造成了严重伤害。面对复杂多变的网络环境,青少年应提高自己的网络素养水平,学会应对各种网络问题。教师在班级建设中要主动占领网络阵地,善于利用网络形态和网络资源推进班级建设的创新发展。学生个体追求个人兴趣,通过网络渠道在某一主题下聚集,寻找与同伴之间的共同爱好,并在表达、互动、交流过程中塑造自己在网络情境中的"个人形象",从而获得同伴的认可。网络形象可能不同于学生在班级中的真实形象,而是与预期性格或行为有一定差异,但是能获得同伴的认可,并能在群体的网络交流中实现自我认同。学生以群体中的网络认可为契机,将这种认可转移到班级生活之中,在现实的班级生活中形成相对稳定的网络朋友圈层,实现学生群体内由共同兴趣爱好所带动的线上线下交流。当然,任何事物都有两面性,网络形态的学生群体圈层给班级建设带来了丰富多彩的、基于学生真实需求主动参与的互动,激发了学生群体的内在驱动力,为班级建设带来了积极活跃的氛围。但是,我们也应看到,在泥沙俱下的网络世界,各种小众文化如"萌文化""潮文化""动漫cosplay"等会在学生群体中蔓延开来,也给班级建设带来隐形的负向作用。

（三）家长群体参与错位

家长，这个曾经缺席班级建设的群体，在信息时代起到越来越重要的作用。家长在班级建设中应该起到什么作用？家长之间应该如何沟通？家长与教师之间应该如何对话？家长与教师在班级建设中各自的界限在哪里？家长在班级建设中应该承担怎样的责任？家长与教师应该怎样融合，共同推动学生发展？以上系列疑问，是基于生态型班级建设对家长群体的再认识与再思考。可以肯定的是，在生态型班级建设中，家长群体是不可或缺的组成部分，并对班级建设起到激活或抑制的作用。

随着时代变迁及学校教育变革，家长群体对班级建设的投入程度、参与渠道、关注内容、参与规模等都发生了巨大的变化，从之前被动参加班级建设逐步向主动介入班级建设并深刻影响班级建设过程转变。早期家长参与班级建设，是因为教师基于教育学生个体的需要，将家长请到学校沟通学生成长中所面临的问题，是教师单向地表达学生问题，以引起家长的关注。家长参与班级建设的渠道也发生了很大变化，从面对面沟通转向以网络沟通与当面沟通并行。家长与教师之间通过班级 QQ 群、微信群、电话等工具实现随时在线沟通与联系，这让家长参与班级建设变得更加主动；同时也表现出家长参与班级建设的随意性、个体性，在实现及时沟通的同时，也会出现粗暴干涉班级活动的情况，给班级建设带来意想不到的冲击，甚至是破坏，冲突在网络场域中可能会随时爆发。网络形态的沟通要求教师以开放的心态面对，并提高个人沟通能力与素养，同时对家长的素养及沟通方式也提出了新的要求。家长对班级建设的关注内容也发生着变化，摒弃了唯知识的取向，更多地关注学生的综合素养培养，追求更多元的教育需求及表达。家长参与班级建设的规模变化巨大，从零星的个体参与变为群体共同参与。面对家长参与渠道和参与规模的转变，如何充分认识家长群体及发挥该群体的作用显得尤为重要。

1. 权力"天赋"带来家长对教育"权力"的泛滥使用

社会对家长是否需要持证上岗争论已久，家长是没有持证上岗的教育者，反映了社会对家长群体中不良行为的关注。每一个孩子都是特别的，家长教育权力的自然赋予也是独特的,每位家长在没有接受过如何做家长的专业训练的情况下,便承担起育子责任,有了做家长的权力。古人云"子不教父之过",自古以来家长在学生教育中有着不可或缺的作用,"家长是孩子的第一任老师"已经成为无数家庭的共识。随着现代社会教育的普及,家长的受教育程度普遍提高,这也为学校教育奠定了更好的基础,但家长整体素养的提升也不能完全消除和解决其在参与学校教育、家庭教育中存在的盲区和难点。近些年,新闻中频频曝出的家长的"咆哮教育""恐吓教育",反映出家长在担任"父亲"或"母亲"的社会角色时,对这些角色缺乏应有的认识,缺乏胜任的技能。对于如何做好家长、如何做好家庭教育,苏霍姆林斯基给予了回答:家庭教育"并不是以明确的思想形式表现出来的,但是它以感受到生活充实的愉悦之情充满儿童的整个心灵";"同父母心灵交往的愉悦之情,对父母发自内心的亲近之情"都是儿童对世界产生美好信念的基础。但在现实家庭教育中,"亲情"常常被摧毁,取而代之的是一连串飘荡在小区上空的父母教育孩子的"咆哮声"。

家长也常身处困境,对自己在家庭教育中的应有作用缺乏基本认识。"虎妈""虎爸"文化在家长中流传甚广,反映出人们在当前社会竞争压力背景下对如何做好父母产生焦虑情绪以及进行无声反抗。"在良好的家庭中,那里母亲和父亲琴瑟和谐,那里笼罩着这种气氛;对言语、思想和情感,对观点、对微微能察觉的情绪色调的极度关心;关系良好,协调一致,互相帮助,互相支持;精神上的团结一致和豪迈,父母的相互信任和尊重……总之,在儿童眼前展现一切。在此基础上确立他对人类美好的信念,形成心灵的安详和宁静,形成对不良风气、不道德、危害社会的行为的抵制能力。"[①]我们从以上苏霍姆林斯基对父母在家庭教育中作用的描述可以知道,无声胜有声的家庭教育中父母的教育责任有多重大。

2. 竞争压力下的家长群体协作面临困难

家长需求表达的不充分,班级中的家长所持学生成长观的"单一性",直接影响到家长的行为模式。当前学业竞争主宰了所有的班级关系,因学业竞争所

---

① 孙孔懿.苏霍姆林斯基教育学说[M].北京:人民教育出版社,2018.

带来的紧张关系蔓延到学生之间、家长之间,破坏了班级良好生态关系形成的基础。家长之间的互信、互助氛围在竞争压力之下产生偏差,个体利益至上的思维使家长群体的行为异化,导致家长群体的合作难以为继。但是学生的生命世界是精彩的,生活是多面的,丰富的学生世界能够承载更为复杂的关系。有研究者认为学生是"探索者、哲学家、艺术家、梦想家、游戏者、自然人、历史之子、成人之师、破坏者与建设者、文化创造者",学生在班级中的成长多样性应得到充分释放,家长眼中的学生也应该拥有多种色彩。基于此点共识,家长个体对学生多样的期盼汇集在班级中,变为家长群体的协作共识,家长群体之间的协作可以基于学生的多样性,真实服务于学生的生命成长。

家长角色决定了家长的利"己"行为,就如动物界的"护幼崽"现象一样,家长天生偏护自己的孩子,这一点让家长在学生共同体成长上达成共识难上加难。家长,乃一家之长,本身就蕴含强烈的个体针对性,只有面对自己的孩子时,家长之说才能够成立,脱离了家庭属性,家长之说便不存在。因此,家长对自己孩子的关注是与生俱来的,对自己孩子成长需求的表达也是倾其全力,家长之间都是基于学生个体产生联系的,互动的内容就是学生成长中所共同遇到的问题,如学习方法等。家长之间的沟通,或是求同,为孩子的爱好、成长等寻求共同的空间,让孩子融入家长为其选择的朋友圈;或是求异,通过对比孩子之间的差异,为孩子的发展寻找更好的方向、目标,以促使孩子能够为目标努力、向目标靠拢。家长需要学会用"求同存异"的思维来丰富学生的成长维度,让家长引导下的互动有效支撑学生个体成长。

3. 教师缺位下的家长共同体建设错位

共同参与班级建设是家长共同体形成的重要方式,贴近班级建设需要的家长共同体才是形成良好班级生态的重要支撑。目前的家校合作热潮中,家长已经深度介入班级建设过程,并起到重要的作用。经过学校的引导与教育,家长参与班级建设的理念和实践探索都已经取得了一定成效,但还是普遍存在家长群体内部沟通不顺畅、家长群体协作流于形式、对班级建设的支撑有限等问题。教师没有参与到家长共同体建设之中,致使失去核心精神的家长共同体难以为继。

被动式参与成为家长参与班级建设的形式,阻碍了家长共同体的建设。当前许多家长参与班级建设,是基于班级建设活动需要的被动式参与,如担任活动志愿者、维护秩序等,并未以平等的主体身份参与到班级互动的过程之中。看似家长主动参与的过程实则是"家长缺席",家长并未在活动中与其他主体产生有效的互动、沟通,形成有一定意义的关系网络,以支持班级发展。教师通过微信群、QQ群等,向家长提出各种要求,如配合教师进行作业辅导、规范学生德行等,这些网络交流群成为教师安排工作的通知群,家长被动接受各种要求与指令,且不能有所质疑,否则会遭到教师的质疑,被认为是不配合教师的工作。长此以往,被动式参与的家长成了学生教育的附属群体,被视为教师管理的对象,教育学生和要求家长成为教师的日常工作。此种模式下,家长群体因长期被压制在教师的需求之下而产生负面情绪,无形之中成为教师的对立面,对教师的要求、安排等怀有抵触情绪,从被动配合到站出来对抗教师的安排。家长因为抵抗情绪而聚集在一起,对群体产生负向作用。

家长对班级建设的需求表达不充分,导致班级中频频出现家长的内部冲突。由于班级建设中主体认识上的差异,现实中许多班级建设的共同愿景是教师管控下的愿景,并非师生的共同愿景,更谈不上含有家长期望的内容。在班级建设前期没有将家长纳入班级建设的主体之一,班级建设共同愿景并未在家长群体中进行讨论,但是现实中班级建设又需要家长进行不同程度的配合与支持,在未统一认识的前提下,家长群体之间问题不断,家长与教师之间冲突经常发生,从而导致班级生态环境恶化。种种不和谐的情况发生在班级中,抑制了教师、学生、家长的积极性,造成三者之间不良关系恶性循环。但家长群体并不因教师的缺位而瓦解,家长们依然会因面临共同问题而聚集在一起,从而形成群体影响力,并在家长群体中起到一定的作用。这种群体的作用可能是正向的,会在家长群体中产生积极的、向上的引导作用;也可能是负向的,会在家长群体中集结一批"精致利己"的家长,他们只顾个体利益,给班级建设带来各种困难。

4. 家长群体参与班级建设的界限模糊与渠道缺失

当下家委会普遍存在引导、沟通、凝聚等综合功能不足,让家长群体的建设力、支撑力等不够,使班级共同愿景缺乏家长群体的有效支撑。家委会是当下家长参与班级建设的正式组织,主要承担着班级与家长沟通、家校合作、监督学校教育工作的职责,对家长参与班级事务决策、提高班级建设质量、调动家长群体内部沟通、变革家长与教师沟通方式等起到了重要作用。但是,家委会建设没有统一标准,没有建设流程与主要内容,因教师能力和家长素养不同,家委会建设水平参差不齐,在班级建设中发挥的作用也因人而异、因班而异。现实中,许多家委会偏离了成立的初衷,失去了联系家长与教师的桥梁作用,反而成为教师的传话筒、防火墙,导致家长群体的整体性沉默;或是,逐渐演变成家长群体的对话利器,成为与教师对抗的群体,使教师在班级建设中的决策处处受到干涉与影响,让教师逐渐丧失班级建设的主导权;或是,家委会组织困难,家长诉求繁多、不切实际,家长难以形成相对统一的共识以推进班级建设,导致家委会瘫痪。出现以上情况的家委会不能很好地将家长凝聚在一起并同教师协商,无法推动学生、教师与家长的共同成长。

家长群体参与班级建设的界限模糊,导致班级承载"不可承受之重"。班级自出现以来一直都是教师传播知识的专业场域,是教师私属且不可侵犯的场所。但随着社会不断开放及教育普及化,一方面,家长参与班级建设的积极性剧增,但是学校教育的专业性壁垒让家长群体处在班级边缘,难以有效参与;另一方面,家长对于参与班级建设也是各持己见,有部分认为应该更加深入地参与学校决策、班级管理、教师评价等环节,期望获得更多的家长权利。此外,也有部分家长不愿意介入班级建设,他们认为班级建设与管理是学校与教师的职责所在,除了教师外,其他人不应该干预学校的决策、管理,学校或教师提出的教育需求与家长群体无关。家长群体参与班级建设的界限模糊,导致出现了松散型家长群体、焦虑型家长群体,这些群体扮演着不同的角色。

松散型家长群体参与班级建设低效且无序。由于没有核心成员的带领,活动策划能力较弱,家长之间沟通较少,没有形成分工相对明确、成员相对稳定的家长小群体,因此在讨论班级相关事务时往往人人都会提建议,都希望自己的建议得到采纳,对其他建议本能采取排斥态度,以致家长的意见难以达成一致,家长合力得不到充分发挥。

焦虑型家长群体对班级建设充满期待,也将焦虑情绪转移到家长群体中并引起紧张关系。社会发展对人才素养要求越来越高,这种社会竞争压力逐步转移到对学生教育的关注上来。这类家长群体比任何时候都关注教育,关注自己孩子的每一个成长环节,对自己所持有的教育观念有着强烈的自信。在此状态下,家长对孩子所在班级的教师、班级建设活动、学生交往、家长交往等都有着高度关注,并随时提出自己的想法,向教师、学校提出更多的要求,同时用自己的价值观念来评价学校、班级建设中的人和事。一方面,这部分自我激活的家长群体,给班级建设注入了一股新动能,会使班级建设在获取家长支持、资源保障等方面取得进步;另一方面,这部分家长由于有着强烈的自我预设,会用挑剔、质疑的眼光看待班级建设工作及教师工作,甚至在不与教师沟通的情况下,利用网络平台向教师表达自己的诉求,给教师带来无形的压力。焦虑型家长群体往往会过度干涉班级建设活动,对自己关注的内容有着强烈的诉求,当这种强势的互动遇到强势的班主任时,往往会引发冲突;遇到弱势的班主任时,班级建设的节奏则会被家长群体带偏。焦虑型家长群体增加了班级建设的难度,使学校和教师面临更大的挑战,承担更多的工作压力。因此,要把握好班级建设中家长群体的界限,制定好教师引导家长适度介入的主要路径和内容,让家长合理融入班级建设的共同体。

5. 家长群体定位及协作模式模糊

班级建设呼唤家长归位,但是家长群体如何协作,家长群体参与班级建设的具体环节和内容如何制定,成为摆在生态型班级建设面前的必答题。家长群体是班级建设共同体中的重要主体之一,是班级教育资源的重要提供者、班级建设的重要参与者、班级生命成长的体验者。

现实中家长群体以各种异化的形象干涉班级建设。如,以"裁判""评委"角色出现的家长群体,以自我的教育理念为标准,随时闯入班级建设场域,随意发表自己的想法,不断挑战教师权威,造成家长群体混乱、家校关系紧张,使家长群体之间、家长与教师之间冲突不断、矛盾频发。又如,班主任及科任教师的更换、学生座位的安排、团体活动人员的安排、作业的数量及内容等,甚至是教师对班级活动的安排都会受到个别家长的点评,甚至是批判。这些家长以局外人、占领评判制高点的方式粗暴干涉正常的班级活动,因建议未被教师采纳,动辄在班级群中公开责难教师,甚至向学校、教育主管部门投诉教师的教育教学活动。这给教师在班级中正常开展教育教学活动带来了极大的压力和负面影响,直接导致班级生态体系紧张,导致互不信任、相互挑剔的班级氛围,给班级造成负压环境,让班级建设失去活力。

遵从、附属型家长群体失去了家长的站位,成为教师的跑腿。在当下许多班级中,出现了家长群体的虚假活跃现象,家长对教师在家长群中的各项安排一呼百应,各种活动都抢着做、争着干,对班级建设中出现的问题却绝口不谈,出现了表面热闹实则缄默的情况。这类家长以简单响应教师需求为出发点,以获取教师对家长参与的认可,期望教师能多关注学生。这是最初形态的家长参与。但家长们对班级中出现的问题、对教师行为的不认可等都选择沉默,不主动与教师沟通自己的想法,也不提供建议,这种完全照办的家长参与方式,严重阻碍了家长群体的活力发展,影响家长与教师合作的有效性。

6. 缺乏系统的家庭教育培养造成家长对自身作用认知的匮乏

家长意识与角色的形成源于自我修炼,深受个人经验影响。苏霍姆林斯基认为"学校的复杂的教育过程中产生的一切困难的根源都可以追溯到家庭"[①]。家长的教育行为模式直接影响到学生在班级中的表现,在家庭中起主导作用的是家长,家长素质往往能在学生身上留下深刻的烙印,从学生身上往往能够看出其父母的品行。

基于教师需要的家长类型,与教师的合作模式有效,但维度单一。许多家长对孩子的教育,主要源于学校教育的需要,尤其是班级中教师开展学习活动所提出的要求。在家庭生活中,家长与孩子的互动交流主要是对学习情况的了解与帮助,除吃穿等基本生活保障之外,没有更多精神层面的对话。这类家庭中缺乏丰富的生活维度,缺乏学生成长所需的温暖环境,家庭犹如学校一般,围绕着学业竞争压力开展各项活动。苏霍姆林斯基曾说过,"不要忘记,你们在家里对自己的孩子来说,既不是老师,也不是班主任,而首先是父亲和母亲。因此,不要把家庭变成小型的学校,尽可能别把学校的气氛带到家里去,这不过是

---

① 孙孔懿.苏霍姆林斯基教育学说[M].北京:人民教育出版社,2018.

为了让你们和孩子组成一个美满的家庭"①。随着当前学校教育的发展,学生教育需要更多的家校互动,需要家长投入更多的精力参与到学生培养的过程之中。整体而言,家长的参与方式主要是投入个体资源,如在开放课堂上给学生作报告、为班级活动提供各种资源辅助。同时,班级日常活动对家长也提出更多的时间管理上的要求,如作业批改、手工制作、网课协助等。这些参与过程,也引起了家长自我预期与教师对家长预期之间的偏差,带来了一定程度上的冲突。

7. 家长对教育持有"消费观",造成了家长群体参与班级建设的异化

基于自身需要的家长类型,更多地关注学生个体,且需求多样,对班级建设提出更高更多的要求。许多家长对孩子的教育持有"消费观念",将学校教育视为教育投资,要求享受商品消费时的"顾客待遇",希望所有资源围绕自己或自己孩子的需求来提供。家长最关心的是班级建设中与自己孩子有密切关系的方面,在参与班级建设的过程中,以自己孩子受益多少来决定投入多少精力和采取什么行动。当班级难以满足其个性需求时,便产生不被重视的感觉,从而为参与班级建设埋下隐患。学生是家长参与班级建设的连接点,家长更倾向于教师在班级中更多关注自己的孩子,希望教师投入更多的精力到自己孩子身上。当多个个体的需求综合在一起时便难以形成群体合力,尤其是班级中出现过度关注自身利益的家长时,就会导致家长群体的沟通、交流与合作缺乏真诚,家长群体内部相互责难,最终导致班级建设举步维艰、困难重重。家长群体沟通失序源自"利己"家长对班级建设所提出的需求,这种需求未考虑到班级建设的整体性,并不利于营造良好的班级建设氛围。苏霍姆林斯基认为:"真正的父母之爱的核心精神,也就是让儿女由于感受到自尊而确立做正派人的志气。"②家长群体更应该从精神层面参与到班级建设中,为学生发展营造积极健康的班级整体氛围。

(四) 不同群体交互失谐

从对班级生态的调查分析来看,各个群体对班级建设中的各个维度都有着

---

① 孙孔懿.苏霍姆林斯基教育学说[M].北京:人民教育出版社,2018.
② 蔡汀,王义高,祖晶.苏霍姆林斯基选集(五卷本):第 3 卷[M].北京:教育科学出版社,2001.

不同于其他群体的认知,这种差异化认知导致不同群体在交互过程中,因缺乏共识而产生认知偏差,从而导致群体协作中的合力缺失。教师群体更为关注师生关系、学业负担,这与我们日常认为教师更加关注学习成绩、班级纪律等有一定的差异。在班级纪律方面,调查数据显示,学生与家长对纪律的理解保持高度一致,而教师、学生及家长三者间对纪律的认知呈现低相关,表明教师心中的纪律要求与学生和家长认为的纪律要求明显不同。这表明三类群体在班级建设的关注点上需要进一步沟通。在竞争方面,教师对竞争的感知明显要强于学生和家长。这从侧面反映出,教师是学生教育的施行者,对竞争压力的感受更为直接和敏感;而学生及家长作为竞争的承受方,对来自班级的竞争压力感受不强烈,这也反映出当下学生的压力,并非直接来源于所在班级,而是来源于社会的整体压力,如升学压力、就业压力、工作压力等。在学业负担方面,家长与学生对学业负担的认知呈现高相关,而教师与学生、教师与家长对学业负担的认知呈现低相关。这一数据从侧面反映出一个社会现象,即学生的学业负担很大程度上来源于家长,家长对学业成绩期盼较高,投入较多,给学生安排了较多的培训学习、培优作业。

对同一主题的不同认识,造成了群体交往过程中认知基础的不同,从而给有效沟通、交流互动等带来了一定的障碍。这或许是群体交互失谐的重要原因之一。

1. 群体间的交往——基于相关矩阵的分析

在对学生、教师及家长等群体的调查数据分析中发现,学生、教师和家长等群体对班级中的师生关系、学生关系、纪律、竞争、学业负担的认知呈现出明显差别,学生和家长之间对以上五个维度的认知呈现出高相关;但教师与学生、教师与家长对以上五个维度的认知呈现出低相关。基于上面的认识,为研判不同群体对班级五个维度的认知差异程度,下文对师生关系、学生关系、纪律、竞争、学业负担等五个维度进行了相关矩阵分析。

下面相关表格,是相关矩阵分析的具体情况,便于我们了解不同群体对同一维度的认知情况,为做好班级建设找好着力点。

(1) 学生、教师和家长群体：师生关系相关矩阵

如表 22 所示，教师与学生、教师与家长对师生关系的理解都呈低相关，说明教师对师生关系的理解，与学生和家长对师生关系的理解虽有关联，但更多的是不同。学生与家长对师生关系的理解呈高相关，说明学生对师生关系的理解与家长对师生关系的理解有很多共同点，具有较高的一致性。在这里我们可以这样理解：家长对师生关系的构建更多是基于学生的描述或塑造，因此家长与学生对师生关系的理解存在较高的一致性；教师对师生关系的理解更多地强调未来学生的成长，而学生对师生关系的理解更多地聚焦于当下的情感体验。

表 22　学生、教师和家长群体关于师生关系的相关性分析

	学生	教师	家长
学生	1.00		
教师	0.07***	1.00	
家长	0.74***	0.07***	1.00

(2) 学生、教师和家长群体：学生关系相关矩阵

如表 23 所示，教师与学生、教师与家长对学生关系的理解均呈低相关，而家长与学生对学生关系的理解呈高相关。这在一定程度反映出教师群体对学生关系的理解是基于班级建设的整体需求；而家长和学生对学生关系的理解更多是基于自身需求及学生在班级日常生活中所遭遇的情感体验，尤其是家长对学生关系的理解大多源自学生对班级生活情感体验的直接反馈。

表 23　学生、教师和家长群体关于学生关系的相关性分析

	学生	教师	家长
学生	1.00		
教师	0.03***	1.00	
家长	0.68***	0.02***	1.00

(3) 学生、教师和家长群体：纪律相关矩阵

教师作为施教方，学生及家长作为受教方，双方明显分化出两个阵营。通

常而言,纪律就是一个行为标准,教师与学生应该对纪律达成共识,二者对纪律应该高相关,但调查数据显示(见表24),教师与学生、教师与家长对纪律的理解呈现低相关,而学生与家长对纪律的理解却呈现高相关,这一结果超出问卷调查前的预判。对此,教师的纪律要求与学生和家长的纪律要求明显不在一个层次上,这需要在后期研究中加以关注。

表24 学生、教师和家长群体关于纪律的相关性分析

	学生	教师	家长
学生	1.00		
教师	0.19***	1.00	
家长	0.66***	0.18***	1.00

(4)学生、教师和家长群体:竞争相关矩阵

如表25所示,家长与学生所感知的竞争呈现高相关,而教师与学生、教师与家长对竞争的认知均呈现低相关。这反映出不同群体对竞争的感知及压力的承受有着不同的结果,教师对竞争的感知标准高于学生和家长,可能是由于教师是竞争压力的施压方,对竞争的感知阈值更高,而学生及家长作为竞争压力的承受方,对竞争带来的压力的感知阈值更低。

表25 学生、教师和家长群体关于竞争的相关性分析

	学生	教师	家长
学生	1.00		
教师	0.06***	1.00	
家长	0.69***	0.04***	1.00

(5)学生、教师和家长群体:学业负担相关矩阵

由表26可知,家长与学生对学业负担的认知呈现高相关,而教师与学生、教师与家长对学业负担的认知均呈现低相关。调查数据反映出一个有趣的现象:家长既不是布置作业方,也不是完成作业方,相对而言是第三方,反而与学生对学业负担的认知呈现高相关。

表26　学生、教师和家长群体关于学业负担的相关性分析

	学生	教师	家长
学生	1.00		
教师	0.03***	1.00	
家长	0.71***	0.03***	1.00

2. 群体间的交往——基于差异比较的分析

（1）不同群体视角下的师生关系差异比较

如表27所示，学生眼中的师生关系好于家长眼中的师生关系，家长眼中的师生关系好于教师眼中的师生关系。从现象本身及后续访谈中可以窥其原因：在小学阶段，学生的自我发展和与同伴关系的建立都更多地依附于教师的引导。在学生眼中教师是如同父母一样的存在，学生对教师有更多的依赖性，学生眼中的师生关系往往是良好的。而对于家长而言，对师生关系的印象大多直接来源于自己子女的描述，但作为成人和社会人，又会在子女的描述上加入自己的主观判断，因此，家长眼中的师生关系会呈现相对良好的状态。教师作为班级中师生关系的主导者，对于学生有着自己的要求与期望，并且在大多数时间里，对学生的要求与期望相对较高。因此，学生对师生关系的评价最高，家长次之，教师最低。这一结果也反映出教师对师生关系的理解更深刻，对教育价值有更高的要求。

表27　不同群体视角下的师生关系差异比较

	人数	平均数	标准差	t	p
学生眼中的师生关系	6266	3.81	0.43	7.35	<0.001
教师眼中的师生关系	478	3.66	0.43		
学生眼中的师生关系	6266	3.81	0.43	4.86	<0.001
家长眼中的师生关系	6266	3.77	0.49		
教师眼中的师生关系	478	3.66	0.43	4.77	<0.001
家长眼中的师生关系	6266	3.77	0.49		

具体来看,学生眼中的师生关系要好于教师眼中的师生关系,二者存在显著差异,$t=7.35$,$p<0.001$;家长眼中的师生关系要好于教师眼中的师生关系,二者存在显著差异,$t=4.77$,$p<0.001$;学生眼中的师生关系要好于家长眼中的师生关系,二者存在显著差异,$t=4.86$,$p<0.001$。

(2) 不同群体视角下的学生关系差异比较

如表 28 所示,学生眼中的学生关系好于家长眼中的学生关系,家长眼中的学生关系好于教师眼中的学生关系。在小学阶段,对于学生而言,与同学的亲密度远远胜过与父母、教师的亲密度。朝夕相处的同学是学习、生活上的同伴,这样的关系往往使他们有着更多的共同话题。因此,学生对学生关系的满意度是最高的。

表 28　不同群体视角下的学生关系差异比较

	人数	平均数	标准差	t	p
学生眼中的学生关系	6266	3.46	0.60	6.28	<0.001
教师眼中的学生关系	478	3.28	0.65		
学生眼中的学生关系	6266	3.46	0.60	5.15	<0.001
家长眼中的学生关系	6266	3.40	0.70		
教师眼中的学生关系	478	3.28	0.65	-3.63	<0.001
家长眼中的学生关系	6266	3.40	0.70		

(3) 不同群体视角下的纪律差异比较

如表 29 所示,学生、家长、教师对于纪律的认知基本上处于同一水平,其中家长的均值(3.36)>教师的均值(3.35)>学生的均值(3.31)。对不同群体视角下的纪律水平进行比较发现,教师与家长、教师与学生对于纪律的认知均不存在显著差异,但是学生与家长对于纪律的认知存在显著差异($t=-3.56$,$p<0.001$)。可以看出,即使是不同群体,对于班级纪律的认知还是会达成一致。因此,构建良好的班风是非常有必要的,这是班级建设的基本共识。

表29 不同群体视角下的纪律差异比较

	人数	平均数	标准差	t	p
学生眼中的纪律	6266	3.31	0.76	1.12	0.26
教师眼中的纪律	478	3.35	0.68		
学生眼中的纪律	6266	3.31	0.76	−3.56	<0.001
家长眼中的纪律	6266	3.36	0.81		
教师眼中的纪律	478	3.35	0.68	−0.26	0.79
家长眼中的纪律	6266	3.36	0.81		

（4）不同群体视角下的竞争差异比较

如表30所示，对于竞争的感知方面，学生的均值（2.47）＞教师的均值（1.98）＞家长的均值（1.93）。学生对竞争压力的感知最为深切，教师作为班级教育在场者能够近距离观察到学生的活动，对班级中的学生竞争也有着亲身体会，家长远离班级生活，对学生间的竞争感受最弱。这也客观反映了"在场"与否是群体间交往互动的重要因素。

表30 不同群体视角下的竞争差异比较

	人数	平均数	标准差	t	p
学生眼中的竞争	6266	2.47	1.00	10.33	<0.001
教师眼中的竞争	478	1.98	0.99		
学生眼中的竞争	6266	2.47	1.00	26.19	<0.001
家长眼中的竞争	6266	1.93	1.29		
教师眼中的竞争	478	1.98	0.99	0.83	0.41
家长眼中的竞争	6266	1.93	1.29		

具体来看，学生眼中的竞争压力要大于教师眼中的竞争压力，二者存在显著差异，$t=10.33$，$p<0.001$；学生眼中的竞争压力要大于家长眼中的竞争压力，二者存在显著差异，$t=26.19$，$p<0.001$；教师眼中的竞争压力与家长眼中的竞争压力并没有差异，$t=0.83$，$p=0.41$。

（5）不同群体视角下的学业负担差异比较

如表31所示，对于学业负担的认识，不同群体之间表现出显著差异，教师的均值(1.56)＞家长的均值(1.00)＞学生的均值(0.95),学生作为学业负担的承压者,却对负担的感知最弱,而教师对学业负担的感知最强,家长次之。出现这种情况的原因可能是,小学阶段学生的学习及认知发展更多源自外部的引导和压力,其动力源自教师、家长的要求,而现阶段的要求又更多源自学校中的教师,作为配合者的家长次之。

表31 不同群体视角下的学业负担差异比较

	人数	平均数	标准差	t	p
学生眼中的学业负担	6266	0.95	0.76	−17.33	<0.001
教师眼中的学业负担	478	1.56	0.44		
学生眼中的学业负担	6266	0.95	0.76	−3.17	0.002
家长眼中的学业负担	6266	1.00	0.99		
教师眼中的学业负担	478	1.56	0.44	12.27	<0.001
家长眼中的学业负担	6266	1.00	0.99		

具体来看,学生眼中的学业负担要轻于教师眼中的学业负担,二者存在显著差异,$t=-17.33$,$p<0.001$;学生眼中的学业负担要轻于家长眼中的学业负担,二者存在显著差异,$t=-3.17$,$p=0.002$。

(6) 不同年级学生视角下班级生态维度的差异比较

班级建设伴随着学生的成长而发展,在班级生态的生成过程中,高年级学生的认知水平明显高于低年级学生的认知水平。

如表32所示,在学生视角下,不同年级的学生感受到的学生关系、纪律、竞争与学业负担存在显著差异。通过事后检验发现,对学生关系的感受,六年级学生好于三、四、五年级学生。对纪律的感受,四年级学生差于三年级学生,五年级学生差于三年级学生,六年级学生好于四年级学生与五年级学生。对竞争的感受,三年级学生比四年级学生激烈,五年级学生比四年级学生激烈,三年级学生与五年级学生都比六年级学生激烈。对学业负担的感受,三年级学生轻于四年级学生。

表32 不同年级学生的视角下生态班级各个维度的差异比较

维度	三年级	四年级	五年级	六年级	F	p
师生关系	30.72±3.11	30.54±3.20	30.49±3.82	30.57±3.56	0.90	0.439
学生关系	27.99±4.67	27.77±4.75	27.94±4.87	28.55±4.45	4.90	0.002
纪律	27.29±5.55	26.62±6.26	26.57±6.26	27.44±5.55	5.89	0.001
竞争	18.03±6.73	16.86±6.91	18.03±7.05	17.14±7.12	8.29	<0.001
学业负担	7.09±5.29	6.47±5.34	6.65±5.41	7.08±5.83	3.48	0.015

如表33所示,在学生视角下,父亲文化程度不同的学生感受到的师生关系、学生关系与学业负担存在显著差异。通过事后检验发现,在学生关系方面,父亲学历为大学本/专科的学生,其感受到的学生关系水平要高于父亲学历为高中及以下的学生感受到的学生关系水平;父亲文化程度为博士的学生,其感受到的学生关系水平要高于父亲学历为高中及以下的学生感受到的学生关系水平。在学业负担方面,父亲学历为大学本/专科的学生,其感受到的学业负担要轻于父亲学历为高中及以下的学生感受到的学业负担;父亲学历为博士的学生,其感受到的学业负担要轻于父亲学历为高中及以下的学生感受到的学业负担。

表33 父亲文化程度的影响:学生视角下班级生态各维度的差异比较

维度	高中及以下	大学本/专科	硕士	博士	F	p
师生关系	3.79±0.44	3.81±0.42	3.83±0.39	3.87±0.29	3.37	0.018
学生关系	3.41±0.62	3.48±0.59	3.47±0.59	3.56±0.51	6.71	<0.001
纪律	3.29±0.77	3.32±0.76	3.31±0.76	3.40±0.69	1.54	0.202
竞争	2.48±1.01	2.48±0.98	2.44±1.03	2.41±0.95	0.50	0.681
学业负担	6.95±5.44	6.55±5.28	6.76±5.39	5.50±5.16	4.55	0.004

如表34所示,在学生视角下,母亲文化程度不同的学生感受到的师生关系、学生关系、竞争与学业负担存在显著差异。通过事后检验发现,在师生关系方面,母亲学历越高的学生,其感受到的师生关系水平越高。在学生关系方面,母亲学历为大学本/专科的学生,其感受到的学生关系水平要高于母亲学历为

高中及以下的学生感受到的学生关系水平。在纪律方面,母亲学历与学生对纪律认识呈现正相关。在竞争方面,母亲文化程度为博士的学生,其感受到的竞争不如母亲学历为高中及以下、大学本/专科、硕士的学生感受到的竞争激烈。在学业负担方面,母亲学历越高的学生,其感受到的学业负担越轻。

表34 母亲文化程度的影响:学生视角下班级生态各维度的差异比较

维度	高中及以下	大学本/专科	硕士	博士	F	p
师生关系	3.78±0.44	3.82±0.42	3.84±0.36	3.87±0.35	4.04	0.007
学生关系	3.41±0.62	3.49±0.59	3.49±0.58	3.58±0.61	8.65	<0.001
纪律	3.29±0.77	3.33±0.75	3.31±0.77	3.35±0.82	1.46	0.222
竞争	2.47±1.02	2.49±0.98	2.41±1.02	2.15±1.06	3.21	0.022
学业负担	1.00±0.76	0.93±0.77	0.90±0.72	0.82±0.76	5.50	0.001

五、班级建设群体生态问题的成因分析

生态型班级是班级建设所追求的一种理想状态,是班级中诸多生命体融合发展、同生共长的一种健康发展模式,其中作为生命体的教师、学生及家长都能从班级建设的过程中获得支撑与发展,形成良性循环、相互协助、共同发展的健康生态系统。生态系统健康理论认为,一个健康的生态系统呈现出稳定、持续和活跃的特征,在遭遇外部干扰和胁迫时,能够通过生态群体的自组织性活动,激活生态系统的自动修复,直至达到健康状态。如果班级生态遭到破坏,班级建设就会在"活力""组织结构"和"恢复力"上存在诸多问题,班级建设中群体生态就会产生问题,班级生态系统也就会失去平衡。

(一)群体活力不足,导致班级建设中生成性资源匮乏

1. 班级建设过程中教师、学生和家长等群体的活力不足

群体活力不足主要体现在各个群体之间的交往自觉性不够,主体间的交往仅仅是基于学习成绩维度的,缺乏对群体整体生命维度的关心,对推动"完人"的发展缺乏自觉性。教师群体内部的活力不足,班主任在统筹教师群体方面缺乏普适性模式,在调动教师群体资源、激发群体活力等方面没有相关教师管理

制度作为依据,也没有相对成型的有效模式,大多依靠班主任的治班经验。班主任如果经验丰富,就能有效统筹教师群体参与班级建设,但如果科任教师参与班级建设完全依靠其自我认知、参与意愿,那么班主任在统筹教师群体时也只能"随遇而安"。这种情况下,教师群体往往没有太多活力参与到班级建设中,无法形成有效协同。家长群体的活力也是衡量班级生态活力的重要维度。现实中家长群体要么集体缄默,成为教师完成教育教学工作的附属,没有主动性;要么"用力过猛",对教师的工作挑剔万分,在多次冲突之后甚至站在了教师的"对立面",给班级建设造成负面影响。

2. 自我封闭与有意拒绝社会信息的输入,造成班级建设所需信息与能量的衰减

教育过程中自动屏蔽了来自社会及其他群体的信息,各个生态群体为班级建设注入的资源不够,使班级建设中特色优质资源输入匮乏。总结访谈中教师和家长参与班级建设的内容和形式,尤其是家长群体参与班级建设的深度不够,为班级输送的特色优质资源过少,导致特色资源不足以支撑生态型班级建设所需的多样性、丰富性。家长群体与教师、学生之间的互动较少,自身蕴藏的丰富资源,包括职业资源(如律师可以讲解未成年人保护法)、专业资源(如科研工作者可以讲解自然探秘)、岗位资源(如博物馆工作人员可以讲解历史文化)、个人兴趣特长(如篮球运动爱好者可以讲解比赛)等都没有在班级建设中得到充分体现。

(二) 群体组织结构单一,不足以支撑复杂环境下的群体交往

1. 班级建设中组织结构单一、结构上的缺陷导致教育合力缺失

生态型班级应该是一个结构复杂的组织,班级中多主体之间的互动形成复杂的组织结构,为班级生态的多样性发展提供保障。从生态意义上讲,班级组织结构越复杂,其所能带来的生态越丰富。一方面,生态丰富能为班级建设提供更多的能量和信息,助力班级建设中多群体成长;另一方面,组织形态过于复杂,会导致生态系统紊乱,给班级建设带来诸多障碍和困难,未经教育处理的生态元素也会给班级建设带来压力和负面作用。尤其是教师、学生及家长群体之

间在形成健康和谐的生态体系时,应有一个层次丰富、稳定的结构形态,各个层次与圈层都应有多种功能和作用,以支撑群体生命成长和群体健康发展。当前班级建设的问题主要是各个群体之间未能形成一个有层次的圈层,都处于零散、无组织的状态,教师与家长之间仅仅是以学习为连接点的单线联系,教师之间、家长之间、教师群体与家长群体之间缺乏丰富多样的关联,无法支撑班级建设所需的丰富维度。

2. 班级中群体隔阂较深,主动融入群体的意愿不强

班级中的"领地"意识较强,导致群体中的组织结构建构薄弱。从访谈中可以看出,由于教师群体岗位各有要求,教师对做好各自的工作有较高的认知和自我要求,但是对参与班级建设缺乏协作意识,缺乏主人翁的精神,除了教学任务之外,教师群体犹如一盘散沙。在许多班级中,科任教师基本不参与班级建设,这便是教师群体组织结构缺失的直接印证。家长群体的利己现象明显,对关涉到自己孩子利益的事情十分投入,但对学生群体所面临的问题却漠不关心,或冷眼旁观。这种以成绩为导向的家长参与模式,导致家长之间难以形成群体合力,难以为班级文化、学生群体文化作出力所能及的贡献。许多班级中有家委会这样的组织,这种组织在某种程度上成为教师与家长群体之间的"缓冲地带"。家委成为教师指令的传达者,在班级群中传递教师所发布的相关信息,以及回收信息并汇总给教师,这是家委会的"唯一"工作。家委会没有对家长群体进行细致的研究和分工,没有将家长群体有效组织起来,不能充分利用家长群体自身的资源和能力,支撑班级建设每一个阶段的需要及解决班级建设中存在的问题。

(三)班级恢复力偏弱,难以应对不利的外部环境

1. 班级建设中缺乏基于群体的冲突调节机制

班级生态的承载能力是班级承受内外部压力的能力,是在面对干扰时能做出一定的抵抗并能恢复组织原有形态的能力,承压后的恢复力是生态体系健康的一个重要标识。班级建设面临真实的社会环境,会直面各类成长中所遇到的问题与冲突,良好的班级生态也会面临来自外部环境、个体甚至是群体的破坏,一旦处置不当,便会在群体中引发冲突。由于班级中缺乏调节机制,每个个体都表达着各自的诉求,处置不当则会导致脆弱的班级生态遭到破坏,引起人际关系紧张、群体之间分离。当前缺乏调节机制,班主任在班级建设中遇到了问题,却无法有效协调其他教师参与解决问题;家长群体在遭遇冲突事件时,缺乏家委会的主动调节,导致班级关系紧张、群体合力消解。

2. 班级建设脱离了日常生活,让班级生态丧失恢复的环境基础

健康的班级生态具有自我调节、自我修复和自我延续的功能,而这些功能的实现要基于班级日常生活,而非某个个体的需求。如果基于模式化、规范化管理的需要进行班级建设,会导致整个班级生态体系的机械化、僵化,让班级失去自组织性,难以应对复杂问题,难以回应多主体发展的需要,导致班级生态在持续遭受外部压力的冲击时逐步丧失自我恢复的能力,带来班级生态的改变。

第四章 生态型班级建设的理念、指标与策略

生态型班级建设是班级变革的契机,有利于推进学校教育整体变革。"要实现学校层面整体变革,必须先从班级层面做起,再发展到学校层面。"[①]生态学意识在班级教育实践中的萌生,为我们创新班级形式提供了全新的角度与方法。但是,生态型班级建设涉及学校、教师、学生、家长、社会环境等诸多因素,需要做好系统性变革的准备。推动生态型班级建设,需要有明确的标准和策略,要从理念、指标框架及实施策略等多维度,有效整合生态群体,发挥各群体的独特功能,规划协作的内容和路径,促进生态资源聚合与生态主体活跃,促使班级各主体都能获得应有的成长。

一、生态型班级建设理念

班级建设需要理念引领,需要以创新的思维方式去谋划和行动,从而实现班级建设的系统性、整体性变革。生态型班级建设,主要是用生态学思维和理念引领班级建设的变革发展,用生命共同体来重构班级组织结构从而激发班级群体的生态活力,坚持班级建设中的动态思维与生成意识,将社会资源转化成班级建设的不竭资源,以支撑班级建设的生态化发展。

[①] 王建军,叶澜."新基础教育"的内涵与追求——叶澜教授访谈录[J].教育发展研究,2003(3).

（一）以生态理念引领班级建设

1. 坚持系统性思维，从学校层面营造支持生态型班级建设的整体氛围

生态型班级建设需要获得学校整体上的支持，以班级建设为突破点，激发学校教育最基层组织的活力，推进全校教育生态体系自下而上变革。班级改革是学校改革中的重要环节，联系了学校改革层面和个体创新发展层面，上能激发学校创新变革的动力，下能调动班级中的教师、学生及家长群体的积极性。班级建设的生态化实践，会带来原有班级管理模式的变化，在教师群体组织、家长群体协作、学生合作模式等方面产生较大变化，群体间互动方式、路径和内容等都会根据班级建设的需要发生动态变化。对外呈现出的班级建设的效果也会更富有特色，更个性化。在新模式、新路径的探索背景下，生态型班级建设的实践活动最需要获得学校层面的认可与支持。班级建设走向生态化发展的路径是全新探索，必然会与现有观念、标准产生偏差，甚至偏离。这种情况下，教师往往承受着来自领导、同事、家长的种种压力，甚至是来自教师群体内部的异样眼光。所以，生态型班级建设，需要做好学校变革、班级建设变革的顶层设计，给班级建设一定的宽松度，让一切基于教育目的的创新探索都有落地的机会与可能。

生态型班级建设初期，必然会在一定程度上打破班级现有的状态，要给这些探索活动提供一定的时间和空间，对生态型班级寄予适当的期许。生态型班级建设是班级改革的自我求变过程，需要主动打破原来"平衡""安静"的班级状态，这就必然会带来更多的"声响"，其中有和谐的、积极的声音，也会有不和谐的、消极的声音，但这些都是生态系统发展过程中的必然存在，能给生态型班级建设提供新的资源和动能，刺激实践者构建更加健康和谐的班级生态。

2. 坚持生态意识重构班级日常生活

班级日常生活是生态型班级的基本构成，班级建设必须立足班级日常生活，这样才能构建真实、有效的生态型班级，让班级真正"活"起来。正如杜威主张的"教育是生活的过程，而不是将来生活的准备"，家庭生活、学校生活、社会生活构成了班级日常生活的底蕴，丰富了班级的生态内容与形式。班级建设的教育价值体现在人与人之间的互动过程中,"日常生活总是在个人的直接环境中发生并与之相关联"①,班级实质上是班级中的个体相互联系的重要环境。因此,推动生态型班级建设,首先要改变班级中诸多主体的认知模式,让每一个主体充满生态意识,这样各主体才能从班级日常生活中领悟生命意义、获得教育价值。

(二) 以融合共存构建班级建设共同体

教师、学生及家长共同存在于班级生态系统中,在班级中开展生态交往,实现共同的生命成长。在生态视野中,个体是融入群体的个体,个体间的交往基于所处群体之间的互动,个体在交往中实现交往圈层,构成班级生态系统的组成部分,并能从群体交往中获得发展所需的资源。

1. 以共同体理念认识教师、学生及家长之间的交往

班级生态的形成过程是不同圈层的构建过程,并在某个单一圈层的基础上实现多种圈层之间的沟通与互联,实现不同圈层之间信息、能量等的传递,从而形成班级生态内多群体和谐发展的共同体。班级圈层一旦形成,我们审视班级的思维模式将会发生彻底的变化,从单向互动、单个主体的二元思维模式,直接转向生态学视野中的复杂、整体、交互的系统思维、整体思维模式。"求同存异""和而不同"是生态型班级建设的显著特征之一,而成长共同体的构建为生态型发展提供了基础。玛拉·萨波-谢文指出:"共同体的建立不仅需要时间和共享的经验,还必须为学生提供多样化的机会去认识自我、认识他人,并让他们以积极的、支持性的方式进行交往。"②因此,要充分认识到共同体的形成在班级建设过程中的重要基础作用,只有多主体不断相互作用、影响而形成共同体,班级建设才能在教师、学生、家长等诸多主体的交互作用中实现最终的生命发展目的,破除"物种单一""功能单一"的单主体格局。只有形成共同体,才能把班级中的诸多主体凝聚在"教书育人"的主旨之中。

---

① 赫勒.日常生活[M].衣俊卿,译.哈尔滨:黑龙江大学出版社,2010.
② Mara Sapon-Shevin. Building a Safe Community for Learning to Become a teacher: Making a Difference in Children's Lives,ed. William Ayers[M]. New York teachers College Press,1995.

2. 以"抱团"发展促进共同体建设

教师作为班级建设的主导者,要积极引导多群体的形成,帮助其实现生态化成长。班级生态之所以丰富多样,是因为个体之间形成了丰富的互动关系,有着更多的相互认知与情感交流,但基于个体之间的交流,还是难以构成群体生态所需的丰富维度。因此,教师引导下的群体内部建设,成为生态型班级建设的基本单位。教师之间形成群体合力,对学生群体的认识便更加多维和丰富;学生群体之间形成互助发展,能够为学生的生命体验带来更多的色彩;家长群体团结有序,能够为班级提供建设性的建议和教育资源。群体成员在行动目标上达成一致,用共同的价值观念、行动目标、共同愿景推动群体内部有序分工、精诚合作,发挥群体的最大效能。"抱团"发展,是对群体合力的最直接描述,它能通过目标行动一致性提高群体的建设能力,充分调动群体内部的能动性,激发群体中个体参与班级建设的积极性,为群体之间的互动奠定健康的生态基础。

(三) 以动态生成推动班级建设特色发展

1. 关注生命个体,激活群体交互,推动基于生命成长的班级建设

重视班级建设中教师生命价值和学生生命价值,将教师的生命成长与学生的生命成长作为提升学校教育质量的重要标准。当前学校教育对教师和学生的活动评价方式单一、死板,带来班级建设的生态灾难。"在当今大多数学校所采纳的现代主义的框架中,教师们陷入一种进退两难的困境:他们对讲授的课程负责,但是课程既不是他们所设计的,也不是他们的教学模式。通过教师教育课程以及在职的培训和评价,教师们学会了接受其他形式的课程和教学模式。这样的规定有效地限制了教师自身的实践形式,而且几乎完全将创造性从教学行为模式中清除掉。因此,教师被视为机器人,用一种同一的模式传递着他人标准化的课程。"[1]因此,要树立生态意识,促进主体之间的融合,让更多基于师生间的"交往""理解""互动""对话"在评价体系中获得支持,这样的复杂视野与综合思维更加贴近生态型班级的日常生活,利于班级生态环境变化中的生

---

[1] 多尔.后现代与复杂性教育学[M].张光陆,等译.北京:北京师范大学出版社,2016.

命成长,并逐步带来班级建设底蕴的变化,引导班级建设走向更高级的生态形态。

2. 树立生成意识,构建共享渠道,推动班级建设特色资源生成

资源共享是生态型班级持续发展的重要支撑,正是生态多样性为班级发展提供了多样可能。生态主体和生态环境之间相互作用、相互影响,共同决定着微观教育生态系统的运行状态,推动着生态系统中信息的流动,从而构成微观教育生态空间。教师、学生、课堂环境之间的交互作用看似简单,实则复杂,如果简单看待这种交互关系和教室空间环境,就会导致空间失衡,失去生态效能,无法实现生态育人等功能。[①] 差异、复杂带来了更多的教育资源与教育机会,班级已经不再是教师主导下的封闭环境,而是一个由诸多教育主体建构成的复杂形态,它们之间关系复杂、利益交织、诉求多元、作用各异,逐渐形成了生态型班级所特有的潜在资源。"我们的怀疑起源于对多元性和差异限制的关注,而这种多元性和差异正通过互动过程为系统注入能量。"[②] 当前部分学校班级规模超编,导致班级内教师群体、学生群体之间缺乏深度交流的空间,但也为班级生态构建中不同群体之间的资源共享提供了可能。

二、生态型班级建设的指标框架

根据生态系统健康理论的架构,开展生态型班级建设,就是通过对教师、学生及家长等群体的生存和发展进行生态化重构,以解决当下复杂环境对班级建设所带来的"干扰""胁迫"问题,让诸多群体在班级建设过程中获得成长,让班级成为富有生命活力、具有自主管理力、融合共生的健康生态体系。推动生态型班级建设,要依据生态系统的生态要素,通过对班级建设中教师、学生及家长群体的生态活力,班级中的组织结构和班级生态的恢复力等进行分析,并依此构建班级生态系统的健康指标框架。

(一) 生态型班级建设的生态要素

班级生态系统是班级场域中教师、家长和学生个体及群体之间与班级环境

[①] 宁云中.生态空间失衡与重构:大学课堂的微观思考[J].大学教育科学,2016(4).
[②] 多尔.后现代与复杂性教育学[M].张光陆,等译.北京:北京师范大学出版社,2016.

之间，通过信息流、物质流的相互作用而形成的一个有机体系。在生态型班级中，主体间的交往是双向的，通过主体间交往形成新的能量和信息，产生班级建设的新动能；各种资源及信息的流动是循环的，并在循环过程中对不同群体建构产生作用；不同个体在群体中有着独特的生态位，成为生态体系中多维链接的节点，在生态组织结构中起着独特的生态作用。

1. 班级建设中的生态种群

教师、家长、学生群体是班级建设中的三大生态种群，不同种群内部的交往、不同种群间的交往所形成的关系，都会影响生态组织结构的形成，带来班级生态的多样特征。三大群体中，教师群体的凝聚成形是生态型班级建设的关键所在，教师群体在班级生态中起到引领作用，需要在班级建设中发挥更多的群体合力。家长群体是班级生态中引入的新群体，许多班级建设研究并未将家长群体纳入班级中，而是将其作为班级之外的影响元素。相比于封闭的班级建设过程，生态型班级建设过程中，家长参与班级建设的意愿更强，主动参与班级建设的路径更多，对班级建设的影响更大。因此，家长群体是班级生态体系中不可忽视的存在。在生态型班级建设中，我们要正视教师群体、家长群体和学生群体在班级中的存在，围绕班级建设的需要，有序推进群体内部、群体之间的互动与交往，促进班级中形成稳定的生态群落，各群体内部有序交往，不同群体间互动活跃，让班级建设从"知、情、意、行"多维度得到发展。

2. 班级建设中的生态资源

生态型班级建设中的教育资源是动态生成的，不同主体经验的交流产生动态的教育资源，主体本身的经验与阅历也成为重要的资源。从生态学视角看，生态系统的均衡发展源于系统内不同群体的生产与消费活动，不同群体为班级生态提供各种资源的生产过程，也是各群体吸收生态系统中的资源以支撑自身发展的一个消费过程。班级生态中各主体都能够通过交往给群体注入新的物质和能量，成为群体中的资源生产者，同时群体中的其他个体也能从群体资源中获取自身所需资源，从而实现自身发展。

在班级建设的过程中，尤其要注重学生群体资源的挖掘和家长群体资源的开发。学生群体所蕴藏的资源更加贴近群体成长的需要，更容易走近学生群体并产生叠加影响。学生的自主探究活动,都是以学生视角和需求点为基础的,更能满足学生的成长需要。家长群体本身含有丰富的教育资源,并能够通过参与班级建设活动输入班级之中,以支撑学生多样的成长需要。所以,生态资源更具开放性和自主生成性。但是要想将这些资源转化成教育资源,需要教师做好资源开发及利用的系统性和科学性分析,充分调动各主体参与资源建设过程,根据学生的成长特点及时将资源补充到班级建设中,支撑学生生命成长。

3. 班级建设中的生态环境

教师、学生和家长作为自然个体和社会个体存在于班级场域之中,个体是真实存在、沉浸在班级建设过程中的,并成为班级环境中的一分子。班级环境分为班级外部环境和内部环境;班级建设的外部环境,主要是社会环境、社区环境及家庭环境等,通过个体的信息流动实现传递;内部环境主要是班级文化氛围、朋友圈子、兴趣组等。内外部环境通过主体交流形成流动,给生态型班级体系构建带来驱动力。

班级生态环境是开放的,通过主体间的互动实现循环与流动,并成为主体成长的重要依托。生态环境是动态发展的,并非一成不变。这一特性提醒教师群体在开展班级建设时,需要将问题置于具体情境之中,让符合当时情境的问题得到恰当的解决。

(二) 活力指标

班级建设的活力来源于班级生态体系中教师、学生及家长等群体之间的互动与交往。通过诸多主体之间的学习、沟通、对话、交流等形式,推动群体内部"动起来",增强主体间的活跃程度;同时,通过激发不同群体的活跃程度,促进主体的生命成长,为班级生态提供丰富的能量,进而支撑班级生态的多维度、可持续发展。

生态型班级建设的活力,基于两个方面:一是主体间的交往。班级中各类个体有着交往的需要,个体在交往过程中获得新的发展动能,促进班级建设中个体发展能量的产生。二是能量的流动。个体自带资源,富含能量,他们在群体交往中又会"凝聚""激发"产生新的能量,并推动能量和信息在群体间流动,深化群体交往。

交往的活跃程度是班级建设群体活力的重要表征。群体交往基于差异化信息的能量流动,这种流动反之推动了群体特色发展,为班级建设带来更多资源和可能。不同班级群体所拥有的认识、情感、行为等差异为群体交互及融合带来了新的发展契机。群体差异化交往所产生的"势能"推动群体间更好地协同发展,为班级建设增添新活力。

群体的能量是班级建设的重要动力,群体对能量的吸纳情况直接影响到群体的发展,能量输入大,班级建设中教师、学生及家长等群体才能够得到有效激活,进而推动群体发展,带动班级建设。

群体中的交往源于个体生命成长的需要,如个体因相同爱好或目的而产生交流的意愿,或是个体差异表现出来后引起其他个体关注从而产生交流的意愿,又或是个体与其他个体或群体之间因认知、情感或行为上的差异而引起摩擦、冲突。生态型班级建设中的交往并非都是和谐、友好的稳定状态,许多个体的认识差异、行为摩擦甚至冲突都是生态交往中的常态表现。面对这种激烈的交往形式,群体之间要用平和的心态去看待,了解冲突双方的动因,解决冲突背后的具体问题,而非通过施压迫使一方让步,陷入非均衡的状态。

生态型班级建设的活力,主要表现为班级建设过程中内部群体之间的活跃程度,以及班级外部环境与内部环境之间交流的顺畅程度。班级建设活力的表现形式多样,最直接的表现是个体与群体之间的频繁互动与交流,个体在班级建设中"动起来",群体在班级建设中协作起来,诸多主体在互动中获得生命成长,从而激活班级建设的动力源泉。

(三)组织结构指标

生态型班级建设的组织结构,核心在于在班级这一特定场域内,构建各独立群体内部的组成模式、群体间的相互关联结构,这一组织结构随着生态化实践活动的深入,推动多群体之间实现信息的有效传递与能量的自然流动。这一组织结构不同于传统班级的组织结构,它是动态发展的,是随着生态主体之间相互作用而变化的,而且不同于传统的管理架构,它更为复杂,更能满足复杂形态下班级建设中各个主体诉求的表达和问题的处置，能够承载生态主体的生命成长。

生态型班级的组织结构，主要由群体内组织结构和群体间组织结构构成，它是个体与群体连接、群体之间相互作用的主要方式。在生态型班级建设中，主要组织结构包括个体与群体的双向互动结构，如教师个体↔教师群体、学生个体↔学生群体、家长个体↔家长群体等；群体与群体之间的多向互动结构，如教师群体、学生群体、家长群体之间呈现出的多边形网络结构。个体之间、群体之间的互动交往形成一个个小圈层，诸多圈层之间又衍生其他连接，最终形成一个复杂的结构，形同于"蜂巢状"拓扑结构。

相较于传统班级，生态型班级的组织结构呈现出更为复杂的形态，蕴藏更为丰富、多样的教育资源，能够为生态主体提供更多的发展空间。生态型班级的组织结构不同于传统"科层制"模式下的班级管理架构，它是动态的，各主体都有同等的发展权利，各主体既是信息的输入者，也是信息的输出者；既是能量的输入者，也是能量的输出者。每个主体或群体之间都有着更多种可能的连接，都有着满足自身发展需要和支撑群体发展需要的双重作用。

班级的生态组织结构评估指标，主要聚焦于主体之间的交往频次、交往范围、交往中的差异与互补等维度，这些维度深刻揭示了主体之间交往的复杂性、成长性、动态性特征，为观察和分析班级建设中组织结构的多重影响提供了重要视角。

（四）恢复力指标

恢复力是生态系统的一个重要指标，是指生态系统遭遇来自系统内外部压力时的自我恢复能力，或遭受胁迫后的自我恢复能力。外来影响对生态组织结构带来冲击时，若恢复力强，则抗冲击、抗影响能力较强，能够较好地恢复原来的组织结构和形态；若恢复力弱，则组织结构之间的脆弱连接会被打破，导致组织结构内部难以承载外部的压力，带来自身组织结构的溃散和再组织。这种破除原组织结构的结果，要么是原组织结构的调整，要么是重新组成一个新的生态组织结构，实现生态系统的自我演变。

生态型班级建设过程是一个健康的班级生态体系建设的过程，而动态性和开放性是生态系统的典型表征。班级建设所形成的生态体系是动态发展的,会随着环境和主体间的变化而变化,外部环境随时会通过各类主体输入班级建设过程,并产生影响,带来班级生态系统的变化。开放性是生态系统的另外一个重要表征,生态系统有着一定的场域,但是这个场域所面临的环境是开放的,各类信息、能量都能够通过主体间的互动交往输入班级生态之中,并会直接或间接影响班级建设的进程,打破班级生态中的原有平衡,引起群体稳定结构的变化。健康的班级生态系统,能够有效抵御来自外部环境的胁迫、内部环境的压力,在解决冲突时能够恢复班级生态的健康状态。这种均衡状态的恢复不是百分百还原,而是在恢复过程中激发主体的活力,实现新的增长点,重构生态体系的组成部分,实现生态系统的良性循环发展。

有别于普通班级,生态型班级所面临的环境更加复杂,接触到的教育资源更为丰富,在班级建设过程中面临更多的机遇与挑战,但这也会给原本均衡状态下的班级建设带来冲击、压力、冲突,导致原组织结构的变化。健康的生态系统能够有效承载变化所带来的影响,实现生态系统的稳固、调控或衍生,从而实现生态系统的健康可持续发展。但是,如果生态系统的恢复力较弱,在遭遇胁迫时难以实现自身系统的复原,班级生态系统的组织结构就会发生变化,直至难以维持原有的生态平衡,导致系统结构性崩溃,或转化为另一种新的、稳定的组织结构。

三、生态型班级建设的策略

(一)增进教师群体的协作与合力

重构教师群体,引导生态型教师群体建设,是教师群体专业化发展的关键环节。正确认识教师个体及群体,对教师群体进行重构,要基于个体发展需要,同时要满足群体共同发展的目标,实现个体发展带动下的群体发展,群体创新发展中的个体升华,最终形成个体发展与群体发展相互促进的良性生态。从信息、能量和物质三个维度对教师群体的生态化构建进行分析:教师群体的信息,主要是其所处的环境信息和个体自带的信息;教师群体的能量来源于教师之间的互动交流所形成的能量流动；教师群体的物质，主要是指客观环境、固有物件等。教师个体与群体之间通过进行多种多样的互动与交流，形成复杂的关系形态，使教师群体的内部生态与外部生态相结合，从而构建完整的教师群体生态体系。

1. 生态思维下的教师个体

班级生态中的每一个教师都是生态链上的重要节点。诸多个体节点形成班级生态网络，节点的状况事关教师群体生态的均衡、健康状态。个体是生态系统中的有机组成部分。如何正确看待生态型班级中的教师个体，是重构班级生态的关键。生态体系中任何个体的变化，都会给生态体系的均衡状态带来"涟漪"，诸多"涟漪"汇聚到一起形成巨大的能量流、信息流，带来班级建设新的发展动能，在班级结构可承载的生态阈值范围内，有序推动班级建设向良好的生态体系转变。

（1）教师"生命自觉"的萌发是健康生态形成的基础

认清自我是对教师主体性的再认识，是教师自我认识、自我理解、自我塑造、自我实现、自我超越的过程。教师通过教育实践活动不断提升生命自觉，提升生命境界，最终实现丰富的精神世界。

在世人眼中，有"知识分子"的固有形象的教师，是具有较高知识水平、独立思考能力和批判精神的脑力劳动者。但教师的自我认知的觉醒，还要基于一定的教育引导和诱发才能实现。自我意识的觉醒与"生命自觉"意识的形成，是教师群体生态的核心。在学校、班级管理过程中要注重教师主体意识的培养，通过教师成长培养促进其自我意识的觉醒。这样才能让教师更清晰地认识自我，在履行教育职责的同时更好地实现自我。

生态视野下的生命是个体与群体的融合，是个体协作下的群体，与群体共生下的个体的融合。脱离了个体的群体与脱离了群体的个体，都失去了生态发展的可能，只有个体与群体高度融合、凝聚，才能实现共同发展。"教育是需要生命与生命互动、心灵与心灵坦诚相见并最终深入心灵的视野，教育基于生命，为了生命。"[1]教师个体对生命的理解、持有的教育理念和方法等都直接影响到教师群体的发展。教师只有树立了正确的生命观,才能更好地把控自己与其他教师个体、教师群体之间的关系,才能突破现有教师群体成长的困境,实现质的跨越。

教师的"生命自觉",让教师能够认清"人""生命",教师会更加关注、呵护生命的成长,对个体的多样性、独特性会更加敏感,会有更多的相互认可与相互尊重。"时代呼唤生命自觉",教师应该是充满活力的不断成长的个体,能拥有对"自我生命、他人生命的领悟,以及对个体生命所处外在环境的觉知和觉解"[2]。教师的生命自觉是沉浸在生活世界中的自觉,教师个体能认识和体悟到"人"的生命气息,在面对生活中的真实事件时能够体会到作为"人"的乐趣所在,会提高教育实践活动的生命价值。

形成"生命自觉",需要教师个体将自我与日常生活和教育实践相融合,将个体经验与群体、社会、世界相联系,让教师个体与"他者"之间的沟通有更多选择;树立"生命自觉"意识的教师将更加尊重"他者"的生命价值,会更民主、平等地看待"他者"的教育活动,会将自己摆进现实情境中去理解、体会"他者"的处境和想法,从而实现基于生活现实之上的精神层面的交流与互动。教师一旦认识到"人"的存在,就更能理解个体的多样性、差异性、丰富性,各种不同的认知、冲突等便成为生命过程中的一个部分、一个阶段,处置问题时便会更加人性化。

一旦"生命自觉"意识获得充分激活,教师在精神层面的沟通和交流会更加丰富与多样。教师个体在与其他教师个体、群体的沟通中会秉持更加开放、平等、民主的互动模式,来回应其对生命的理解和体悟,能够更好地认识、理解、处置个体之间的差异、协作及冲突等。随着"生命自觉"意识的形成,教师能够更加坦诚地面对其他教师的提问、质疑、评价,并能够将这些转化成推动自我成长的动力。基于"人的生命"的交流,是教师精神层面的对话与互动,是教师精神养成的重要来源,让教师之间能够更好地了解成长的需要与同伴的帮助,有利

---

[1] 朱小蔓,王平.在职场中生长教师的生命自觉——兼及陶行知"以教人者教己"的思想与实践[J].南京师范大学学报(社会科学版),2017(3).

[2] 李政涛.教育呼唤"生命自觉"[J].人民教育,2010(23).

于更好地引导教师群体的共同成长,营造出教师个体健康成长与群体和谐发展的良好氛围。

(2) 教师个体对班级资源的转化有着催化作用

生态系统保持稳定与均衡发展,是生态内外部的信息通过不断地输入与输出,使内外部能量不断循环作用的过程。班级生态中的教师个体在信息流动中起到至关重要的催化作用,是教育资源输入班级生态的重要节点。一方面,教师负责将教育目标通过既定的国家课程体系转换成教育活动,实现育人目的;另一方面,班级建设环节会受到社会、学校、家庭等诸多因素的综合影响,但是教师作为班级的主导者,需要有意识地将社会信息转化为教育资源,进一步丰富学校教育资源体系,让富含时代背景的社会资源成为支撑班级建设所需要的储备资源。

自我意识的觉醒,必然会引起个体更加关注其所在的外部环境。班级生态体系中的教师,会以生态的眼光来审视其所处的班级环境、学校环境、社会环境的教育价值,主动选择有利于学校教育、班级建设的教育资源,并通过校本、师本、生本资源形式转化到班级建设的过程中来,搭建起教师与环境之间的互动平台。教师在教育实践中将自身经验、群体经历和工作需要逐步融合,在教书育人实践中自主构建专业发展。成长起来的教师,有更多基于自身专业意识的理念和实践,从一个教学生知识的老师转变为关注学生全面发展的师者。

在生态型班级中,教育资源是动态生成的,是教师自主从班级环境中筛选出来的。班级教育资源的生成源于教师个体的生态资源意识,只有秉持生态资源意识,才能够从班级环境中筛选出适合对象、契合时机的教育资源。教师个体以生态视角,基于生命自觉的眼光,判断班级环境的教育价值,选择符合班级情况的教育资源,在班级建设过程中搭建一个信息、资源互动平台,筛选、整理出能够促进学生、教师和家长共同成长的教育资源,从而实现教育资源在生态体系中的动态生成和再造。

2. 生态思维下的教师群体

(1) 复杂的班级生态环境是教师群体生态形成的环境条件

复杂的教育环境对教师群体提出越来越高的诉求,各种信息在班级中交汇并互相作用。教育环境的复杂性主要体现在包含社会环境、学校环境、班级环境及家庭环境等多个层面,这些环境都发生了极大的变化。班级中的教育活动难以约束在教师个体与学生个体之间,而是在教师群体与学生群体之间通过多种形式开展。

教育环境的变化与社会经济发展阶段紧密相关。经济基础决定上层建筑,随着经济社会的发展,人们对教育的需求发生了极大的变化,人们对教师的要求也随教育需求而发生变化,教师的权利、职责更趋于多元。最直接的一个变化就是"教师是否具有惩戒权"。过去绝大部分人认可"把孩子交到老师手中,任由老师处置",今天较多人坚持"孩子是我的,我都不舍得打,凭什么给老师打"。这一转变过程中有着激烈的冲突,也对教师群体的发展带来了不可估量的影响。

教育环境超越了时空限制,各种信息可以通过新媒体等渠道进入学校教育的每一个环节并产生深刻的影响。曾经"不打不成器,严师出高徒"的民间俗语道出了人们对教师权利的认知。但是随着时代的变化,人们对教师权利的诉求也发生了变化,比如频频见诸报端的"家长因孩子被惩戒而通过各种渠道散布消息,向教育局举报,给教师施压"事件。这些事件冲破了世人对家长、教师关系的既有认知,屡屡引起人们对教师生存困境的关注与讨论。但是,也有很多好的变化:一方面,人们对学生权益更加关注;另一方面,我们也可以看到人们的观念在不断变化与进步,从最初简单认为教师拥有绝对的惩戒权,到无条件放大学生权益与教师不能拥有惩戒权,再到呼吁教师应有基本的惩戒权。在当下的教育环境下,班级成为公共空间,教师俨然变成了一个公众人物,受到家长甚至是全社会的关注。下面列举的教师惩戒事件,反映出人们对教师惩戒权的争辩。

××小学教师因纪律管教使用尺击打学生手心而被停课反省、致歉

"××小学教师因纪律管教使用尺击打学生手心"被发布到网上,引起了社会、学校及教育局的关注。根据网络视频,该小学某班班主任,因临近期末考试学生上课疯闹、不遵守课堂纪律等原因,在教室用尺击打近10名学生的手心,对学生进行惩戒。

该视频很快引发网络舆情,相关部门将舆情情况反馈给所在区教育局,所在区教育局立即成立工作组进驻该小学,进一步调查此事。

次日,教育局给出处理结果,责成该小学对涉事教师进行停课反省处理,并向学生和家长致歉,同时委派富有教学经验的教师接管该班,对相关学生进行心理疏导,妥善安排期末的教育教学工作。下一步,教育局将在全系统进行通报,举一反三,引以为戒。

【某网友的评论】有些人说可以合理体罚学生,也有些人对学生稍有被罚,不管是抄书抄笔记,还是使用戒尺都会愤怒不满,那到底该如何界定体罚的标准?难道我们面对一些调皮捣蛋、不服管教的学生只能用爱感化?如果教师真的全部用爱教育,那不就是放任型教育吗?真的是自相矛盾!一面要求教师教好,另一面要求教师不能惩罚,这个时代教师真难做人!

从该网络事件中,我们可以简单勾勒出班级环境的复杂性、各个主体诉求的多样性。该"惩戒"事件牵涉到了教师、学生、家长、学校,另外通过媒体传播,将教育局关联进来,这些主体之间相互关联,造成了强大的社会舆论压力,其中的多种压力波及多方:社会舆论给教师个人、学校的教育工作造成压力,也给教育主管部门带来压力;教育局给学校及教师带来压力;家长群体给教师带来压力……这些大多是负向压力,并不会给班级建设带来积极健康的作用,反而带来了破坏性的结果。深入剖析这个事件,我们会发现几个群体之间沟通的不畅或者低效:一是教师与家长之间的良性沟通缺失;二是教师与学校管理层之间沟通的无效,学校层面不能将教师与家长很好地邀约在一起共同推动该事件的解决;三是学校与教育局之间的沟通缺位,学校没有代表教师或家长群体进行有效沟通,使得教育局组专班"救火",以快刀斩乱麻的速度判定教师失责;四是某教师录制的视频被传播出去并在网上扩散,反映了教师之间缺乏基本沟通,教师群体之间的团队协作意识有所缺失。在这个事件里面,我们看不到教师、学校、教育局及家长群体之间健康互信的沟通。冷冰冰的"责令"与"道歉"要求,使教师群体的颜面荡然无存,造成教师群体与家长群体、学生群体之间关系的紧张,甚至影响了教师坚守教育初心、倾情投入育人的热情。

这种教育环境下的班级建设,需要教师群体运用生态思维,将关涉到的各类因素统筹到班级建设过程中,并引导各类主体通过价值认同、行动一致的模式引领健康生态体系的构成,形成目标一致的行动体,以自主解决班级建设中的问题为导向,吸引各方资源参与进来,实现群体内的问题通过群体之间的充分互动、沟通与交流来解决,为班级场域中的各类主体的生命成长提供充分的空间和多样的渠道。

(2) 教师群体的共同愿景是教师群体生态形成的内核

生态核心要素在生态体系构成中起到核心作用,拥有共同的价值观念和共同愿景成为凝聚教师群体的核心要素,基于共同价值才能行动一致,形成群体合力。教师群体的共同愿景是基于教育基本需求所产生的共同期望,是教师群体之间沟通、互动、交流时所持有的共同行为准则和努力目标。P. M. 圣吉在《第五项修炼——学习型组织的艺术与实务》一书中提出了"共同愿景",他认为共同愿景是指全体成员共同想要实现的愿望或景象,是能够给人希望、让人激动的未来所在,是发自内心的,而不是规划、规定出来的,也是基于群体内个人愿望基础之上的。共同愿景可以引领教师群体文化的转变,让教师从单一的师者形象向多元形象转变。只有从根本上创新教师群体的共同愿景,创新教师文化,才能构建出更加健康的教师群体生态。

但是新时代的教师群体应该拥有怎样的群体形象值得教师个体和学校管理者深思。教书者已经成为一个单一的形象,我们的教师群体应该有所改变,拥有多面形象,这样才能形成丰富的教师群体生态,让教师群体更加丰富、立体地展现在学生、家长及世人面前。马克斯·范梅南曾提出一个良好的教师应该具备多种素质,包括"职业使命感,对儿童的喜爱和关心,高度的责任感,道义上的直觉能力,自我批评的开放性,智慧的成熟性,对儿童主体性的机智的敏感性,阐释的智力,对儿童需求的教育学的理解力,与儿童相处时处理突发事件的果断性,探求世界奥秘的激情,坚定的道德观,对世界的某种洞察力,面对危急时刻乐观向上"[①]。他还强调"幽默和朝气蓬勃也很重要"。责任感、开放、成熟、敏感、果断、激情、道德、乐观、幽默、朝气等词汇被范梅南用在了对教师基本

---

① 范梅南.教学机智——教育智慧的意蕴[M].李树英,译.2版.北京:教育科学出版社,2014.

素养的描述上,可见教师群体更应具备丰富的、具有吸引力的形象。教师个体想象的丰富性,离不开对教师群体文化的涵育。构建更加丰富的教师群体生态,才能够包容更加富有个性的个体。构建好丰富的生态样式才能为教师个体的成长提供更有力的支撑。

(3)创新教师实践共同体模式是教师群体生态形成的主渠道

"教师实践共同体"是指教育活动系统中的社会关系:一是教师群体作为一种"实践共同体"而存在;二是关注教师实践共同体中教师之间的交流与学习,以探索教师专业发展的机制和改进策略。[1] 实践共同体在一定程度上诠释了教师群体应有的样态。因此,推动教师群体生态发展,教师不仅要"知其然",对构建群体生态有基本的认知,更要"知其所以然",共同构建出能够实现生态模型的方式、方法和渠道。

搭建对话互动式的专业交流平台,推动教师的职业生命发展。教师群体是一个独特的群体,是"知识人""专业人",学校要主动搭建基于班级建设的教师专业发展平台。在现实的学校教育中,教师的专业性成长平台已经成为学校引导教师成长的主要渠道,学校通过各类学科的教研平台、课题研究组、竞赛平台等,引导教师组建团队、互动交流。但在各个学校的教师专业性成长平台中,鲜见以"班级建设""班级管理"等为主要内容的综合性平台,以班级建设统领不同学科教师、不同岗位教育者。在围绕班级中教师、学生、家长等多主体的对话、交流平台上,单方面的诊断性、指导性活动居多,而多主体协商、理解式的对话场景偏少。之所以此种场景出现较少,一是教师群体对群体自身问题检视不全,都基于个体成长所需,缺乏群体意识,缺乏系统性解决班级问题的整体思维,存在"头痛医头脚痛医脚"的局部教育观。二是教师群体面对基于班级场域中的群体性协作缺乏经验和有效模式。常态下教师之间分工明确,但缺乏协作意识,让基于班级建设的教师群体生态建设没有连接点,导致生态体系成长面临重重困难。

构建基于班级建设的教师实践共同体。生态型班级中的教师群体是一种

---

[1] 叶海龙."实践共同体"及其对教师专业发展的启示[J].当代教育科学,2011(6).

实践共同体,在班级生态系统中,教师群体本身就是一种实践共同体,它具有共同的文化价值体系、相互依存的系统、再生产的系统。① 教师群体最为特殊,新手需要指导,熟手需要切磋,高手需要分享,不同阶段的教师各有特点,各有所需,以个体思维解决不了教师群体发展问题。为解决教师之间缺乏协作精神、对协作方式感到生疏等问题,学校层面要积极搭建基于班级建设的互动平台,给教师群体提供自主、开放、民主、平等的交流环境,让教师敞开心扉交流班级教育中所遇到的问题,并在交流中获得压力的释放,获得来自群体的帮助,实现精神上的深度交流。E.温格认为"一个实践共同体包括了一系列个体共享的、相互理解的实践和信念以及长时间追求共同利益的理解"②。构建班级建设的教师实践共同体,需要从群体协作理念、群体共享机制等方面进行探索。教师实践共同体要秉持开放、民主、平等的分享交流文化,打破学科、个体、层级差异所形成的无形隔阂,让教师个体能够在充满安全感的心理状态下参与到对话交流之中。对于交流的内容,要基于具体情境进行理解和分析,对涉及的人和事不做预设的价值判断,在平等、民主的氛围中探讨解决问题的办法、思路。其中,沉浸式的交流是群体交流的重要方式,其他教师只有沉浸在事件发生的场域之中,尝试体验问题场景,才能基于问题,理解当事教师,在理解的基础上给出伙伴式的建议。传统观念上的教师,不善于同别人探讨自身所面临的问题,不乐于向他人求教,这是教师个体的先验性认知障碍。在教师群体交流过程中,教师个体要摒弃"利己主义",一切围绕问题展开分析,不做评价的"裁判",而是共同参与到交流互动的过程之中,结合自身经验帮助教师个体理解问题所在,也要善于、乐于接受来自同事的意见和建议。每个教师都要主动参与到问题解决的过程中,提供力所能及的指导与帮助,不因承担有教学科目或其他具体分工而主动放弃对班级建设中所发生事情的关注,而要将自身置于班级建设过程中,实现个体与群体的良性互动。

构建班级协作模式,推动教师群体的生态成长。教师群体构成了一个充满

---

① 叶海龙."实践共同体"及其对教师专业发展的启示[J].当代教育科学,2011(6).
② 叶海龙."实践共同体"及其对教师专业发展的启示[J].当代教育科学,2011(6).

活力、持续成长的共同体,在这个共同体中,教师个体之间不仅实现了密切的互动交流,还携手参与班级的各项活动,共同应对外部环境的挑战与变化。每位教师都积极与其他教师协作配合,在班级建设的实践中建立起实质性的联系与合作关系,共同推动教师群体和班级整体向前发展。当前的主要问题在于,教师的专业素养普遍提高了,但教师的群体合作意识、合作能力亟待提升。在一定程度上,许多教师的合作意识和能力还停留在初始阶段,教师群体内的共同发展愿景没能很好地与愿景实现方式、实现渠道等相融合,内容不确定,路径不明晰,方法也匮乏,给教师群体协作带来了负面影响,甚至影响到了群体之间的团结与个体之间的关系。班级建设中的教师群体协作,需要在学校整体层面积极营造教师个体与群体主动参与班级建设的良好环境氛围,允许学科与学科之间、年级与年级之间通过学科交叉、年级交叉的形式不断激活教师群体间的合作意识,打通学科内部的年级界限,打破年级之间的学科界限,通过小群体之间的差异推动班级建设中教师群体的融合创新,让"德智体美劳"五育并举成为全体教师的共识,让每一个育人活动都成为教育生态的有机组成部分,让每一位承担育人职责的教师都成为学生成长过程中不可或缺的一分子,形成教师群体共同关注、共同投入、共同参与、共同引导的局面。现有的分学科教学模式提高了知识传授的效率,但也带来了教师群体之间的隔阂,在传统模式下,教师之间的差异带来了问题,导致失去教育合力。但转换为生态思维之后,教师之间的差异反而能够使群体内部保持多样性、丰富性,在共同愿景的引领下,不同教师小群体之间的沟通与交流会极大促进教师群体整体能力的提升。

基于班级建设需要构建丰富的教师群体生态。群体的多样性、丰富性是生态体系持续健康发展的关键,也是生态系统的活力所在。教师群体的生态构建要主动适应多样性的需求,要在专业技术层面、精神需求层面、沟通表达层面推动教师群体的共同发展。专业技术层面的互动模式已经比较成熟,尤其是在近些年的学校教育变革中探索出了一套成功的学习共同体模型,通过专业学习带领教师群体实现专业发展,这是每位校长都十分关注也十分投入的事。但是,交叉学科之间的交流、非学科问题层面的交流、多主体之间的互动,教师群体之间的协同育人、全程育人等,在学校的各个小组、团队中很难见到,教师群体之间主要是专业知识的交流,人与人之间的自然情感的交流与互动需要进一步挖掘。可以将跨学科团队融合作为切入点,推动教师群体生态建设,将学校的教师融入大群体之中,让不同经验、不同年龄段、不同学科、不同管理岗位的教师都能够聚在一起,从谈自己、谈家人、谈班级事情等话题入手,打破教师的角色身份,以平等的关系、民主的交谈、去中心化的交流,实现教师群体的大融合。

(二) 促进学生群体的交往与融合

学生个体以群体的形式存在于班级日常生活中,并以个体形式参与到班级建设过程中。许多时候,教师在解决学生所遇到的问题时,总是把学生视为独立存在的个体,把学生与所处的群体、环境等背景因素隔离开来。但学生最基本的属性是作为"人"的存在,而人是复杂的。

1. 自我意识与主体性发展是学生个体生态的底蕴

构建学生群体生态的重要前提是学生个体的激活。传统教育遮蔽了学生的自我发展,班级建设过程中为满足教师需要、学校需要而开展的各种学生活动中也未能见到学生主体性的发挥,以效率为核心的活动让学生失去了自主发展的空间与可能。只有让学生认清自我、理解自我、发展自我,才能有效促进学生的生命成长。

认清自我是学生主体性发展的始发点。学生的自我意识是个体对其存在状态的认知,是学生处在班级场域中对自我心理状态、对与同学之间的互动关系、对与教师和家长的社会角色的关系的全面审视与理解。学生只有把握好自己在班级中的存在状态,做好与其他人之间的交往互动,才能够获得真实的自我发展。

自主性是班级中学生个体"生命在场"的重要特征,让学生成为班级建设的真实主体之一。学生在班级中自主生活,并在班级中获得充足的发展空间。自主性是学生探寻自身存在价值、发挥个体作用的关键所在,需要个体真实存在于班级之中。学生在班级中是客观存在的,但需要在认知层面、精神层面等与其他个体互动交流。在许多班级活动中,一切目标都是预设的,是由教师控制的,学生在班级中的对话、交流与互动生成都是在演绎教师对教学活动的设定过程,固定答案成为衡量学生成长的标尺,学生个性化的、差异化的表现被标准给遮蔽,其主体性也变得虚无化。所以,需要认清学生个体的主体性,承认不同主体的经验和差异。"开发每个学生的这种差异性、独立性和创造性。……把每一个受教育者都引上这样一条路,在这条路上,他们的智力和能力、技能和创造性都能够得到最明显的发挥。有多少学生,就有多少条这样的路。"①学生的主体性发展,是进一步重构班级生态的重要资源,为学生群体生态和班级生态提供无限可能。

理解自我,是对理解自身与世界的关系、对自我与他者间关系的认识与实践探索,每一个个体通过对自然、生活、哲学与自我的深刻思考,去探寻自己的内心世界,拥有更广阔的人生视野。学生的主体性发展是自身与所处环境及事物的交流互动过程,是他对自身与环境生态之间关系的理解与探索过程,这一过程中个体对自我在生态体系中的位置和角色有一个明确的认识。只有认清自我所处的位置,才能有效地与其他个体产生具体的互动关联,产生教育意义层面的交往。同样,理解自我,是认清个体差异、与他者融合共存的重要前提,在一个生态体系中,认清个体之间的差异,才能与其他个体共存于一个世界,才能在与其他个体的交往中表达出自身的想法、观念,同时能审视、理解他人表达的差异性观点,实现自我表达与倾听他人兼容并包的状态。如果个体不能正确理解自我,失去人际互动交流的基准点,便会失去理解其他个体差异的可能,在遇到问题时难以从个体之间的互动中把握自我平衡,难以接受其他个体提供的资源、信息并将其重构为自己所理解的价值和意义。

发展自我,是学生个体实现自我发展的高级阶段,是学生个体在班级资源中获得发展的价值和意义。生态系统中的每个有机体都有获得系统资源的机会,并在系统中获得它的价值和意义。在传统教育模式下,标准化目标的设置带来了学生多样性的缺失,给学生的自我发展造成了机制上的障碍与困难。要实现学生个体的自我发展,必须打破传统的学生观念,不再将学生视为知识的"存储器",而是将其视为具有知识、情感、态度、需要、兴趣、价值观等的富有生

---

① 蔡汀,王义高,祖晶.苏霍姆林斯基选集(五卷本):第5卷[M].北京:教育科学出版社,2001.

命气息的个体。在班级建设中,要充分激发学生个体的丰富的生命特质,将个性发展、自我意识觉醒等作为教育的核心要义,通过激活学生的主体性,鼓励学生善于学习、善于质疑、追求创新。

2. 找准生态位,实现个体与群体融合发展

(1) 差异性是学生群体内信息、能量循环的动力所在

学生之间的差异性是学生群体发展的内在动力源泉。学生不仅仅是教育对象,本身也是教育资源的主要供给方,学生身上潜藏着丰富、宝贵的教育资源,要充分开发和利用学生群体所蕴藏的资源,为学生个体成长和群体发展提供多种可能。

差异性是形成学生群体良好生态的重要前提。健康的生态体系中的有机体构成都是丰富多样的,相互之间能够提供营养、产生互联、相互作用,在诸多有机个体的互动中形成生态链条,从而形成稳固的生态体系。因此,生态体系中的个体并非具有统一的规格、功能,而是具有多样形态、多种作用,相互支撑、相互补充、互相成就。如果生态体系中缺乏生物的多样性,就可能会出现生态体系的富营养化。在生态体系中,一旦某种物质富营养化,就会导致整个生态系统缺乏多样有机物生存所需的物质,持续压制其他物种在生态中的生存,如此长期发展则会致使整个生态系统遭到破坏,只剩下单一的有机物质。此等情况,与班级建设的同质化发展何其相似。若不顾班上每个学生的个体差异,最终结果是班级建设被同质化,学生群体的丰富性、多样性被削弱,班级生态遭到严重破坏,让班级失去勃勃生机。因此,正确认识学生之间的差异性,才能让学生群体内的交流互动更平等、民主。

学生群体内的差异性将会激活学生个体之间的互动与交流,推动群体内的个体更加自主地发展。差异性是学生个体所蕴藏信息、能量的具体表现,学生因为个体成长经历不同、家庭背景不同、所处环境不同等积蓄了个体的经验,学生个体与其他学生的互动是基于个体经验的互动,不同学生个体之间的经验、知识、情感等输入与输出,会带来学生群体的变化,逐渐形成学生群体中多样的"小群体",如兴趣小组、朋友圈、"粉圈"等,并逐渐形成具有核心成员和主要议

题的学生群体组织形式。个体经过凝聚形成小群体,小群体之间相互作用形成大群体。这些群体之间相互作用,必然会给学生群体的组织形态和功能带来新的变化,群体之间产生新的冲突与新的融合,让平衡的班级结构内部发生裂变,为班级建设带来新动能。

(2) 学生群体内部交流是个体成长的需要,也是班级建设的丰富资源

学生个体之间的交往是学生生命活动的重要过程,是个体实现社会化的必经路径,学会交往也是学生生命成长的重要部分。在传统教育模式下,因为工具理性的影响,学生之间的交往是局限于课堂知识交流和班级管理制度下的非情感、非态度性的交往,在班级建设中学生之间的交往大多基于学习活动的需要,是以知识为媒介的工具理性交往,甚至是具有排他性的、筛选式的竞争性交往,缺少了生命的温度与关怀,缺少了互助与融合,让本应充满多样交往可能的学生交往被传统模式所限制。

学生群体交往是建立在情感基础上的相互认可与融合,是从个体差异向群体融合的过程。从许多班主任带班成功的经历中我们可以看出一点:实现班级建设的跨越式发展,绝不能依靠强硬、冰冷的制度、命令、惩罚等,而是要从学生实际的情感需要、成长需要着手,通过获得学生的认可、理解来营造良好的班级风气。学生个体之间的交往要打破局限,不同家庭背景、不同性格差异、不同性别的学生都应该基于成长需要进行交往,不能简单地将学生划分为好学生或后进生。另外,学生个体交往是真实的交往,要摒弃目标设定的表演性交往,让学生能够真实自由、安全平等地表达所思所想,让学生通过自主的交往实现自身真实的需要,而不仅是满足学习需要、教师需要。学生群体应进行充满包容、理解的交往,学生间的互动与交流都源自学生的自身经验和自我解读,不存在预设的对与错,学生交往中的冲突往往是学生群体自我认知、自我解读、自我重构的差异导致的,但正是这种差异化的认知,可以帮助实现群体内部态度、观念的融合,推动群体逐渐凝聚。

(3) 要善于"建群""建圈",引导学生群体关注、投入

学生群体形成了自己偏爱的主体的圈层。在圈层中,学生之间的主动参与意识更强,相互合作意识更明显,相互尊重意识更多,尤其是对所关心主体的理

解、配合与支持的力度会更大。这些特色之处恰好是当前普通班级建设中所匮乏的,学生自主建立的"朋友圈"往往具有很强的凝聚力,圈中的个体拥有更多的情感共鸣,内部之间信息的交流更加顺畅,学生"朋友圈"中的核心成员对圈内事情有着巨大影响力。在班级建设中,教师要善于引导,提高认识,将学生的圈层转化为班级建设的重要基础,让其成为建立良好学生群体生态的重要资源。

引导学生"建群""建圈",创新形式促进学生群体发展。网络环境已经成为学生成长不可或缺的重要环境,也是班级生态的重要外部环境,越来越多的学生喜欢、偏向网络形式的沟通与交流,接受基于网络的交流互动模式,并形成属于学生群体的"群""圈"等亚文化。这种网络形态的沟通交流模式与传统的面对面沟通交流相比,具有时代感,沟通传播速度更快。我们日常班级建设中所谈到的引导学生抵触网络不良文化,并非对网络交流模式的抵触,而是对不良信息的抵触。因此,可以在学生群体中开展深度对话与交流,让学生根据自己成长所需和兴趣所在,选择不同网络交流主题,主动在班级场域中"建群"交流。一方面,让学生围绕自身需要"建群""建圈",让学生内部充分讨论、争辩和论证,根据个体经验交流,提出个性化建议,最终形成以学生的成长、问题、需求为导向的学生圈层。这个圈层中的对话和交流是完全平等、民主的,这个圈层是学生个人诉求表达的重要空间,也是寻求群体关注与交流的主要渠道。另一方面,引导学生自主"建群""建圈",是让学生主动引领群体建设,为学生的成长提供良好的渠道与平台。通过学生建设圈层,赋予学生在与社会信息交流过程中的主动权,改变之前学生因为在班级中找不到贴近自身的圈层,而将关注点转移到班级之外,从而被"粉圈文化"吸引,盲目追星、盲目模仿的现象。通过在学生群体内建设多样的圈层,引导学生树立正确的价值观,有问题就在圈层中讨论、交流。

同时,学生的圈层也能够随着学生注意力的转移而变化。任何生态体系都是动态发展的,学生群体的发展也会随着学生个体成长发生变化。对于学生群体的圈层变化,教师要加强引导,用圈层所关注的兴趣点引导学生品行的良性发展。同时,班级中会有多个学生圈层同时存在,一个班级之中学生众多,形成的圈层中,既有关注学生素养的"能力圈""文化圈",也有关注社会热点的与学习无直接关系的"明星圈"等。我们应该尊重群体之间的差异,将群体间的异质性转化为推动群体发展的动力,让群体成员自由表达、相互交流、相互影响,在群体互动过程中寻找教育契机,整体推动班级生态的有序发展。在承认班级圈层多样化的前提下,要积极探索群体本身所具备的功能和作用,让圈层成为学校教育的有益补充,成为信息获取的新渠道;让圈层活动成为班级活动的有益补充,让班级建设更加丰富多彩;让圈层成为凝聚学生的重要场域,让学生更加真实地展现自我;让圈层成为班级生态的动态发展因素,让学生群体更有创造力和影响力。

(4) 班级日常生活为学生群体发展提供丰富的资源

生态体系是一个常态存在,学生群体存在于班级日常生活之中,并从日常生活中获得丰富的资源。在传统班级组织形式中,学生之间的交流更多地体现了"地缘"特征,学生在教室中的座位分布,基本决定了学生之间的交流状况,交流主要发生在与座位前后左右的同学之间。这种学生个体的交流形式缺乏个体发展所需的丰富环境,也难以满足个体多样性成长的需要。因此,要正视学生群体的存在,认识其在班级建设中的积极作用,让群体成为推动班级建设的重要资源。

作为生态构成部分,学生群体需要从所在环境中获取信息、能量。学生群体从环境中所获取到的信息和能量,决定了班级建设中学生群体发展的质量。班级生态的丰富性源于其不间断的信息及能量的输入与输出。班级外部信息不断通过多种渠道和载体输入班级内部,并带来内部学生群体之间的互动交流,实现班级建设过程中的能量循环,为班级建设不断注入新活力。

从班级建设来看,脱离学生日常生活,将班级建设与外部隔离开来,不正视来自班级外部的社会信息、能量,不主动将外部信息转化成班级建设的优质资源,会导致班级建设如一潭死水,没有半点生机,学生之间的关系固化,师生互动僵硬。贴近学生日常生活的教育要从走近学生、理解学生开始,以学生的视角来看待学生群体之间的互动,教师可以从学生群体生活中获得充分的教育资源,从而"因材施教",为学生成长提供个性化资源与方案。同时,贴近学生群体的生活,能够让班级建设不断获得新信息,让每个学生都成为班级建设的信息来源。通过学生将外部信息转化为班级建设所需的资源,通过学生互动实现能量的转化,从而推动班级建设不断发展。

基于班级生活共同体的学生群体建设,让每个学生都有生存与发展的机会。当前班级中,学生被人为划分成不同群体,在发展初始期就被贴上不同的标签,从而破坏了班级生态应有的生命共同体。基于日常生活的班级,为每个学生的生存提供最基本的空间,让每个学生的价值和作用都能够得到充分体现,让每个学生在学生群体中都能找到自己的价值所在。基于班级生活共同体的学生群体更富活力,自主发展让学生能获得更多维度、更多类型、更多层次的体验,体验到更多的角色,感受到自己所肩负的责任。学生个体在不同的群体中扮演着不同的角色,体验着不同的收获与认可,并能在群体中获得充分的发展。同时,不同的学生群体之间也会相互竞争、相互合作,要善于引导群体之间的沟通、交流,催化具有正向作用的竞争,推动良性竞争,推动群体之间的融合,让每个群体为其他群体提供更丰富的信息来源,输出更强的能量,为群体之间的健康发展提供持续的支持。

(三) 提升家长群体的愿景与参与度

1. 家长群体的生态再认知

(1) 家长群体是班级生态系统的重要组成部分

一个生态系统要健康可持续地发展,必须有不断的信息输入、能量输出,在不断动态发展的生态体系中保持平衡状态,在维持动态平衡的过程中实现诸多有机体的发展。班级作为一个公共场域,对家长是开放的。随着班级生态的逐渐形成,越来越多的家长参与到班级建设的过程中,并扮演着重要角色,推进班级建设的发展。从场域空间来看,任何一位家长都能通过某一渠道参与到班级建设的过程中,且每位家长都能根据自己的需要,主动或被动地为班级建设提供自己所能提供的信息、资源和能量,促进班级的多维度发展。

在班级生态中,家长个体是重要的组成部分,有着自己独特的生态位。家长群体是生态体系中外部信息的主要提供者,通过参与班级建设输入社会信息、交流专业知识、表达个体经验,为家长、学生、教师之间的互动提供信息流,通过群体之间的互动,使群体达成建设生态班级的共识并付诸实际行动,为班级发展注入新动能。家长参与是推动班级生态系统发展的重要动能。家长参与旨在支持学生在班级中获得自主性的发展,通过积极的情感支持和价值观念交流激活学生生命成长,以支持学生多维度的发展。在班级生态中,家长也是一个个拥有个性的生命体,每一个家长都是不可替代、独一无二的存在,在整个生态体系中有着独有的生态位。家长参与班级建设的过程是主体之间平等、民主的沟通过程,家长为班级生态注入新元素,同时也从生态体系中获得成长因子。在班级互动过程中,家长个体也实现了新的自我认识、自我改造,并获得了生命成长。

(2) 家长群体的教育意识需要激活

更新家长教育观念,提高家长教育意识,让家长的参与基于学生生命成长。家长能为班级建设提供丰富的资源,但这一点通常并不为家长所知,需要学校、教师加以专门引导,再靠家长群体自我体悟。只有达成了教育观念上的协调一致,才能合力推进学生成长。家长在学生教育方面起着至关重要的作用,"家庭是我们社会的基本细胞,它体现了在经济、道德、精神心理学、审美等方面的诸多人际关系,当然,还包括教育方面的关系。然而,只有父母抱着崇高的目的……家庭才能成为一种高尚的教育力量。"[①]家长参与班级建设的初衷是基于教育目的的,为学生发展提供学校所欠缺的教育资源和条件,以获得教师对自己孩子学习的关注,这种参与具有单向性,是初级的参与。处于这个阶段的家长群体很少参与班级建设、学生成长等方面的交流,基本只执行教师单方面提出的教育要求。为有效激活家长群体的教育意识,需要引领家长走进班级,让家长参与班级的日常生活,体悟不同角色的情感和行为,这样才能为群体之间达成共识提供良好基础。要充分发挥家长群体的教育作用,培养家长群体教育意识,让家长自身所蕴藏的知识、能力转化为班级建设的资源。家长群体自身并非专业教育群体,家长参与教育活动,要具备一定的教育观念和对教育规律的基本认

---

① 蔡汀,王义高,祖晶.苏霍姆林斯基选集(五卷本):第3卷[M].北京:教育科学出版社,2001.

识，如此才能承担起参与班级建设的任务。家长群体在一定程度上是个体的集中，个体之间往往观念不一、价值多元，家长群体若要形成合力，还需要个体之间加强对话与交流，只有个体间不断对话，家长个体才能对班级建设产生共识，才能理解活动背后的教育价值和意义，为探索班级创新、多样发展营造必要的氛围和环境。

家长群体是班级教育的共同体成员，家长有义务承担学生成长的教育职责。在班级中，家长群体是一个资源分享共同体，学生的成长需要更多的资源共享。以班级为单位的资源共享，需要家长群体的协作与智慧，让资源能源源不断地从家长群体中输入班级场域中，成为学生成长的重要支撑资源。家长群体的协作让社会资源更快转化为教育资源。

家长群体之间存在协作—竞争关系，这也是激发班级生态中家长群体活力的重要因素。任何生态体系中的有机体都是在竞争中不断获得发展的，家长群体也是如此。家长个体为班级建设"赋能"的意愿和能力，是家长个体在群体中争取自身"生态位"的有利条件。家长之间的竞争为班级建设提供更为优质的资源，在竞争过程中，家长之间会形成基于共同兴趣或共同话题的小群体，通过小群体同心协力实现高品质的资源输入，从而让资源输出变得更高效。家长之间的竞争，往往是基于群体协作的需要，家长群体是学生成长的责任共同体，学生在班级中的发展需要来自家长群体的支持，基于学生成长的目标，家长之间会形成利益共同体。家长群体内部因各自所占有的社会资源和个人专业素养不同，能为班级提供多样的成长可能。

2. 家长群体的生态构建

（1）以班级共同愿景为群体互动的连接点，引导家长群体健康发展

家长群体是松散的群体组织，要发挥群体的合力，必须要加强群体自身的建设。家长参与班级建设的基本出发点是为孩子成长提供更好的资源和保障。但这些都是基于个体需要，个性化需求多，诉求表达差异大，难以形成家长群体的共识。引导群体发展必须要凝练出群体共识，而班级建设的共同愿景是基于班级中教师、学生和家长共同研究、共同参与所形成的班级建设蓝图，里面包含了各类主体的需求，具有包容性、引领性，借助班级建设的共同愿景能够很好地

将家长群体凝聚在一起,以共同愿景推动家长群体的内部建设,使得齐心协力、共同商议成为可能。

基于班级建设的共同愿景,是有效引导家长群体参与班级建设的指南。然而现阶段,家长群体参与班级建设缺乏统一的规范,家长在孩子入学前,很少有机会参与到学校决策、班级管理等过程中来,他们对班级的基本认知来源于自己学生时代残留的一点印象。在参与到孩子的班级建设中时,眼中更多的是自己孩子的需求和表现,参与过程也被学校、教师严格限制。家长群体参与班级建设的基本任务只是满足教师需求,教师会直接设定家长在班级中"做什么",家长参与的好坏也是以教师是否满意为标准,从而评价家长个体及小群体的效能。

(2) 为班级建设赋能,打造专业的家长群体形象

班级建设要发挥家长参与的主体性,整合家长群体资源,弥补传统班级建设中的弱项、不足,利用家长群体的专业发展为学生成长赋能,为班级发展赋能,实现班级多个主体的共同成长。家长是班级建设的重要主体,要高度重视家长在班级建设中的作用,改造班级中的教育力量,并通过赋权实现家长群体为班级建设赋能。

群体中的家长将实现从个体化向社会化形象的转变。家长参与班级建设活动是以专业身份、社会人士的身份参与的,而不是以某位学生的家长"面貌"来参与的。对于某个学生而言,参与活动的家长是父亲或母亲,但对其他学生而言,则是带有某些专业能力的社会人员,他们参与到学生成长的过程中,通过专业性的活动帮助学生实现个性发展。在以社会化角色参与活动时,家长群体要获得充分的赋权,在同教师一同分析研判班级现状时,要获得与教师平等的权利,以协作主体的形式参与到班级问题提出、问题分析及问题解决的过程中,并取得与教师群体一致的认识和行动。教师赋权家长,需要教师与家长之间充分互信、充分磨合,最终形成班级建设的利益共同体。

(3) 推动家长共同体建设,实现家长群体的主体性发展

从生态视角分析,家长群体是班级生态发展的重要驱动力,班级作为一个自组织体系,家长群体所富含的能量是班级生态持续自主发展、不断自我创新

的重要来源。"生物存在是自我组织的存在,它们不断地自我产生,因此,消耗能量以维持它们的自主性。由于它们需要从它们的环境中汲取能量、信息和组织,它们的自主性与这种依赖性是不可分割的,因此必须把它们看为自我的—依赖环境的—组织性的存在。"[①]家长群体正是班级生态中的重要资源,家长群体参与到班级建设中,就相当于一个班级中新增了以家庭为单位的信息输入和能量输入的端口,能够持续为班级建设提供专业、分类、分层的资源。家庭资源注入班级建设后,源自家长群体的社会资源将持续注入班级中,会进一步让班级建设贴近学生日常生活和融入时代发展,融入富含家庭背景的社会发展环境,极大丰富了班级日常生活,让学生体验到班级外部世界的精彩。同时,通过班级群体的互动,教师群体能够根据班级建设的需要,在群体共同目标、参与班级建设的主要内容和实施路径等方面进行分工,组建成家长小群体,使其相互协作,共同促成育人目标的实现。

家长群体存在一定的教育需求,需要通过群体内部互动实现家长教育。群体之所以能够发挥正向功能,在于其内部价值观、认知与态度、行为路径保持高度一致,其核心利益诉求是群体一致推动所达成的目标。因此,家长群体如要发挥推动班级建设的正向发展,需要形成一个紧密、团结、协作的家长共同体。家长群体之间的互动渠道亟待进一步拓宽,不应仅限于完成教师布置的任务,而应转变为主动分享教育资源,促进教育资源的多元化发展。同时,家长的关注点需从单纯满足学生的学习需求,向全面关注学生的情感发展、态度培养等方向转变。此外,家长的参与不应仅限于走进课堂,还应延伸到社会实践等更广阔的领域,以拓宽学生视野,增强其实践能力。为实现这一目标,家长群体需积极拓宽参与班级活动的思路,围绕提升学生综合素养、促进其生命成长的核心理念,主动设计并规划家长参与班级建设的路径。在此过程中,应将家长资源与学生成长、教师专业发展等内容紧密融合,形成一套既有规划性又具前瞻性的班级建设方案。最终,推动家长群体参与班级建设的常态化和日程化,确保每位家长都能高质量地参与到班级建设中来,共同为学生的全面发展贡献力

[①] 莫兰.复杂性理论与教育问题[M].陈一壮,译.北京:北京大学出版社,2004.

量。在小学阶段,以班级为单位开展的家长群体建设会持续六年,学生发展是动态的,家长群体参与班级建设也应该随学生需求的变化而动态调整,家长可以根据学生身心发展、班级建设需要等多角度调整参与的范围、内容与形式,尤其关注学生情感、价值观念、实践能力等在常态班级中欠缺的部分。所以,引导家长群体主动参与班级建设,需要家长与教师、学生之间协调一致,摸清学生真实需求,并进行优势资源互补,否则家长群体容易对班级建设造成干扰,影响主体之间的合作效率。

(4) 构建家长群体互动模型,推动群体生态化发展

推动家委会向家长群体建设委员会转变。家委会承担着联系家长群体与学校、班级的任务,主要是协助教师开展班级建设,成为教师的得力帮手。但是家委会中也存在很多问题,如家长群体的自身发展较慢、家长参与班级决策的代表性与公正性不强、家委会协调家长内部冲突的能力偏弱、家委会解决教师群体与家长群体矛盾的方法与途径不明等,反映出家委会自身建设的不足,家委会很容易失去作为家长群体代表的立场,沦为教师的"附庸",或站在教师的对立面,给教师开展教育活动带来障碍。因此,必须要创新家委会的建设理念,创新组织形式,满足开放多元的家长群体的建设要求。

基于生态群体的健康发展需要,家长群体的组织应遵循多元、开放、共享、和谐等原则,引导多主体参与、多形式推进班级建设,提升家长群体的自我组织能力,推动家长群体的生态健康发展。在班级建设中提供"家长空间",让家长群体自主设计参与班级建设的活动项目,主要用来实现家长群体与学生群体之间的情感沟通,构建良好的亲子关系。教师引导搭建"家长论坛",让家长之间分享自身的育儿经验,分享自己的真实故事和真实想法,传递经验,寻求帮助。家长群体内部的经验分享,有利于拉近家长之间心与心的距离,形成相互尊重的群体氛围,建设有温度的家长群体。家长群体自建"班级事务协调组",协调小组公平、公正、民主地解决班级建设过程中教师与家长、家长与家长之间的冲突,以及班级建设中的其他冲突,利用家长群体相对独立的地位,解决好班级内部事务。通过家长群体的自建组织,充分打通家长参与班级建设的渠道,搭建群体自治的平台,释放家长群体的生命活力,使其充分融入生态型班级之中。

第五章 生态型班级建设的行动研究

生态型班级建设是对班级的生态活力、生态组织结构和生态恢复力等进行持续推进的过程,从而形成更为均衡、多样,更有活力、自组织性的班级生态系统。对于个体而言,每一个生态型班级都是真实的、独特的,置身其中的个体无法脱离其所处的环境,在与其他个体的互动中融入生态群体,解决现实问题,成为推动生态型班级建设的原动力。

一、行动研究的设计

根据行动研究的本义,生态型班级建设是以具体活动为载体实现对班级中诸多生态元素的影响与作用,以解决班级建设中的具体问题。按照 K. 勒温的分类,行动研究分为诊断性研究、参与性研究与实验性研究。其中,参与性研究、实验性研究是以解决问题为导向的研究范式,是参与者在班级建设过程中为解决班级发展所面临的问题而进行的有计划、有步骤、有反思的研究。在行动研究中,主要突出生态型班级建设的情境性、合作性及对生态型班级建设的评价。

行动研究是基于班级建设中多主体互动的研究,是围绕生态型班级建设的理想状态来推动班级建设的。正确研判生态体系的状态是开展行动研究的基础。激活与生成是生态型班级建设的着力点,只有让主体动起来,才能在发展过程中实现交往。生态体系是主体之间的互动所形成的关系形态。个体的存在离不开每一种"关系"的存在。"个人的正常生命活动不仅要求与环境交流信息,而且要求同环境建立某种有情感意义的关系。"①

个体在认知世界的过程中,与外部世界紧密相连,相互依存,并在与世界相互作用的过程提升自我认知。如对于学生而言,在班级生态的发展过程中,他们与物理环境、社会环境等都建立着多类型、多样态的复杂关系。"儿童活动领域的分化,'关系人'(父母、幼儿园保育员、学校教师、同龄人)数量的增加,必然使别人观察他的角度、侧面也随之增多,从而必然产生一些矛盾和冲突,这些矛盾和冲突促进着儿童的自我意识发展,并且使他由仰赖'外部'评价转而仰赖自我评价。"②

因此,关系多样性和复杂性的孕育对于构建生态型班级有着重要意义。鉴于班级的特殊性,我们围绕学生作为"完整"人和"独立"人的特性,设计了系列班级活动,旨在集中观察和讨论学生在不同班级生态体系中如何发挥其积极意义和有效价值。当我们将每个主体作为班级中的一个聚焦点,那么人与人之间的交往,也就成了人与另一个丰富世界的交往;对于人与人交往的研究,也就成了对于人与物、人与事、人与各种关系的研究。

(一)行动研究的目标

生态型班级建设主要是为了解决班级中存在的生态问题,通过找准问题、解决问题,实现班级建设的生态发展。推动生态型班级建设发展,可以从健康生态系统的活力、组织结构和恢复力等方面着手优化。

1. 从生态互动维度,充分调动班级建设的群体活力

从之前对班级生态的分析可以看出,班级诸多群体中存在的生态问题主要体现在交往方面。从教师视角分析,班级生态中存在诸多问题,如:教师群体交往的缺失、教师与家长群体交往的畸形、教师与学生交往的单一。这些问题的出现,主因是部分主体在班级建设中的参与度低,甚至有意识回避参与班级中的群体交往。生态型班级建设的行动研究,主要是通过有效激活主体交往,通过平等、自主的主体交往方式,达成群体交往中的协作、融合,实现教育合力,为

---

① 科恩. 自我论[M]. 佟景韩,译. 北京:三联书店,1986.
② 科恩. 自我论[M]. 佟景韩,译. 北京:三联书店,1986.

构建生态型班级的多元交往模式提供有力支撑。

通过行动研究可以逐步认清班级建设中的主体状态,并通过设计一系列活动有效激活主体交往,在班级建设的过程中动态解决教师、学生及家长等群体内部的交往问题,激发班级生态主体的活力。

2. 丰富交往模式,筑牢班级建设的组织结构

生态是多样的,但其一定有着存在、发展的内在逻辑,有着自身特定的结构和功能。主体交往达到一定程度后,则会形成不同形态的组织结构,并发挥相应的作用。在班级建设的实际过程中,较为凸显的一个问题是群体内部的交往模式缺乏,没有一个被群体中诸多主体所认可的交往模式,形成一个稳定的结构体系,以引导群体的自我发展。如,教师群体内部交往模式单一,仅仅以知识教学为渠道,教师之间沟通交流的渠道不畅,完全依靠教师的自觉来推动。一旦教师缺乏协作意识,则会引起交流缺失,隔阂明显,带来教师之间的孤立无援,甚至是相互间的"内耗"。因此,搭建好群体内部沟通的组织结构,打通群体间的沟通渠道,才能实现生态型班级建设的良性循环。

重构班级建设中的各种组织至关重要。班级建设中的大多数组织是为实现某一固定目标、任务而设立的,更多指向知识学习的单一维度,在设立过程中忽略了学生作为发展的人所需要的认知、态度、情感、行动等方面的特性,也忽略了对不同圈层的理解与接纳,导致组织结构缺乏多元维度,功能单一,难以形成融合共生的生态体系。同时,班级中有许多自发形成的组织,如活动兴趣组、游戏小组、明星粉丝圈等非正式组织,在班级建设中发挥着隐性却重要的作用。在推进生态型班级建设过程中,要主动搭建群体交流互动的组织结构,建立成熟的群体交往路径和模式,积极推动群体的自我组织和管理,以群体需要为基础推动交往。

3. 建立班级调节机制,助力生态型班级建设的恢复力

冲突是生态型班级建设的重要动力源。冲突方信息资源的激烈交互、冲突带来的组织结构变化,有助于班级主体形成统一认识,并推动班级形成更加紧密的组织结构。当班级中的冲突发生时,个体之间甚至是群体之间都表现出某种紧张,一旦紧张过度,便会引起生态体系的变化,造成生态问题。生态系统中的主体在对冲突进行调节处置时，容易丧失自己的立场和观点，一味求和，失去主动处理问题的意愿，从而失去解决问题的能力，导致班级生态遭受更大的胁迫，直至功能丧失或引发变革。

以冲突为契机，以生态主体"在场"的形式推动班级建设。生态主体在处理冲突时，能够充分整合生态资源，用以支撑班级建设。冲突是生态系统遭遇环境胁迫的表现形式，教师、学生和家长群体都应该对冲突等胁迫有正确的认识，将冲突作为班级建设所需教育资源的重要来源，利用恰当的活动形式交流、传递信息，分享自己的观念和想法等，形成良好的生态主体互动。

在冲突过程中，引导生态主体交往的自我建构是生态型班级建设的主要路径。建设生态型班级时，生态主体在交往过程中，及时将共同关注的热点问题投射进班级生态体系之中，持续地将自身蕴藏的、所遭遇到的和所观察到的潜在的教育资源提炼出来，使各生态主体获得情感共鸣，从而更好地解决群体发展所面临的冲突。

（二）行动研究的内容

在接近两年的入班实践研究中，笔者与自己的研究团队设计了十几次活动，与学生互动、与家长交流、与班主任沟通。因为这次实践在同一班级经历了二年级、三年级、四年级三个阶段，在设计中低学段的活动时，为了保证活动效果，每个主题的活动会持续1—3课时，并就同一主题连续开展为期一个月的活动。这样既保证了学生对于活动的理解吸收，也能让不同背景的家长充分参与到活动中，以达到不同群体相互交融的目的。同时，班级活动的主题设计会关注到学生自身成长的关键点，例如良好班风的形成、多样化活动的呈现等，更关键的是从生态型班级建设的指标框架出发，在实际活动中推动生态型班级建设。

整个活动的设计并不是一次性完成的，而是以学期为单位做的一个总体设计。每学期的活动在实施前，会根据班级的即时状况、学生的成长问题等进行微调。其中每学期总体活动的设计主要综合不同学段学生的生理、心理、学习环境、生活本身的差异性，教师在不同学段的教学任务和班级建设目标，家长对于不同年龄段学生在学习习惯、行为养成等方面的期望值,外界社会大环境的关键性事件影响等方面的因素,期望在每学期的班级活动环节结束之后,无论是学生的自我成长还是班级生态的融合共生都能有显著的效果。

二、行动研究的实施

(一) 对象的选择与基本情况

关于生态型班级建设的行动研究,其主要出发点是在班级日常生活中构建丰富的、多维度的群体交往,将群体蕴藏的资源转化为推动班级建设的教育资源,推动班级中群体的生命成长,让班级建设充满勃勃生机。

班级的情况。本行动研究选取的班级是 H 大学附属小学的中低年级(二至四年级),研究时间为 2018 年 3 月至 2019 年 12 月。该班级中共有学生 51 名,其中男生 26 名,女生 25 名。班级中合适的男女生比例和多样性的家庭环境都为后续的活动研究提供了较为便利的条件。由于是高校附属学校,大部分学生是高校教职工子女(含第三代子女),还有相当一部分学生是高校聘请的务工人员(工作三年以上)的子女。在进行班级选择时,行动研究假设基于相同职业背景,家长自身作为高校教师相对而言更加具有教育意识,能在参与班级建设过程中提供丰富的资源支撑,彼此更容易达成共识,成为"一致行动人"。

学校的情况。H 大学附属小学由于是高校附属学校,基本上是以满足高校子弟教育为主,学校受到高校与属地教育主管部门的双重管理。与普通公办学校相比,学校在推进教育变革、课程改革、社会实践等方面有明显的迟滞,学校的教育理念不突出,教师参与学校变革的动力不足,成体系的教研活动缺乏,整个教师群体呈现出稳定、不活跃的情况。

班级中教师的情况。陈老师,班主任,语文教师,40 岁,有着近 20 年的教学经验。该教师几乎一直担任班主任工作,曾完整带过小学一至六年级,对各阶段学生的成长过程比较熟悉。陈老师有着丰富的班主任经验,同时肩负班级的道德与法治等课程的教学任务,为行动研究提供了有力支撑。周老师,数学教师,近 50 岁,有着近 30 年的教龄,一直担任数学教师,曾一直教授高年级学生，近两年才从一年级开始跟班教学。非主科教师，如书法老师、音乐老师、体育老师、科学老师等都兼任其他年级和班级的教学工作，日常主要参与相关科目的教学工作，较少参与班级管理。科任教师对自身的教学关注度高，对学生的总体成长缺乏足够的投入和耐心，教师协作的路径不明晰，精力投入也不足。

班级中家长的情况。班级中的家长，主要是H大学的在职教职工，或父辈是学校在职或退休教职工，或在学校务工三年以上。家长中许多都是高级职称教师，有着丰富的专业教学与研究经验。家长群体对学生的成长有着自己稳定的观点态度和价值取向，对孩子的综合素养有着较高的期望值；家长群体对班级建设有期望，但往往较为被动地参与班级活动，未发挥出专家学者独特的功能；家长的教育理念和态度都较为开明，都有较高的素养，都有意愿支撑班级建设，但是牵头参与班级建设的意愿不强，不愿意投入一定精力参与到班级建设中。

班级中学生的情况。主要是高校在职教职工子女，或教职工三代子女，或学校务工人员子女。整体而言，班级氛围较好，家庭氛围和学习氛围都要优于其他类型的学校。但由于学校课程教学改革、教育创新等不足，学生接触社会信息、参与校外活动交流等的渠道不多，参与社会交流等的机会偏少，给学生综合素养形成带来不利影响。

（二）实施的主要举措

1. 真实还原班级的生态样式

对各个生态主体参与班级建设过程的现实情况进行简要分析，深入了解班级建设中的着力点、交往连接点、各群体现状及问题。积极与教师群体进行沟通，通过有效的班级活动激发群体活力，形成良好的生态组织结构，支撑群体健康和谐发展。

2. 精准定位班级的生态特征

在跟班观察基础上，对班级生态中的教师群体、家长群体及学生群体的内部进行生态分析，并着重对群体之间互动交往的路径和作用进行生态描述，概括出班级建设的生态特征。

3. 有效开展班级的生态建设

行动研究扎根于班级的日常生活，通过有效介入班级活动，从学生群体交往的活力、教师群体协作的组织结构、班级建设的恢复力等三方面探索生态型班级建设的路径和方式。

三、行动研究的案例分析

总体而言，生态型班级建设过程是动态的，每个参与其中的生命体也是不断发展的，这也是生态的本质及精髓所在。每个个体都在时间的长河中不断发展与变化。追踪同一个班级，在不同时间里学生个体的纵向发展，师生之间、生生之间、家校之间、亲子之间的各种关系延伸与交融都会清晰地呈现，也能明显地感受到学生的发展与变化、班级的发展与变化。

（一）"我是小演员"——以沉浸式情景剧激活群体交互

基于生态型班级建设的需要，设计了基于学生日常生活的班级活动——我是小演员情景剧活动。当前班级建设面临的主要问题包括：日趋复杂的社会环境影响导致流动到班级中的信息未能及时转化为教育资源，学生关切和成长需要未得到及时回应；学生群体发展脱离日常生活，缺乏多维度的互动；学生之间蕴藏的丰富信息未能转化为教育资源。解决以上三个问题，将破解班级建设生态中外部信息在输入班级时所引起的负面影响，让贴近日常生活的交流有效支撑学生成长的需要，并激发学生群体的生态活力。同时，学生群体是连接教师与家长群体的关键，通过"以点带面"的学生群体的建设，可以带动班级生态体系的恢复与重生。

1. 情景剧活动的设计

该活动基于学生对源自实际生活的自我观察与自我理解，通过分小组的形式，将所接收到的信息、自我理解的结果、计划采取的行动等通过情景剧的形式表现出来。该活动能够有效抓住学生成长中所关注的信息，为教师的决策提供参考；成为加强学生对群体内部的认识、激发群体活力的催化剂。在活动中，学生通过小组内的讨论与交流，将他们在日常生活中所观察到的社会现象，所遭遇的事件,形成的日常观念、日常行为等,以自主表演的形式进行充分的展示,并在沟通交流中学会协作,学会解决问题。活动中所输入、输出的信息,为教师和家长及时了解学生状态、准确把握学生的成长态势、促进学生主体间的认识与交往提供有力的支撑。以下是该活动的关键信息。

活动主题:我是小演员

活动时间:2018年10月14日,下午

活动地点:H大学附属小学三年级(1)班

学生人数:51人

研究团队成员:谭××、薛××、周××、杨××、胡××

带队老师:曹××

班主任:陈××

活动内容:谈家庭、讲班级、话社会、聊我们的情景剧

2. 活动目的

情景剧按照贴近生活、贴近家庭、贴近学生的原则,围绕学生衣食住行学等方面,以发生在学生身边的事例为内容,通过情景表演进行再现,汲取这些事件所折射出的正能量,促进学生生命的自觉成长,让现场学生观众和参与情景剧表演的学生潜移默化地接受教育,感知生活。通过学生自我分组,自主分配角色的活动设计,促使学生主动了解、体悟所扮演的角色。在对角色的理解过程中,学生将对比自己对该角色的认知与平常理解的差异,进而推动相互之间的理解、交流。在情景剧的演绎中,学生学会与不同角色进行有效沟通,学会处理群体间的问题,增强协作意识,提高协作能力。这为后续学生个性的发展及生态型班级建设找到适合的切入点。

3. 设计依据——现阶段学生的状态

到了小学中年级阶段,学生个体差异逐步显现,在理解能力、思维能力等方面差距逐步拉大,部分学生能够从网络、电视等媒体上了解一定的社会信息。性格内敛的学生在班级活动中表现得更为低调,外向的学生则表现得更为活跃并希望展现自我。同时,这个年龄段的学生,情绪不稳定,容易兴奋、冲动,所以在同学交往的过程中会出现很多复杂的情况。而情景剧活动的举办,能让学生

懂得在彰显个性的同时学会协作与配合,从而培养其团队协作意识。

学生自我发展是个体成长与班级建设相互融合的过程,是学校教育、家庭教育、自我教育相互作用的过程。针对新时期学校教育环境的变化、班级建设过程中主体意识的变化、班级建设实践过程中的新问题等,聚焦教师、家长、学生等诸多主体在复杂环境中的表现,通过学生的视角将其中的问题反映出来,有助于教师了解学生群体、学生群体之间相互了解、家长群体认识学生的发展状况等,能给教育者带来更多的启示。

4. 情景剧的主题与内容

以学生自主选择的主题来设计情景剧,通过情景表演的形式来激活学生互动,了解学生群体、教师群体、家长群体之间的交往。活动包括四个主题,分别关涉自身、家庭、班级、社会等维度,呈现出学生群体视角下班级中的关系构建。

"我是小演员"系列活动设计:

谈家庭——理解父母,演绎家庭生活,融洽亲子关系

话社会——了解社会,关注社会事件,培养责任意识

讲班级——参与班级建设,讲述班级奇闻趣事,增强集体意识

聊我们——聊学习同伴,同伴间的日常生活,增进伙伴情谊

5. 情景剧的设计与实施过程

"我是小演员"系列活动持续了三课时的时间,从分组到剧本策划,再到剧本演出,每个环节中学生呈现出来的样态无一不是他们真实生活的再现。家庭、班级与社会是学生生于其中、长于其中的客观存在的环境,学生的发展离不开这个世界的人、物和事件。无论是情景剧剧本的选择、编排,还是演出,都源自学生真实的情感、交往、实践、生活。通过这些真实的、丰富的、富有生命力的演出,我们对于学生、家长、教师以及外界社会的交互影响可以窥豹一斑。

这里在一个班十个小组的剧本中挑选了两个具有代表性的剧本作为案例呈现出来。(注:剧本由三年级学生选择并编写,所有小组的学生在整理剧本时都向家长求助过,所以呈现出来的剧本较为完整。)

【情景剧】 "我是小演员"情景剧设计

一、流程设计环节

1. 自由组队、组织情景剧排练

该环节由学生在小组内讨论,认领感兴趣的主题,分享自己对该主题的真实想法。学生分组由学生自荐成为小组长,并通过双向选择的方式组建活动小组。在活动中提出活动规则——每个小组自荐一名负责人并自选主题进行情景剧的排练,教师记录负责人的名字,负责人记录小组成员选择的角色。学生利用课余时间编剧、读剧本、练台词、自主排练等。

2. 小组讨论与交流环节

根据所选的主题,联系实际进行教学,学生对出示的主题进行讨论(也可自拟主题)。

（1）家庭关系——家庭环境对学生的健康成长起奠基作用,正确处理家庭关系有利于学生自身发展,应从了解父母、理解父母开始做起。

（2）社会问题——安全、健康等话题,能培养学生的主人翁意识、责任意识,有助于学生发现社会上值得他们关注的问题。

（3）交往沟通——关注师生交往、同伴交往中会出现的一些问题,从而引导学生学会处理各种不同的人际关系。

（4）其他学生主动关注到或者提及的兴趣点。

3. 小组表演环节

（1）情景剧活动与主题介绍,渐进式引入。

（2）情景剧表演——趣味性、直观性能吸引学生的注意力,激发学生参与活动、分享想法的意愿。

4. 交流与讨论环节

（1）评选出令学生印象深刻的剧目并颁发礼品。

（2）主题升华,引导学生发表看法并树立正确的价值观。

二、活动实施环节

1. 按照流程设计,做好细致分工,并于活动开始前对活动的全过程进行自查。

2. 指导与记录：教学指导，纪律维护，课件制作，视频拍摄记录。

3. 做好每次40分钟的教学过程设计，主讲教师及参与者做好教育观察。

4. 现场活跃，能有效调动学生参与活动的积极性；教学有序，能够引导学生有序参与活动。

三、活动总结与评价

1. 学生作自我、小组评价。

2. 教师作学生活动评价。教师观察学生的剧本讨论完成度并及时予以正向评价。

3. 作本次活动评价。教学团队作活动自我评价，完成本次案例编撰及过程分析。

【学生自主设计活动文稿】 主题小剧本

一、家庭关系

剧本：我也想玩手机

地点：家中

人物：父母、学生

学生：妈妈，可以让我玩半小时手机吗？

妈妈：不行，赶紧写作业！

学生急急忙忙地敷衍完作业。

学生：妈妈，我作业完成了，现在可以玩手机了吗？

妈妈：写完作业要让眼睛休息，不要玩手机。

学生：妈妈，那你能陪我搭建模型吗？

妈妈忙着玩手机，学生失落。

学生：爸爸，你能带我出去玩吗？

爸爸忙着玩手机，学生无语……

学生：爸爸妈妈都不爱我吗？为什么都不陪我？为什么我要写作业，你们可以玩手机？

爸爸、妈妈：我们上了一天的班累了，还不能玩下手机？

学生默默想着:我也上了一天学,也累……

该情景剧高度还原了学生的家庭生活,反映出学生希望有更多亲情的陪伴,也希望能像大人一样自由地玩手机;同时也反映出家长与学生的交往缺乏丰富的维度,家长将自身视作家庭活动的主宰者,以不民主、不平等的方式与学生交往,把作业视为学生成长的主要维度,缺乏对学生的关心和帮助。

该剧的表演视频在班级家长群里播放后,引起了家长们的强烈反响。许多家长表示,很多时候,家长作为家庭的主导者,经常将自己摆在"教育""批评"孩子的位置,没有充分意识到孩子所提需求往往源自家长的表现和行为。家长在家中的不良言行,直接为学生所模仿,给班级建设造成不好的影响。

二、师生交往

剧本:罚抄

时间:上课时

人物:小明、小学老师

老师:这道题大家还有什么不明白的吗?

小明神游太空……

老师:小明,你来讲一下这个题目。

小明站起来不说话。

老师:那你把这个题目抄十遍。

放学了,除了小明所有的同学都离开了教室,因为他没有完成老师布置的作业,被留了下来。

老师:小明,你有什么不会的就问老师哦!

小明(不高兴):好的,老师。(心想)××老师真烦人,我的妈妈都等我好久了,还不放我走,不就是作业没写完吗?还罚抄十遍!

旁白:老师耐心地给小明解释今天所学内容,教他做题。

等老师和小明一起出校门时,二人才发现天已经黑了……老师也一直陪小明写完后才下班……

《罚抄》剧本,侧面反映了教师与学生之间的一个小冲突,也是教师与学生之间互动的一个真实写照。模仿教师是学生对教师权威的一种复刻,是学生对教师行使惩戒权的自我认知与描述,学生认为罚抄是教师简单地惩罚不认真的学生的一种方式,没有对教师的行为进行更深层次的反思;教师对出现"错误"的学生,仅从知识学习的角度进行简单处置,没有关心错误行为背后的其他因素。面对冲突,教师与学生之间缺乏足够的弹性空间。这种互动过于单一,单向的施压反而容易致使双方关系紧张,对后续的交往产生负面影响,长此以往,必将带来不良的班级生态。

通过剧情表演,学生充分体会到了教师的教育"权力",在行为上、态度上对"被惩罚"产生了深刻的情感体验,在"被惩罚"后对自身"错误"有了新的认识。教师对学生表演"罚抄"一幕感到非常震惊,观看了情景剧的教师说,"我没有意识到自认为简单的'罚抄'给学生带来了这么深刻的体验",并表示今后在与学生的交往中一定要充分考虑学生错误行为背后的原因,不会以处罚来代替教育活动。

情景剧活动小结:

在整个情景剧活动中,学生会更多选择关于家庭、社会,特别是安全教育、生生关系和师生关系的主题。据此也可以看出,在情景剧活动中,学生都真实地表达着自我的认知、感受和诉求,在自我主体意识的基础上,将每个细节具体化到真实的情景表演中。所以,在整个活动的开展过程中,对学生的理解、对班级的观察与思考贯穿始终。下面对活动中的几个细节加以说明:

1. 在活动的分组环节出现了一个情况。因为是按座位分的组,出现了一个组六个人里面只有一个男生的情况。这个男生很生气也很委屈,他很想和他的朋友们一起,不想在一个全是女生的组里。笔者在热闹非凡的环境里发现了在角落默默生气的他,便走过去问他发生了什么,别的组员替他回答:"他不想跟女生们一组。"笔者这才发现他们组的特殊。于是一开始,笔者花了大量时间开导他,对他说:"只有你一个男生正体现你的重要和特殊呀!女孩子也不差呀,你看她们多积极!"他一开始只是把眼泪憋在眼眶里,笔者说多了,他的眼泪就掉下来了。笔者又问他是不是想和朋友们一组,他说是的。他还说:"以后每一次分组,我是不是都要和她们在一起了?"虽然他最终参与进来了,但他依旧对这个分组心存芥蒂。而在演出阶段,快要上场时,这个男孩问笔者:"只讲一句话的角色还有必要上场吗?"笔者当时的回答是"每个人都很重要啊"。

2. 班上有一个智力略有障碍的孩子,在班级中是所谓的学困生。班主任介绍这个学生理解能力较差,且情绪控制能力欠佳。在分组的过程中每个组的孩子都不希望他加入。后面他勉强加入一个小组,在准备阶段没有起到任何作用,还有些调皮捣蛋,惹得小组其他同学很不满。特别是在演出阶段,有一个情节有武打的戏份,这个同学因为自己情绪控制得不太好,竟然真的动手了,导致这个小组的表演不得不匆匆收场。

班级的建设往往是指向群体发展与组织建设的,也需要在各种分组与合作中实现这样的目标。而问题往往就会出在人员的选择与合作上。个体对于自我的认知与同伴的选择在整个班级的建构中起着基础性作用。不同个性或者行为习惯的学生间的合作问题、男生女生间的合作问题、不同学生群体间的合作问题不仅仅出现在活动过程中,也常常出现在日常的班级生活里。教师可以通过班级活动协调不同学生群体的关系,研究学困生该如何在班级中生存等问题。

3. 在整个活动中特别明显的就是家长的参与。第二小组(抓小偷小组),前一次的准备活动他们表现得并不好,队员不配合,组长管不住,剧本台词都没有想好。但在第二次排练过程中,小组竟然把剧本排版得非常好,还打印了下来,小组成员一人一份。据了解,在家长的帮助下,他们的剧本更加完善了,同时在业余时间,家长组织他们进行了一次又一次排练。最后一次活动,笔者看到在表演之前,所有的学生都投入自己的剧本角色之中,他们知道角色扮演的整个程序,台词流畅,情感到位,每个学生都较为完美地完成了自己对角色的演绎。

4. 在这个活动中,笔者还观察到一个有趣的现象:这些三年级的孩子都乐于扮演剧本中他们认为有权威或者说有威信的人,例如父母、教师;他们的剧本中也呈现出生活中的一些真实场景,例如"父母不让孩子玩手机,而自己沉迷于手机""罚抄题目10遍"。

在班级活动中,成人——特别是教师、家长是否支持、理解和协助学生,直接影响了活动的质量。家长群体、教师群体参与到班级活动中的同时,也存在着另一种可能,就是学生的活动会直接影响家长与教师的自我改变。例如,在学生将"罚抄题目10遍"编写成剧本进行演出时,学生霸气地说出"你把这个题目抄10遍",有没有可能对家长和教师有所启示,从而对自己的教育方式有所反省?

事实上,这次活动过后,我们将每个情景剧拍摄成小视频发布在班级群里,有不少家长对这种现象有所反思,并肯定了这次活动的价值和意义。而这种相互依赖又相互促进与成全的方式也是在建设生态型班级过程中所期望看到的。

(二)"聚焦阅读,共同成长"——促进以学生为中心的多群体融合

以"阅读"这个学生的日常学习活动为突破口,有效地将学生的日常阅读习惯养成与班级建设活动结合在一起,通过教师、家长及学生共同推荐书目、共同阅读、共同分享、共同交流,将班级中的主体聚集在"阅读"这样的平台中,聚焦现实问题,大胆分享交流,推动共性问题的解决。在项目活动中,将教师、学生及家长有效调动起来,学生和家长先将计划分享的主题和文本推送到班级群中,然后将共同阅读的音频推送到班级群中,学生和家长在分享文本、音频之后,共同在群中分享自己的阅读感受,并聚焦自己关心的内容。教师、其他学生和其他家长分别就分享的内容进行交流讨论。通过阅读项目实现多群体在班级建设中的"在场""共景""共情",并为班级群体的融合交往提供平台。

1. 活动过程

(1)"主题聚焦":每个家庭都有着自身的阅读需求,在需求被充分表达的基础上,做好同类需求的聚焦、不同需求的归类。前期由家委会牵头做好进程安排,每个家庭将计划分享的主题和文本报送给家委会,家委会做好交流的时间安排和活动组织。原则上,针对同一主题的互动交流以具有相同主题的家庭为主,同时,欢迎其他拥有不同主题的家庭随机加入。

(2)"焦点呈现":每个阅读成长主题的家庭,负责相应阅读文本的分享与精彩阅读瞬间音频的录制。整个过程由家长和学生共同参与设计、制作,采用"声"临其境的形式,共同参与精彩阅读瞬间的录制。

(3)"焦点时刻"与"大家分享":在约定的时间内,将制作好的音频文件推

送到班级群中;其他家庭分享阅读感受。提供一个聚焦现实问题的共同阅读、分享交流平台,促进班级中家庭之间的互动与交流。

(4)"自评与点评":在分享活动结束之后,由本期参与主持的家长就讨论交流情况进行总结发言,梳理讨论的主要内容、问题及建议;由本期参与主持的教师(选择本期主题的教师)总结活动的组织与开展、取得的效果等情况,并向家长分享教育经验。

2. 活动的部分内容

数学教师:关于阅读问题,大家听完之后有什么感想呢?欢迎各位在群中分享您和孩子的感想。

家长1:两期听完了,感谢教师的辛苦付出!这种形式非常好,今天跟孩子一起听的,他说自己来记录感想。孩子说:"原来阅读也能使人快乐,特别开心的是能够和妈妈一起阅读,一起分享阅读的感受,感觉很温馨。以前都是爸妈交代阅读任务,被布置作业的感觉很强,今天一起阅读,感觉不再难受,反而很开心、很温暖。"

语文教师:为了顺利开展此次活动,家长在前期做了很多准备工作,朗读的内容是从许多文本中精心挑选出来的。家长在活动中和孩子一起朗读,为孩子树立了阅读典范,在孩子的心里种下了深度阅读的种子。共同阅读,激发了孩子的好奇心和求知欲,让孩子通过阅读感受文本中的情感、态度,更深刻地理解文本中的世界。

家长2:孩子的健康成长离不开父母的关爱与教导,父母的言行在很大程度上决定了孩子的习惯和格局。有的家长让孩子读书,自己在玩手机;让孩子写作业,自己在追剧。当孩子提出异议时,家长堂而皇之说自己已经过了学习的阶段,现在是自己的自由时间,孩子要好好学习才能像家长一样自由安排自己的时间。现在想起来,家长是孩子一言一行的根本影响者,家长不做好表率,反而期望孩子自律自强,这多么荒诞。

家长3:听了这篇文章后,感慨之余又略感羞愧。阿凯妈妈从小就陪着孩子阅读,给孩子树立了一个很好的榜样,用实际行动诠释了家长是孩子的第一任老师,成为孩子阅读的启蒙者。家长有好习惯自然会成为孩子模仿的对象。

共同阅读能更好地拉近父母与孩子的距离，能产生情感共鸣，能让父母与孩子更好地进行交流。一句话，你怎么对待孩子，孩子也就怎么对待你。今后，除了辅导作业之外，应该更多陪伴孩子成长，从阅读开始，改善与孩子的交流方式，在收获阅读乐趣的同时，也能更好地改善家庭氛围。

班主任：在共同阅读活动设计前期，教师们有很重的顾虑，一方面需要耗费一定精力投入活动中；另一方面担心家长们能否理解活动背后的重要意义，能否心甘情愿参与到共同阅读中来，而不是将其作为一个额外负担。今天家长们的分享也替我解开了这个心结。"共同阅读"不仅培养了学生的阅读习惯，更让学生收获了一份家庭亲情，收获了与父母相互间的理解。我发现在家长与孩子的沟通中，家长的姿态更低了，不再是之前那种"裁判"般的口吻、"教练"式的咆哮。这就是共同阅读的意外收获。

活动分析：

第一，共同阅读能有效激发家长群体的活力，是构建班级生态的重要环节。在班级建设中，家长群体的积极参与能够有效激活班级生态中的各类资源，进而支撑学生的成长，推动班级建设的高质量发展。但是，家长群体的参与如何与班级建设、与学生成长的需要相契合，则需要班主任在班级整体层面进行系统的引导，通过设置一系列活动，使家长群体的参与发挥效用。

第二，激活家长群体的活力，需要将班级建设的需要和家长群体发展的需要有机融合，并在充分考虑家长群体发展需要的基础上规划家长参与的内容与路径，让家长参与紧密围绕着"学生成长""班级发展"的维度，正向支撑班级建设。主动、正向引导家长参与，能够将家长群体积蓄的力量引导至班级建设的薄弱环节，可以有效规避家长群体的负能量。要主动谋划好班级发展的共同愿景，主动将家长的关切和班级建设的需要相结合，主动摒弃一些家长过度参与、过度干预的情况，让班级建设不再面临家长群体的沉重压力。

第三，家长的参与是生态型班级组织结构重构的重要基础。当前社会上存在一种"畸形"的声音：既然需要家长参与，那还要学校、教师干什么？此等话语背后的意思就是，家长把孩子交给学校，孩子的成长就是学校的责任，家长不需要参与孩子的教育过程，只需要检验学校、教师的培养效果。在这种思想的影响下,家长群体经常对教师组织的班级活动横加指责,甚至直接向主管领导、主管部门投诉,而不与教师进行有效的沟通、对话,这会严重挫伤教师的积极性,引发家长群体的消极情绪。

第四,做好家长群体管理和系列活动设计规划,是引导家长群体参与班级建设的有效方法。如何将家长的纷杂需求有效地整合进班级建设中,是班主任带领下的教师团队首要思考的问题。时下许多需要家长参与的活动,都是教师临时起意、临时通知的,家长的被动参与感强烈,参与的动力不足,在活动推进过程就会产生各种抵触情绪,带来负面效果。而经过家长群体内部讨论,与教师群体进行充分沟通的活动,则是"两相情愿"的活动,群体之间的合作意愿强烈,能够更好地调动各方积极参与其中,并根据各自的资源优势推进活动开展。

(三)"孩子打架引发家长冲突"——提升环境胁迫下的班级恢复力

事件背景:放学回家后,家长 L 突然在班级微信群中发送了多张小孩(学生 L)身负伤痕的图片,更直指该伤痕是学生 X 导致的。学生 X 的家长 X,立刻在群里进行了激烈的回应。其间,一位家委会成员发了一句简单的调解的话,另一位家长发表了"男孩的野性需要保护"的言论。整个过程,其他家委和家长在班级群里保持沉默。另外,此微信群中没有班级教师。

事件涉及者:家长 L(受伤学生 L 的家长)、家长 X(争辩的家长)、家长 Z(围观家长)、家长 Y(家委)。

家长 L:本来不想说什么,发现现在不说不行了,某些家长,你孩子经常欺负 L,L 的妈妈也联系过你们,让你们劝说一下孩子,结果是变本加厉。今天带孩子去医院做了检查。这件事我只说到这里,以后你孩子和我孩子之间发生什么事情请不要来找我们,你们的态度已决定了我们如何处理将来发生的事情。

对孩子来说,不是打不过谁,不是怕谁,我只是让孩子不要和同学发生肢体冲突,放开缰绳的小野马是虎狼都不怕的,首先声明,出事不要来找我问,我们的态度就是你现在的态度……

家长 Y:建议私聊,友好沟通,一切为了孩子的成长。

家长 L：我很友好，只是表明态度，我没点孩子的名，就已经给足了面子。孩子说昨天被同学用扫把打了头和脸颊，没想到这样恶劣，无法忍受。

家长 X：你家养的是儿子，我家养的是狗吗？两个小子天天一起疯，我作声了吗？这里是家长沟通的地方，不是扯皮的地方。你有什么不舒服直接来找我。

家长 Z：男孩的野性需要保护……皮肉之痛家长们不要太计较。

家长 Y：孩子的伤，回家问清楚是谁弄的，学生 X 有没有弄，我相信孩子会诚实地告诉你谁把他弄伤的。

家长 X：两个小子天天一起疯疯闹闹，说明两个人关系好，他们哪天出校门不是你挽着我，我挽着你的，作为家长非要去强加干涉吗？非要争个对错出来？

事件的分析：

第一，冲突直接反映出家长群体中没有直接、有效的沟通渠道。双方家长直接在群里进行指责、回应，没有私下对出现的问题进行了解、沟通。突发的指责内容可能并非完全符合真实情况。受伤学生的家长，在没有与对方家长及孩子沟通的前提下，直接在群里发难，想利用班级群给对方家长施加压力，将"小事"扩大成"群体关注的事件"，以达到"极限施压"的目的。

第二，班级中缺乏完善的组织结构，不能满足多场景下群体之间的交互活动。该事件一方面反映出班级建设缺乏有效的组织和沟通渠道，家长找不到有效的沟通渠道，其本身也缺乏有效沟通的意识，导致在群里发声、发难。另一方面反映出家长沟通处理问题的能力不足，也暴露出其遇事简单依赖班级，潜意识里希望班级中的其他家长能够给其一个"公正"的说法。事后证明，家委会没有发挥其组织家长、推进沟通的基本职能，而是简单地劝说；其他家长也多以"旁观者"甚至是"沉默者"的角色出现。

第三，班级生态组织结构的缺乏，导致班级建设面临冲突之后，班级组织恢复力薄弱。该事件凸显出班级建设在遭受外部环境的冲击、压力时显示出乏力和无奈。任何在班级中发生的事情，都是引起班级内部变化的生态因子。如果长期遭遇的冲突得不到有效化解，就容易瓦解班级中的原生态组织，导致群体之间关系紧张、交往匮乏，乃至出现交往偏差，形成一些持有错误观念的小团体。这些自发聚集在一起的小团体常常一起讨论班级中发生的事情,会对班级建设产生巨大的影响。在访谈中发现,这些小团体甚至能够通过各种手段、方法向学校管理层施压,以更换不喜欢的教师、班主任。这种不基于班级建设的交往过程,绕开了班级发展本身、学生成长本身,而成为家长单方诉求表达与满足的渠道,让班级群体氛围压抑、关系紧张,破坏了和谐的班级生态。

(四)"厉害了,我的国"——将社会事件转化为班级建设的新生资源

生态型班级建设处于开放环境,社会上的各种信息通过学生、家长及教师传播到班级中,并对班级建设产生作用。在推进生态型班级建设的过程中,需要对群体所关注的事件进行分析并从教育的视角给予回应,将无序的信息转化为教育资源,以满足班级建设的发展需要。

同时,社会环境中的信息具有两面性:一方面为班级建设新增教育资源,支撑群体高度融合发展;另一方面,负面消息传播到班级中,势必会冲击群体原有的知识结构,影响班级建设的进展和效果。社会环境的负面影响,可能会破坏班级原有的生态结构,造成负面的认知和影响,但对于生态型班级来说,面对冲击应该具备一定的"弹性空间",要能够通过班级内的生态群体的自我调整和优化,实现班级组织结构的自我恢复,从而推动班级建设的持续健康发展。

1. 活动设计

在实现中华民族伟大复兴的征程上,许多模范人物和大国重器涌现出来。本活动旨在引导学生关注、了解每一个"重器"背后所蕴藏的科技力量、团队精神等。分小组的手工制作活动,就是对"重器"诞生过程的知识学习、情感体验,通过活动达到立德树人的育人目标。以下是该活动的关键信息。

活动主题:厉害了,我的国——超级水火箭、趣味黏土赛

活动时间:2019年10月—11月

活动地点:H大学附属小学四年级(1)班

学生人数:51人

研究团队成员:赵×,杨××,邢××,苏××

带队老师：曹××

班主任：陈××

2. 活动目的

（1）世界发展风起云涌，中国的强大和崛起为当代学生的成长提供了丰富的资源。立足当下，用好时代资源，是助力学生群体发展的重要渠道。在2019年中华人民共和国成立70周年的重要时刻，结合武汉承办第七届世界军人运动会的契机，根据教育部发布的《中国学生发展核心素养》的基本要求，设计"厉害了，我的国"系列主题活动，旨在增强学生的民族自豪感及爱国情怀，培养学生勇于担当的核心素养。

（2）围绕"载人航天火箭"成功发射，将其作为重大社会事件导入班级建设中，并将其转化为重要的教育资源。除了组织学生集中观看、了解知识外，还开展了室内的超轻黏土活动与户外超级水火箭制作活动，提升学生的想象力与动手能力，培养学生的科学精神和创新思维，激发学生的探索欲。

3. 设计依据

（1）四年级学生现阶段的状态。四年级的学生无论是生理上还是心理上都在逐渐走向成熟，这个阶段的学生求知欲旺盛，探索精神逐步显现，乐于探寻一些未知的领域。同时，他们对于外界的信息也更为关注。逻辑思维能力和抽象思维能力的增强，使得他们更喜欢富有创造性的活动，因此设计了需要动手和想象的活动。

（2）现阶段班级呈现的状态。在前期一年多的活动基础上，班级中的学生已经呈现出较强的同伴合作意识，能够在小组合作中沟通顺畅且相互配合。同时，这些活动也得到了家长群体的认可，因此在系列活动的准备过程中家长也会给予更多的配合。学生在这个阶段不仅形成了班级规则意识，而且有了较好的执行力，因此可以适当策划一些户外主题活动。

4. 活动过程

（1）趣味黏土赛

第一部分：黏土的制作。每组选取一个凸显我国强盛国力的主题，用黏土制作相关作品。

第二部分:作品讲解及展示。每组派出一名代表对本小组的作品进行简短的介绍,并讲解与作品相关的知识。最后评出一、二、三等奖。

(2) 超级水火箭制作

第一部分:水火箭制作。老师对活动进行介绍,询问学生的准备情况。学生拿出准备好的水火箭制作工具,开始制作超级水火箭。老师在一旁进行适当的引导。

第二部分:小组作品试飞。老师带领学生进行作品试飞,选出飞得最远最高的作品。

(3) 活动总结、评价

学生评价:学生开展自我评价,小组成员对本小组的表现进行评价。

教师评价:主讲老师对全班及个体的表现进行评价。

教学团队评价:教学团队开展活动评价、案例编撰及过程分析。

5. 活动记录

(1) 趣味黏土赛

在活动开展之前,让学生查阅关于爱国主题的资料。在学生真正开始制作模型时,笔者观察到一些小组长都拿着记录单分配组员的任务,并且做好了记录。但孩子之间还是存在个体差异。其中学生葛××作为第七组的组长,在黏土制作环节,经常会看一下旁边自己组的两位同学的完成进度,有点像是在把控流程,也会及时将老师讲解的重要内容记录在纸上。通过这点可以发现葛××是一个执行力比较强且具有领导力的同学,最后他们小组的作品也完成得比较好。但是,另外一个组的学生黄××却不是这样的,他在底下做小动作,不是和他的同桌说闲话,就是玩黏土,很少抬起头来听老师讲话。在制作环节,他只负责自己的这一部分,不参与其他同学的,几乎不与小组同学就黏土制作活动进行交流、协作。

第六小组确定的主题是"港珠澳大桥"。制作前,组长王××还特别认真地画了一个设计图。笔者发现这一组的同学非常听他的话,每个人制作的部位都是他分配的,并且他会主动主持大局、整理思路,为小组讨论确定一个大家都满意的结果。这一组的组员肖××,在讨论主题时一直在不停地自言自语,但是整个小组的学生都不理他。在制作"港珠澳大桥"时,笔者注意到他一直是一个人在行动,小组同学跟他讲,他也没有认真听,一直沉浸在自己的世界中。

关于四年级学生的动手能力:在活动设计之初,对于用一课时完成黏土作品制作和讲解笔者觉得有一定难度。但在活动开始时,笔者和一个小组的学生交流,问他们想要做什么模型,他们说要做坦克,笔者就问他们打算怎么做,这时小组长就说要做车轮、车身、炮塔、炮筒等。小组长说的时候思路很清晰,并且最后他们组的作品极其生动形象。总体来说,每个小组的作品完成度都非常高,甚至可以说有几个小组的作品做得很精美。当小组成员上台来讲他们的想法时,笔者发现所有的模型都是他们在查阅资料的基础上,加以自己的想象与设计完成的,整个作品综合了许多奇特的功能,使得他们的设计更有现代感与科技感。

(2)超级水火箭制作

这次活动因为在户外举行,所以要求学生有更高的配合度和团队协作能力。孩子们虽然在同一个班级里,但是呈现出明显的差异性。

当老师宣布各小组成员去往组长所在的位置时,有些学生很快就行动起来,但是个别学生却迟迟没有动静,甚至有的学生会跑到自己的好朋友那一组,而不是自己的小组。户外活动能更清晰地凸显个体的差异。个别学生很积极,非常活泼,能够迅速地对老师的指令作出反应,但是有些学生不太关注老师的指令,喜欢与其他学生聊天。

但值得肯定的是,在整个水火箭制作的过程中,每个学生都特别投入。特别是进入最后拼装阶段,整个组都会团结一心、齐心协力。笔者观察到在赵××同学这一组,男生更多地偏好于最后的组装、性能调试,而女生更多地偏好于水火箭的外形设计,他们组的水火箭上的装饰很多。

当所有组的水火箭制作完成后就进入比赛阶段。学生们在准备比赛的时候互相讨论,学生易××说这个水火箭以前他爸爸带他做过,所以这次他是他们组的主力,肯定可以得第一。另一个女生曹××听到后说,她爸爸前一天知道有水火箭的比赛,就告诉了她制作关键点,所以她所在的组也不会输。

6. 活动分析

班级生态的多样性在每一个活动中都得以体现。人存在于整个社会的大环境之中,并通过自己的存在和成长丰富着整个世界。班级是一个浓缩的小型社会,外界的信息、师生情感、家庭关系无一不在班级中融合发酵。在班级中要培养学生与整个世界交融的"命运共同体"意识,要通过活动来培养学生的责任担当、科学精神、创新能力。

在激发活力上,班级建设要选择适当的切入点,让每一次班级活动都成为学生成长的契机,也期望通过每一次活动调动班级内外部所有的生态因素,充分激活可以用于支撑班级建设的资源。在教师引导下,让学生能够及时了解、关注当下的社会热点事件,并通过设计系列班级活动,深化学生对相关事件的认知。在组织结构上,通过系列活动,打破原有班级小组、"朋友圈"的固有范围,通过不同主题重新组建活动小组,让学生的个人经验能够在班级活动中得到充分发挥,实现认知、能力等的提升。在组织恢复力方面,因新主题组建起来的学生小组,其成员在性格、知识结构、协作能力等方面有新的差异,是一个新的组合,会有新的冲突与融合,这一过程对学生的团队意识、沟通能力、协作能力、实操动手能力都是一个新考验。通过新群体之间的交流,可以进一步推动班级多群体的融合共生。

此次活动设计让学生感受到了强烈的民族自豪感,唤起了学生内心深处的爱国热情,让学生在学习理论知识的同时关注到社会热点事件,为他们形成独特的生命内涵奠定了基础。这是将个体的"小我"逐渐融入整个班级、学校、社会的"大我"的过程,也是外界的精彩成就个体的"小我"的过程,二者相辅相成,共生共荣。

通过多次活动,学生的团队合作意识、集体荣誉感等愈发强烈。学生在一次次活动中,对于自我的认识愈发清晰,在与同伴的协作中逐渐实现着自我价值,逐渐增强自我认同感。

当然,在团队协作的过程中,我们也发现学生个体差异性的存在,而这种差异性恰恰也是学生作为个体的个性所在。每个个体因为性别、家庭教育背景、个性特点、学习方式、思维模式等的不同,对构建生态型班级有着积极的意义和价值。

在这次活动中,无论是最终呈现的黏土作品,还是小组协作完成的超级水火箭,都给教师带来了一次又一次的惊喜。班主任陈老师不止一次感慨说没有想到孩子们会完成得如此好。学生无意间呈现出来的自我成长改变了教师对他们的认知与定位,从而促使教师对学生成长与班级建设进行思考。

前期的活动得到了家长的认可,使家长的参与度和热情在后续的活动中逐步增加。在本次活动设计之初,笔者没有强制要求家长参与进来,但是在活动进行过程中,笔者在与学生交流后得知,家长在相关资料的查阅、材料的准备等方面都主动给予了支持,特别是在制作水火箭前,家长给学生普及了不少相关知识。通过班级活动推动家长参与班级建设在这一过程中得到了体现,甚至在改善亲子关系方面也取得了不小成效。

(五)"书房印象"——引导家庭参与学生成长

书房是一个家庭学习环境的综合体,学生印象中的书房,能够从侧面反映出家庭育人环境、育人观念、育人实操层面的不同情况。本活动旨在通过图画了解学生所处家庭环境及家庭教育理念的基本情况,了解学生的性格养成环境、家庭环境及家长的教育期待,为分析班级生态中家庭环境的影响因素提供素材,也为后续学生个性发展的培养以及家校关系、亲子关系的改善寻找合适的切入点。以下是该活动的关键信息。

活动主题:书房印象——我们一起来画画

活动时间:2018年4月20日,下午

活动地点:H大学附属小学二年级(1)班

学生人数:51人

研究团队成员:谭××,薛××

带队老师:曹××

班主任:陈××

1. 设计依据

行为形成习惯,习惯决定品质。二年级是学生意志品质培养的关键期,在这个阶段要加强习惯的养成,培养学生良好的学习习惯和行为习惯。同时,榜样的力量是无穷的,特别是这个阶段的学生喜欢模仿父母或者师长。

这个活动的着眼点是家庭环境影响。亲子关系原本就存在于家庭之中,是学生生命中最为核心的关系之一。"蓬生麻中,不扶而直。"家庭环境对于孩子的成长尤为重要,因此家庭才是孩子真正意义上的"第一所学校"。了解和掌握学生的个性特点及家庭影响,是有效促进学生个性发展和构建生态型班级的基础。

2. 活动过程

(1) 互动环节——激活小学生的兴趣,提高专注力。

师:小朋友们都有哪些特长啊?

生:弹琴、跳舞、打球……

(2) 创设情景,突出主题,引导学生融入课堂。

师:我们手上都有铅笔、橡皮和水彩笔,谁能猜到我们今天要做什么?

师:你猜得真准确,我们今天要画画,我们一起来画自己的书房。

师:什么是书房呢?(做一个简短的介绍)你们想不想看看老师的书房是什么样子?现在老师就带你们去瞧瞧。

师:你们觉得老师的书房怎么样?(视情况而定)你们喜欢哪一个书房?说说你的理由。

师:你们都看过了老师的书房,老师对你们的书房也非常好奇,现在就是你们展示的时间啦。

注:老师的绘画中呈现了学生绘画时可能会出现的物品,如桌子、椅子、床、书柜、床头柜、电脑、电视、书包、玩具、窗户、窗帘等,学生绘画时可以模仿。

师:现在我们每个人手上都有一张纸,让我们把自己的名字仔仔细细地写在上面好不好?

师:那现在大家就开始画自己的书房吧,我们来比一比,看谁画得又快又好。(下台互动指导,速度快的学生,让其将自己的书房画得更加形象。)

书房印象展示环节:请2—3个学生展示自己的画,并作介绍。

(3) 课堂小结:书房……(不直接点评、指点,应多引导。)

(4) 活动总结、评价。

老师挑选画作并及时评价:你为什么这样画?你最喜欢的书房是什么样子的?

3. 活动记录

笔者把作品分成了三类:①优秀作品(有绘画基础);②良好作品(基本完成绘画任务);③一般作品。

观察孩子们的上课表现和画作后,笔者有如下发现:

李××和朱××没有完成绘画任务,一堂课的时间基本只对书房轮廓做了一个大致的描画。(注:跟班主任沟通后得知这两位学生平时完成作业的速度也较慢,往往会超过规定时间才能完成作业。)

赵××、曹××、易××、侯××单纯模仿老师的画。

杨××结合老师的两幅画进行综合模仿。(注:课后与这几位学生沟通后得知,有三位同学家里并没有属于自己的房间或者是书房,因此只能模仿老师的画;另两位同学因为觉得老师画中的书房是自己想象中书房的模样,所以进行模仿。)

朱××、侯××在画画的时候就告诉老师自己没有书房,老师给出的建议是画自己理想中的书房。(注:这两位学生属于务工子弟,家长的阶层也会对孩子的家庭教育有所影响。)

孔××、葛××在绘画书房时有一个细节描绘,就是把书架上的图书做了分类标记。(注:从这个细节可以看出这两位学生在家庭环境中养成了良好的行为习惯。)

黄××上课时就表现得很调皮,画的画也非常敷衍。(注:跟班主任沟通后得知这名学生在平时的课堂和集体活动中都存在这样的现象,而且班主任已经跟家长沟通过,家长对此不以为然,仅仅觉得这是小孩成长的必经阶段。)

有部分学生的书房里会有其他物品呈现,例如杨××的书房里有望远镜,刘××、伍××的书房里有乐器和架子鼓,朱××的书房里有乐高,吕××的书房里有机器人和绘画工具。

在收集绘画作品时,笔者也发现有些同学有较好的绘画功底,例如徐××、蔡××。(注:跟这两位学生沟通后得知家长对其绘画能力较为重视,平时一周有两次绘画课。)

4. 活动分析

在班级生态中,学生带着其所有的关系样态进入班级,同时也与外界保持着密切联系。在学生成长的过程中,各种关系不断交互、完善和相互成就,显示出学生的发展状态。

在围绕着学生所形成的关系网中,家长无疑是最重要的关系人之一。学生的外在修养和内在表现无一不与家庭环境息息相关。首先,如何围绕学生家庭这一原生态环境做好教育资源的重新设计,是生态型班级建设的一个新生点。此次"我的书房"活动,是以学生视角切入学生家庭环境中,并通过相互交流分析,了解学生家庭的教育意识、教育行为,从而营造出的一个以"书籍""阅读"为主题的活动。目的在于引导学生开展家庭阅读,并通过将活动作品"我的书房"反馈给学生家长,引起学生家长共同关注、打造学生的"书房",在家庭中营造一个学生阅读,甚至是家庭共同阅读的氛围,为家长参与学生教育提供一个新的渠道。之所以进行这次活动,一方面是为学生的个体发展找到依据及突破口,另一方面是满足班级生态交互融合的需要,在学生作为个体进入班级后,通过以书房项目为契机引导学生热爱阅读,提高学生自理能力,让原本属于家庭场所的书房,成为教师、学生和家长之间相互联动的重要载体。如同在这次活动中,选择绘画书房可以让学生感知自己家庭的养育模式,同时体悟这种模式在自我成长过程中的作用。而学生绘画展示及自我解说环节,则能让学生感知不同家庭的培养模式,从而促使自己的父母改变沟通方式、行为习惯。这也是生态型班级中相互成就的体现。

第六章 生态型班级建设的成效与反思

班级建设的生态转向是一个复杂、持久的过程,以生态理念引导班级生态中各个因子之间的互动,形成有利于群体健康发展、多样发展的班级生态体系,从而形成生态型班级。在生态体系中,主体与环境之间的相互作用推动生态体系健康发展,构建生态意识下的群体互动,不断推进班级建设向生态化转变。

一、生态型班级建设的成效

生态型班级是教师、学生和家长群体共同成长的场域。在生态理念的引导下,班级建设中汇聚更多的信息,促进更多主体间的互动,产生更多推动班级建设的能量,将班级建设成融合共生的多彩班级,从而更好地适应复杂环境的变化,支撑多主体的生命成长。

(一) 群体融合共生推动生态型班级发展

融合共生是生态型班级建设的主要目标,通过在班级中开展行动研究,最大程度实现了多群体在班级建设过程中的融合共生,推动了更多个体、更多群体以更加活跃的形式参加班级建设;班级中的各主体之间更加平等,相互尊重,群体在交往中形成了更加扁平化的班级组织结构,能够有效调动每一个主体参与其中;在面对个体或群体冲突时,群体内部的自我组织能力更强,会有相关人员主动站出来协调解决所面临的问题。总之,可以借用行动研究中班主任的一句话来说:班级建设参与的人多了,心更齐了,事更顺了。

1. 班级建设的群体活跃度更高,参与班级建设的意愿更强

生态型班级建设秉持的多主体参与和协作理念,充分调动了教师群体、家长群体和学生群体的参与积极性。具体表现为:一是更多的教师愿意加入班级建设。在行动研究之前,科任教师都以课堂教学为主,对学生的关注主要集中在课堂知识学习上,对学生的成长几乎不投入精力;班主任将班级建设作为自己的主责,与其他教师的沟通主要以学生的学习表现为主,偶尔介入某门课的课堂纪律管理,如因为科学教师年轻、缺少经验,班级经常出现秩序不好的情况,班主任就会提醒学生遵守课堂纪律。开展行动研究后,班主任的群体意识和协作意识明显增强,会主动团结班级中的其他教师参与到班级建设中来;其他教师也有参与班级建设的强烈意愿,除了教授知识外,更乐于与学生交往,并与其他教师交流班级中的具体情况。班主任会不定期召集班级中的其他教师一起召开班级例会,交流班级现状、存在的问题及对策。音乐教师对此事非常认可,说:"我作为音乐教师,还是第一次参加所教班级的例会,感觉自己的职业价值得到认可。与班主任的多次沟通非常坦诚、开心,我会投入更多精力跟踪学生成长,也会主动关注学生、帮助学生,更加主动地参与到班级建设的每个环节中。"二是家长深度参与班级建设的价值得到认可。家长参与班级建设的积极性更高,家长群体之间沟通起来更加顺畅,对班级事务的讨论更加容易达成共识。有家长表达了之前不愿意参加班级活动的原因:之前的班级活动都是校门口执勤、教室卫生打扫、外出秩序维护等简单的体力活,能够体现家长核心价值的活动,如家长进课堂、支撑学生成长的社会资源分享等都没被整合到班级建设之中,班主任只需要一个搭把手的劳工,而非专业的支持者。在生态型班级建设中,通过家长群体与班级教师的协商,汇集家长群体资源,将教师们所不具备、不熟悉、不了解的内容,转交给更为专业的家长来组织实施。更多家长的加入,为班级建设输入了更专业、丰富的教育资源,推动班级建设高质量发展。

2. 班级组织结构更加扁平化,主体交往更加平等、顺畅

生态型班级建设的组织结构随着不同群体交往的深入而更趋于扁平化,这一变化主要源于更多个体参与到不同群体中,并发挥着各自的作用。个体能够随时响应班级建设的需要,表达自身的诉求。有位曾经一直在班级群中沉默的家长提起:"以前在班级群中表达想法,总是瞻前顾后、思前想后,总怕沟通问题会引起教师的不悦、其他家长的非议。教师在家长会中提出新的班级建设理念后,我尝试着跟不同科目的教师沟通,都得到了积极的回应,双方的沟通更加双向,而非之前教师"耳提面命"般的说教式沟通。"面对班级建设的具体事项时,家长群体能够自行组团,以专业性和丰富性来组织小团队,主动认领相关主题的活动,并把自己的孩子也邀请到团队中做小助理,家长和孩子之间的关系也在活动中得到了充分的激活。扁平化的班级组织结构,使得不同群体之间交往更加顺畅、平稳,主体之间更加平等,关系一改紧张态势而更加和谐。

(二) 共同愿景激发班级群体的成长动力

生态型班级建设是系统性、整体性的建设过程,需要以建立班级共同愿景来有效引领群体共同参与、共同协商、共同解决,实现群体共同成长。在推动生态型班级建设初期,关于如何有效聚焦班级建设共同愿景,群体面临着主体各异、诉求多元、意愿强弱不同等问题。各类群体对班级建设缺乏应有的共识,教师对参与班级建设的意愿各异;家长群体参与班级建设时,要么处于消极被动参与的状态,要么过度干预班级建设的内容和过程;学生群体的学业任务与个性成长之间的需要差异明显。因此,在行动研究中激活群体并引领群体参与是生态型班级建设的首要任务。

1. 以共同愿景引领群体参与生态型班级建设

在行动研究中,我们发现教师群体、家长群体都有参与班级建设的强烈意愿,只是因为岗位分工、角色分工等不同导致实际参与行动上的差异。班主任要做好班级共同愿景的构建,将多主体的参与意愿转化为实践动力。推动生态型班级建设的首要任务就是在班级建设的框架下构建群体发展的共同愿景,以支撑班级建设。各个群体在班级建设中根据实际情况,主动构建参与班级建设的主要目标、内容和路径。共同愿景的构建能有效凝聚各个群体的共识,充分调动群体的主动性,将群体的共识提升为班级建设的共同目标,让群体的意愿在班级建设中得到表达与认可。在班级建设的实践中,如在教师群体建设上,实行"班课一体化""主副班主任""教师选班制"等,引导教师主动参与班级建设,发挥教师合力,以支撑学生的成长;在家长群体建设上,建立"家委会""家长课堂""家长共同阅读计划"等,让家长群体紧密围绕在班级建设的需要上,摒弃简单的打扫卫生、门口站岗等无法发挥家长群体特色资源效果的形式,让家长以主体的姿态参与到班级建设中。

在开展行动研究初期,在"我们的班级"主题活动中,家长群体、教师群体及学生群体三方对班级建设缺乏普遍共识,各方权益难以整合进班级建设目标之中,导致班级行动缺乏一致性。在"聚焦阅读 共同成长"主题活动中,家长通过共读,拉近了自身与学生之间的距离,让"家长需要""教师需要"变为"学生自我发展的需要"。在班级的集中交流环节,教师与家长之间交换想法。双方充分坦白想法后,更容易获得对方的支持和投入。在班主任的引领下,教师群体、家长群体和学生群体对班级建设都有着愿景,通过基于家庭的广泛讨论、同伴之间的交流,最终形成班级建设的行动宣言,在班级中推行实施,更容易获得各方持续的支持和不断的精力投入。在共同愿景达成之后,班级中的各项活动都能得到及时响应。

因此,班级建设的共同愿景是引领群体共同发展的核心,班级生态体系中所有成员的共同愿望、理想和目标通过班级建设得以实现,并将目标转化为共同参与的具体事项,逐步将个人愿景提升为班级愿景,从而形成群体目标。通过在班级中开展分群体的交流活动,让教师群体、学生群体及家长群体各自形成以共同成长为目标的建设愿景,并将各群体参与班级建设的内容与形式等整合进班级建设的过程之中,有效激发个体参与班级建设的意愿和动力。

2. 重视群体发展,推动班级共同体建设

推进生态型班级建设需要在班级中形成多个群体,个体为群体输入资源,群体为个体多维度发展提供支撑。在班级活动中,每一次的主题活动都是分小组进行的,旨在培养学生的团体意识和团队精神。在"厉害了,我的国"主题活动中,班级中以不同主题形成了多个各具特色的小组,并以小组为单位完成主题确定、对象分析、内容组织、集中讨论、小组汇报等,小组成员在活动中形成了兴趣小组,在活动之后也能就类似的主题进行交流,形成相对稳定的交往圈层。在"我是小演员"活动结束之后,学生们还以小组为单位形成了交通安全、朋友交往、与父母相处等话题小组。学生一同分析主题内容、问题成因及解决方法等,一个个分散的学生都因自己感兴趣的话题组合在一起发挥集体智慧,并相互成就其他人的成长。同时,每次活动后奖励小奖品等激励机制也充分调动了学生的团队积极性,培养了学生的集体荣誉感。这种集体荣誉感的养成对班集体建设和良好班风的形成有着重要的作用。

因此,班级中的各类主体需要"组团"发展,重视个体与群体内部、个体与其他群体之间的交往,重视群体之间的交往和互动,形成更多的班级生态。这样生态体系中的个体、群体就会更富有生命气息、生命活力,个体也可以从群体中获取更多的资源,从同伴所蕴藏的个体经验和特色资源中得到更丰富的人生体验。

(三) 生态型班级观能提升班级建设的承载力

班级从学习的场地转向成长的空间是生态型班级建设的重要转向。转变观念是推动生态型班级建设的先导任务,树立生态型班级观是整个研究的重要起点,也是主要落脚点之一。在推进生态型班级建设的行动研究中,因涉及多主体利益诉求的表达,"同班异想"成为多主体观念交错最直接的描述,教师、家长及学生之间对自身利益的关注,导致彼此之间难以达成共识,无法成为一致行动人。

1. 教师主动关注,推动班级主体主动适应外部复杂环境的影响

主动适应外部环境因素的影响,是班级建设行动研究中的重要内容。开展行动研究之前,班级相对封闭,外部环境对班级建设带来了很大的干扰,鉴于此,教师对外界信息采取人为屏蔽的方式,如不让学生带电话手表、不让学生带有关课外书等,将班级外部的环境阻隔在班级之外。但是,这种阻隔效果不佳,令班主任尤为苦恼。通过行动研究,我们积极引导班主任等教师认清环境的作用,使教师在外部环境对班级影响的认识上发生了根本性转变——从堵转疏。班级建设不可能脱离现实环境,让一切资源"为我所用"才是解决外部信息干扰的关键所在。在现实中,影响班级建设的因素越来越多,班级建设面临的环境也越来越复杂,只有打破单一思维,直面复杂,才能更好地依托环境资源开展班级建设活动。

在活动中,班主任对班级中出现的来自外部环境信息的影响及时主动关注,并将其转化为班级建设中的重要内容,如通过每周的主题班会、日常教育活动等引导学生正确认识、理解外部事件产生的原因、带来的问题等,教师也从回避转向主动回应社会热点、学生关注点,让学生的世界观、价值观得到有益补充。在"我是小演员"主题活动中,学生模仿教师罚抄作业的神态、模仿家长玩手机的情景,让教师和家长都意识到外部环境的影响无孔不入。与其回避,不如将其转化为教育契机。在"厉害了,我的国"主题活动结束之后,班主任发现孩子们对世界的观察和思考深度远超教师和家长的想象——孩子们独特的视角、独到的理解已经成为班级教育的重要资源。此外,"'嫦娥'奔月""三星堆挖掘""国庆阅兵""国际冲突"等在社会上广泛传播的重大热点事件,都能通过班级小视频活动在班级中进行传播,并对学生产生正向影响。

教师和家长在班级活动结束之后都充分意识到外部环境对学生的影响,外部环境信息在教师、家长的正确引导下,也能成为班级建设的重要资源,不仅给学生走进社会、了解世界提供了宽阔的渠道,更是推动了教师、家长及学生之间基于共同关注事件的交往和互动,推动群体之间的深度交往。同时,学生对不同事件的差异认知,直接促进了基于学生需要的认识、情感、态度及行为的转化,这种直面环境影响的教育效果远远好于之前的回避模式下的班级建设效果。

2. 正视差异,推动生态型班级建设动态发展

教师群体、学生群体及家长群体的构成复杂,个体因为个人经历、教育程度、价值观念、家庭背景、生长环境等的差异,在不同的情境下对同一事件有着不同的行为选择。正因为如此,更凸显了每一个个体的独特和不可替代。也正是这种差异性,给班级建设提供了丰富的资源和充沛的动力源。活动研究初期,教师对"差异"有着一种天生的排斥,学生的"奇思异想"都可能被认为是故意调皮捣蛋,学生的不同看法都可能被认为是对权威的挑战,这其实是对学生个体差异的认识不足。解决问题时往往需要正视差异,并了解差异背后的原因,这样才能促进学生的生命成长。在"书房印象"主题活动中,出现了学生绘画不完整和不能按时完成,以及所画的书房里有电视、玩具等物件的情况,班主任和绘画教师对这些情况进行了引导或者责问。但经过沟通,教师们了解到孩子的个性差异以及理解能力差异,对学生们的作品也有了新的认识。在类似的情境下,研究团队介入班级活动后与班级教师进行沟通,对他们进行引导,让他们越来越重视孩子们的差异性,并学会在班级建设中悦纳这种差异性。

正确认识差异性,是群体形成的重要前提。只有认识差异、接受差异,才能在纷杂的环境中形成自我认知的能力,才能以更大格局去探究问题产生的根源,找到解决问题的途径。正如生态系统中的有机体构成了生态系统的丰富性、多样性,班级中多个群体之间的思维模式直接影响了群体内部沟通、交流的有效性,群体内个体所持的思维方式反映了他们看待问题的立场与视角,并决定了他们解决问题的思路和方式。单一的思维方式往往透露出行为主体的思维定式,一旦行为主体产生思维定式,其所做的决定及产生的后果都将变得理所应当。现实中,无论是教师还是家长都喜欢把班级中的人和事看成是单一的。在面对教师在班级中的教育行为时,家长理所当然地将教师的行为归结为个人决定,而忽视教师所面临的群体压力、学校压力,或者家庭压力等给教师的教育行为带来的影响,没有将教师置于其所处的具体教育情境之中。教师在面对学生的问题时,往往基于个人经验简单处置,没有将学生在群体中的处境、当前的状态、行为背后的家庭因素等纳入影响教育决策的因素中。因此,正视群体中每个个体的差异性是推动生态型班级建设的内在动力。

(四)生态型资源观提供更多的教育资源

生态型班级建设的资源观是将班级建设中所遭遇的社会现象、班级问题等,通过分析整合,将其转化为支撑生态型班级多样化发展的重要资源。现象或问题之所以在班级中产生影响,是因为引起了班级中主体的注意,只有直面社会事件,将其转化为班级建设的教育资源,方能更加贴合班级建设的需要、群体成长的需要。成体系的资源转化必将提高班级建设的自适应性和自组织性,以及提高有效抵抗外部胁迫的能力,加快恢复生态健康。

1. 家长深度参与,推动班级建设资源的丰富供给

在问卷调查和与家长深度访谈的过程中,我们了解到家长群体参与班级建设的方式仅限于做值日、做板报和极少数的家长课堂。而亲子关系和家校联系这一部分仅限于学习状态的交流,或者是出现相关问题时的交流。至于家长群体内部的交流则少之又少,即使有也只是询问作业。在这种状态下,家长群体在构建生态型班级中的作用远远没有得到最大限度的发挥。

每一位家长身后的人生阅历与智慧、职业经历、社会生活都可以成为班级建设中的有效资源。在班级实践活动中将家长的资源引入班级,让家长参与策划或组织,即使家长仅仅是在家庭内部对学生进行指导,这一关系的建立、发展与完善,于学生而言可以实现他们的发展需要。同时,在这些活动中,亲子间的交流,学生或教师对于家长参与的认可度,使家长更有主体意识,从而提升家长在学生成长、班级建设中的投入度。

在生态型班级建设行动研究中,受"厉害了,我的国"启发,班级后续开展了"每月一讲"活动,邀请不同工作岗位上的家长参与到班级社会时事热点交流活动中,一方面增加了学生认识世界的深度,另一方面,通过家长参与,有效补充了班级建设所需的、班主任所不掌握的教育资源。这类活动所形成的教育资源,源于真实的生活世界,教师生活、学生生活和家长的日常生活共同构成班级真实、开放的生活环境,让班级从封闭逐渐变得开放,让学生更多地直面社会生活,产生更为丰富的认识,获得更加真实的情感体验。一旦群体遭遇认知冲突,解决问题的出发点就不能仅限于封闭状态下的班级,而要将主体置于真实的社会环境中,分析影响行为生成的众多因素,将班级中的环境资源转化为班级建设资源,推动学生获得更多的真实体验,提升主体的自我建设能力。

2. 以问题为导向,推动班级建设资源的动态生成

生态型班级建设过程中,教师群体、家长群体不再将班级中出现的问题视为麻烦,而是将其视作契机,通过问题解决推动班级建设更进一步。在入班观察期间,"一份作业引起的争端"引发了紧张的家校关系。教师询问学生作业未做的原因,学生的回答是家长说可以不做,这引起了教师的极度不满;教师在班级中的不当话语,又被学生传递回家中,引起了家长的怨愤。一场教师和家长之间的"大战"一触即发,围观的家长群体也是各持己见。在笔者与教师沟通之后,教师舒缓了急躁的情绪,主动向家长了解其言论的缘由,原来是家长对作业量的牢骚表达而已。沟通后教师与家长达成了多沟通、常联系的意愿,这也给班级中教师群体与家长群体上了一堂真实生动的案例课。

因此,在推进生态型班级建设的过程中,教师、家长遇到问题时,第一时间想到的不应是责难,而是分析问题,找出成因所在,并一同解决。无论是教师还是家长都不刻意回避问题,并将其视为班级建设的新动能。问题的出现和解决必将带来班级内部的变化,正确化解问题,则有利于积累班级的健康因素;若是长期漠视问题,则必将给班级建设带来毁灭性的打击。

二、生态型班级建设的反思

回顾近两年的实践活动,笔者有颇多的收获,也有些许的遗憾。当初选择一个班级做班级实践活动,是想尝试着针对现阶段班级建设中各种关系复杂交错的现状做一些改善,从而构建理想的生态型班级——不仅聚焦学生的生命成长,而且班级中的各主体都能和谐共生。

叶澜教授在20世纪末就提出:"从生命的高度用动态生成的观点看课堂教学,包含着多重丰富的含义。"①这一思想开启了教学改革的新空间。而从班级建设来看,我们同样需要班级具有动态生成的能力。

生态型班级是一个群体融合共生的健康生态系统。但是生态体系的复杂性,给生态型班级建设带来了诸多困难。在推动班级建设的生态转型中,存在教师群体凝聚力不强、学生多样成长缺乏良好的教育氛围、家长群体有力无处使等困难。

(一)需要构建以班主任为核心的群体融合共生路径

群体融合共生是生态型班级建设的重要目标,多元主体参与班级建设看似容易,实则需要有效整合各方需求,实现各方意愿,在班级建设过程中发挥群体的大智慧。如果以班主任的微薄之力,将难以有效支撑生态型班级建设的持续发展,构建以班主任为核心的生态圈层显得尤为重要。在推进生态型班级建设过程中,班主任的引领,教师、家长和学生之间无形壁垒的破除,是生态型班级

---

① 叶澜.让课堂焕发出生命活力——论中小学教学改革的深化[J].教育研究,1997(9).

建设成功的关键。但在现实学校教育中,相对独立的分工、互不干扰的工作模式依旧是许多班级建设的取向。

在行动研究的过程中发现,在现阶段的教育环境中,大多数的教师更关注学科教学。与班主任有所不同的是,科任教师更多地陷入自己的学科教学中,而忽视了班级生态环境的构建。在班级实践活动中,例如在"厉害了,我的国"主题活动中,邀请了科学教师作为指导教师参与活动全程的设计与表演,学生的创新性思维和较强的动手能力都让科学教师刮目相看。通过参与活动,教师群体会更敏锐地感受到来自外界的挑战,这些挑战包括学生在不同发展阶段的需求、对于外界开放学习的适应性,以及家长群体对教育的期待。这些都有助于唤醒教师的学习意识,促进其提升学习力,从而帮助其在生态型班级建设中实现自我角色的重新定位。

但在持续近两年的活动里,鲜有科任教师主动参与到活动中。虽然只要被邀请,各科教师都会全力配合,但各科教师缺乏参与主动性却是这次行动研究中的一大遗憾。究其原因还是教师群体的教育合力不足。

班主任在班级建设中的相对权威,让其成为班级建设的核心,这就需要班主任具有全方位的统筹协调能力,能够引领教师群体、调动家长群体,并让这两个群体形成合力。一旦班主任失去了引领能力,班级建设就会陷入多方争夺战,让班级建设无所适从,从而失去了生态活力。

班主任是生态型班级建设的价值引领者。生态型班级不仅群体多样,更是各个群体内在价值共鸣、共生、共长的场域,在班级这一公共空间推动各群体丰富的精神生活,以实现多群体融合共生。这一目标的达成,需要教师主动承担引领者的角色,在诉求多元的公共空间推动共同愿景的形成,构建班级建设的共同体。苏霍姆林斯基在《全面发展个性的培养问题》中写道:"学校作为拥有高度教养和文化的基地,缺乏集体的多样而丰富的精神生活是不可思议的,个性缺乏丰富的精神生活也是不可思议的。"[1]因此,共同的价值追求是生态型班级的重要驱动力。

---

[1] 龚浩然,黄秀兰.班集体建设与学生个性发展[M].广州:广东教育出版社,1999.

以"融合"促"共生":生态型班级建设研究

班主任应主动引领教师群体建设,并推动群体之间基于互信、互助的沟通交流。在班级建设实践中,教师群体的生态发展情况是影响班级组织结构变革的关键变量。教师之间的互动形成的组织架构,是教师群体生态、班级生态重构的关键。教师之间应摒弃单打独斗的保守思想,主动与同伴交换想法、相互支撑、分享教育实践中成功的喜悦与失败的痛苦,成为一个相互支撑、共同成长的生命共同体。生态型班级建设首要的是建好教师群体,苏霍姆林斯基曾对教师说:"您的班集体是一个复杂的乐队,在这里您既是作曲家,也是指挥家。班集体的生活,应当是微妙和崇高的道德和情感关系的一所学校,应当是思想、感情、愿望这种十分和谐的交响乐的一所学校。在这曲交响乐中,既有每一个人鲜明和独特的个性,也有一切个性构成的完整统一。"[①]教师群体好比一支乐队,除了要求作为乐队指挥的班主任有高超的指挥水平外,还需要各个乐手心灵相通、目标一致,在指挥的引导下相互配合,达成琴瑟共鸣的完美局面。苏霍姆林斯基说过:一个志同道合的创造性友好群体,这个群体中每个人都为集体的创造作出个人贡献;每个人借助于集体的创造在精神上得到充实,同时,他又使他的同事们在精神上充实起来。只有这样,教师群体才能被彻底激活,人人皆是教育活动的主角,相互支撑配合,教师群体才会呈现出应有的活力,形成和谐发展的教育合力。

班主任要主动引领多群体发展。生态型班级建设,必须要充分发挥班主任及科任教师引领者的作用,将学生群体的成长需要转化成三类主体的互动动力。在教师群体的带动下,群体之间沟通顺畅、相互融合、相互滋养,实现班级建设共同愿景下的成长共同体。梅贻琦先生曾说:"学校犹水也,师生犹鱼也,其行动犹游泳也。大鱼前导,小鱼尾随,是从游也。从游既久,其濡染观摩之效,自不求而至,不为而成。"在教师群体的示范带领下,学生群体、家长群体都能凝聚在"成人成事"的目标上。

(二)直面外部环境的不确定性对生态型班级建设的影响

班级外部世界的发展性和丰富性已经打破了原有班级相对封闭和单一的

---

① 蔡汀,王义高,祖晶.苏霍姆林斯基选集(五卷本):第3卷[M].北京:教育科学出版社,2001.

形态,它的不确定性、复杂性、开放性、多元互动性让学生、教师与家长都必须面对它且沉浸其中。所以在班级实践活动中适当地引入外界社会的信息,在学生个体价值意识迅速觉醒的时期,对他们加以正向引导,从而使他们形成开阔的视野和富有理性深度的认识。

整个实践活动呈现出个体与个体、个体与群体、群体与群体之间的多维互动、共同发展,而这种互动与发展促进了班级生态的良性循环。

生态型班级是关系复杂、互动频繁的开放系统,它与环境有密切的联系,能与环境相互作用,并能不断地向适应环境的方向发展变化。生态系统中各个主体之间的联系广泛而紧密,构成了一个网络体系。

生态型班级中人与人之间的连接存在无限可能,班级建设中的每一个点都是牵一发而动全身,无法脱离生态网络而独善其身。拓扑结构关系网络是班级生态的一个显著特征。生态网络中,教师、学生、家长都是拓扑结构中的节点,主体间都处于平等地位,任意二者之间都可以通过生态网络产生互动,从而引起相关联的群体之间的广泛互动,并形成新的关系。

因此,如何把握好生态型班级建设的开放度,对哪些个体或群体开放,对于教师、学生和家长而言都是一个新课题,值得深入研究与商榷。班级建设的开放度如何拿捏成为班级建设面临的重大难题:一方面,开放后对班主任掌控班级的能力提出了更高的要求;另一方面,对教师将复杂的信息、能量、物质等转化为有效教育资源的能力,以及对产生的负向影响的甄别和纠偏能力提出了高要求。

在近两年的行动研究中,在每一次的班级活动中都能发现,随着年龄的增长,学生对外部世界的探究心、求知欲越来越重,对社会热点等各类信息都有所关注,并且还会相互分享。班级从最初的封闭走向开放,必然面临各种挑战和未知。"不确定性"扑面而来,学生千奇百怪的追问,往往让教师面临阶段性的窘迫。因此,一定要充分认识到班级开放的复杂性,根据形势预判做好准备。例如,在"我是小演员"主题活动中,有的小组选择了关于早恋的话题。对于涉及这类话题的情景剧,班主任感到有些尴尬,甚至想干预,让学生换一个话题。经过研究团队的反复沟通,最终班主任放弃了原有的想法,但依旧能感受到直面这类话题时,班主任选择回避。

事实上,无论是面对班级中的情感冲突还是行为冲突,教师都必须发挥主导作用,秉持育人初衷,重视冲突的价值和作用,并引导冲突发展的方向,形成正向作用。只有这样才能激发群体活力,成就生态型班级。一旦教师在处理冲突时选择忽略冲突,将冲突隐蔽起来,机械、生硬地开展班级建设,就必然会导致学生之间、师生之间、教师与家长之间缺乏交流,使班级生态得不到充分涵育,个体差异性发展、群体共同成长都难以在班级建设中实现,平等、友爱、和谐、共同成长等班级生态核心因子都难以体现,班级毫无健康活力。因此,在后续的生态型班级建设中,需要继续探究班级在遭遇冲突后,教师如何将冲突转为教育契机、教育资源。

外部环境的不确定性还来自其他方面。在近两年的行动研究中也有些许的遗憾,因为疫情原因,后续的很多活动都在线上开展,面对面地感知个体和班级的存在与线上交流之间终究存在很大差异。但在这种"相见不相遇"的线上环境中,如何构建生态型班级也是一个值得继续探究的问题。

结　　语

　　班级建设的生态型重构,必然是一条艰难的道路。从传统班级管理转向生态型班级建设,在当前教育环境日趋开放、复杂的背景下,显得尤为重要。开展生态型班级建设,必须了解班级的生态。生态是客观存在的主体与环境之间互动所形成的一种独特形态,每一个班级有着自己独有的形态。自入学伊始,班级便有着自己独特的生态特征,这种特征不仅包括教师、学生和家长的关系,还涵盖了他们的成长背景等,这些因素共同构成了与其他班级不同的班级生态。在班级生态中,每一个生态主体都是独一无二的,都有着自己特殊的成长经历、知识背景、家庭环境、朋辈关系。我们应该清醒地认识到,我们所面对的每一个人,都无法用其他人的"模子"去"套用"或对待,我们需要用生态的视野和生态的教育行为,让每一个生命体在班级中都能够获得足够的生长空间,表达自己的成长需求,获得应有的支撑资源,实现自身健康、快乐地成长。同样,每一个班级的生态也都是独一无二的,我们不能简单地将班级设计成像一个"模子"印刻出来的,我们要认清班级中的每个生态因子,并通过生态因子构建生态型班级。

　　本研究采用生态学视角对班级建设进行分析,是基于班级建设环境复杂、主体多样、诉求多元的预判。同时,笔者深深地觉得教师、学生和家长都能够在班级建设中获得更多的生命成长,彼此之间并非仅有激烈的竞争与残酷的淘汰。在原本复杂的生态理论中,厘清班级生态的原意本属不易,有的研究内容还不是很深入,生态学中的生态模型构建方式不适合用在班级中,对班级开展直接测量与诊断;在生态型班级建设中,笔者对班级中的群体有了更新的认知,尤其是从群体活力、组织结构和群体面临胁迫压力时的自我恢复能力等三方面重新认识了班级建设中种种资源的生成、转化和利用，但由于生态体系复杂，对班级建设中多个群体的整体构建研究量化不够，各类指标和体系化建设不足；在行动研究中，推动生态型班级建设的维度和深度受到个人主观因素和其他客观因素的不同影响，在生态型班级建设路径的实践层面，还存在持续、系统的深入研究空间。或许生态本身就是复杂、多样的，这也给后续的研究留下了许多空白，只能期盼在今后的研究中，学者能以实践为主，推动生态理论在班级建设中的应用。

生态型班级建设的研究之路还需要更多的生态范式，需要更多地用生态思维进行探索和实践。在研究过程中，有以下几方面还需要进一步深入探讨：

1. 如何建立有效的评价体系，以应对复杂、系统、多样的生态型班级建设？

2. 如何将班级日常生活中的各种资源，有效整合进生态型班级建设的过程之中？

3. 如何有效推动生态型班级建设中不同群体之间的互动交往，并带动班级建设向更高阶段发展？

至此，笔者深感生态理论对班级建设有着重大的理论创新意义。同时，也深感自己对生态理论研究及运用认知肤浅，无论是在研究理论的体系化方面，还是在研究内容的深度方面，都存在明显的不足。笔者只期望，以一砖之力，敲破班级建设的传统外壳，为班级建设研究带来新的视角。

基于对研究的困惑与反思，笔者今后将进一步加强对不同生态群体的研究，如加强对教师群体生态、学生群体生态、家长群体生态等的研究，在构建好群体内部生态组织结构的同时，深化对不同群体间交互内容与路径的研究，并与教育实践相结合，探索出层次分明、群体互动有序的生态型班级体系，真正实现班级建设的生态之义。

生态是一种研究范式，更是一种价值追求，笔者希望以此文为起点，在今后不断加强对生态视角下班级建设的系统研究，将更多的生态元素融入班级建设过程中，让班级建设能够承载更多的生命成长，让每一个生命都能在其中绽放。

参 考 文 献

一、著作类

[1] 奥德姆. 生态学基础[M]. 孙儒泳,等译. 3版. 北京:人民教育出版社,1981.

[2] 奥德姆,巴雷特. 生态学基础[M]. 陆健健,等译. 5版. 北京:高等教育出版社,2009.

[3] 多尔. 后现代与复杂性教育学[M]. 张光陆,等译. 北京:北京师范大学出版社,2016.

[4] 特克尔. 群体性孤独:为什么我们对科技期待更多,对彼此却不能更亲密?[M]. 周逵,刘菁荆,译. 杭州:浙江人民出版社,2014.

[5] 多尔. 后现代课程观[M]. 王红宇,译. 北京:教育科学出版社,2015.

[6] 伊利奇. 去学校化社会:汉英双语版[M]. 吴康宁,译. 北京:中国轻工业出版社,2017.

[7] 杰克森. 什么是教育[M]. 吴春雷,马林梅,译. 合肥:安徽人民出版社,2012.

[8] 马尔腾. 人类生态学——可持续发展的基本概念[M]. 顾朝林,等译. 北京:商务印书馆,2012.

[9] 胡塞尔. 欧洲科学危机和超验现象学[M]. 张庆熊,译. 上海:上海译文出版社,1988.

[10] 马克思. 1844年经济学—哲学手稿[M]. 刘丕坤,译. 北京:人民教育出

版社,1979.

[11] 康德.论教育学[M].赵鹏,何兆武,译.上海:上海人民出版社,2005.

[12] 福禄培尔.人的教育[M].孙祖复,译.北京:人民教育出版社,1991.

[13] 莫兰.复杂性理论与教育问题[M].陈一壮,译.北京:北京大学出版社,2004.

[14] 莫兰.复杂思想:自觉的科学[M].陈一壮,译.北京:北京大学出版社,2001.

[15] 朗格朗.终身教育导论[M].滕星,等译.北京:华夏出版社,1988.

[16] 勒庞.乌合之众 集体心态的奥秘[M].段力,译.北京:时事出版社,2014.

[17] 范梅南.教学机智——教育智慧的意蕴[M].李树英,译.2版.北京:教育科学出版社,2014.

[18] 富兰.变革的力量——透视教育改革[M].中央教育科学研究所,加拿大多伦多国际学院组织翻译.北京:教育科学出版社,2004.

[19] 苏霍姆林斯基.给教师的建议[M].杜殿坤,编译.2版.北京:教育科学出版社,1984.

[20] 科恩.自我论[M].佟景韩,等译.北京:三联书店,1986.

[21] 佐藤学.教育方法学[M].于莉莉,译.北京:教育科学出版社,2016.

[22] 佐藤学.静悄悄的革命:课堂改变,学校就会改变[M].李季湄,译.北京:教育科学出版社,2014.

[23] 赫勒.日常生活[M].衣俊卿,译.哈尔滨:黑龙江大学出版社,2010.

[24] 马克思,恩格斯.马克思恩格斯选集(第一卷)[M].中共中央马克思恩格斯列宁斯大林著作编译局,编译.北京:人民教育出版社,1972.

[25] 王先谦.荀子集解[M].北京:中华书局,1988.

[26] 张耿光,译注.庄子全译[M].贵阳:贵州人民出版社,1991.

[27] 吕惠卿.庄子义集校[M].北京:中华书局,2009.

[28] 赵守正.管子注译 下[M].南宁:广西人民出版社,1987.

[29] 安小兰.荀子[M].北京:中华书局,2007.

[30] 解保军.生态学马克思主义名著导读[M].哈尔滨:哈尔滨工业大学出版社,2014.

[31] 范国睿.教育生态学[M].北京:人民教育出版社,2000.

[32] 李家成.班级日常生活重建中的学生发展[M].福州:福建教育出版社,2015.

[33] 王道俊,郭文安.教育学[M].7版.北京:人民教育出版社,2016.

[34] 吴林富.教育生态管理[M].天津:天津教育出版社,2006.

[35] 吴鼎福,诸文蔚.教育生态学[M].南京:江苏教育出版社,1990.

[36] 张金屯,李素清.应用生态学[M].北京:科学出版社,2003.

[37] 赵祥麟,王承绪.杜威教育论著选[M].上海:华东师范大学出版社,1981.

[38] 孙芙蓉.课堂生态研究[M].杭州:浙江大学出版社,2013.

[39] 闫蒙钢.生态教育的探索之旅[M].芜湖:安徽师范大学出版社,2013.

[40] 周鸿.人类生态学[M].北京:高等教育出版社,2001.

[41] 马和民.新编教育社会学[M].上海:华东师范大学出版社,2002.

[42] 李聪明.教育生态学导论——教育问题的生态学思考[M].台北:台湾学生书局,1989.

[43] 王成兵.一位真正的美国哲学家:美国学者论杜威[M].北京:中国社会科学出版社,2007.

[44] 蔡汀,王义高,祖晶.苏霍姆林斯基选集(五卷本):第3卷[M].北京:教育科学出版社,2001.

[45] 蔡汀,王义高,祖晶.苏霍姆林斯基选集(五卷本):第5卷[M].北京:教育科学出版社,2001.

[46] 任凯,白燕.教育生态学[M].沈阳:辽宁教育出版社,1992.

[47] 李际.生态学范式研究:来自科学哲学的回答[M].北京:人民出版社,2018.

[48] 孙孔懿.苏霍姆林斯基教育学说[M].北京:人民教育出版社,2018.

[49] 魏忠.教育正悄悄发生一场革命[M].上海:华东师范大学出版社,2014.

[50] 毛亚庆.从两极到中介——科学主义教育和人本主义教育方法论研究[M].北京:北京师范大学出版社,1999.

[51] 龚浩然,黄秀兰.班集体建设与学生个性发展[M].广州:广东教育出版社,1999.

[52] 金生鈜.理解与教育:走向哲学解释学的教育哲学导论[M].北京:教育科学出版社,1997.

[53] 佟立.当代西方生态哲学思潮[M].天津:天津人民出版社,2017.

[54] 叶澜,等.教师角色与教师发展新探[M].北京:教育科学出版社,2001.

[55] 联合国教科文组织.教育:财富蕴藏其中[M].联合国教科文组织总部中文科,译.北京:教育科学出版社,2014.

[56] 联合国教科文组织.反思教育:向"全球共同利益"的理念转变?[M].联合国教科文组织总部中文科,译.熊建辉,校译.北京:教育科学出版社,2017.

[57] 张鲁川,金琪.建设现代型班级[M].南京:江苏科学技术出版社,2014.

[58] 叶澜.回归突破:"生命·实践"教育学论纲[M].上海:华东师范大学出版社,2014.

[59] 卜玉华.事理意蕴:"生命·实践"教育学理据之问[M].上海:华东师范大学出版社,2014.

[60] 刘良华.西方哲学:"生命·实践"教育学视角之思[M].上海:华东师范大学出版社,2014.

[61] 李家成,王晓丽,李晓文."新基础教育"学生发展与教育指导纲要[M].桂林:广西师范大学出版社,2009.

[62] 卜玉华."新基础教育"课堂教学改革的深化研究[M].福州:福建教育出版社,2014.

[63] 张向众,叶澜."新基础教育"研究手册[M].福州:福建教育出版社,2015.

[64] 李政涛."新基础教育"研究传统[M].福州:福建教育出版社,2015.

[65] 刘铁芳.追寻生命的整全:个体成人的教育哲学阐释[M].北京:高等教

育出版社,2017.

[66] 王怀玉.从班级到成长共同体[M].上海:华东师范大学出版社,2019.

[67] 高静.班课一体化:学校治理新机制[M].武汉:华中科技大学出版社,2018.

[68] 陈宇.班主任工作思维导图[M].北京:教育科学出版社,2019.

[69] 郑师章,呈千红,等.普通生态学——原理、方法和应用[M].上海:复旦大学出版社,1994.

[70] 邓小泉.中国传统学校教育生态系统的历史演化[M].苏州:苏州大学出版社,2014.

[71] 方炳林.生态环境与教育[M].台北:维新书局,1975.

[72] 方然.教育生态论纲[M].昆明:云南大学出版社,1998.

[73] 吴一舟.你的教育生态了吗[M].杭州:浙江教育出版社,2002.

[74] 江光荣.班级社会生态环境研究[M].武汉:华中师范大学出版社,2002.

[75] 周培植.走进高品质教育生态[M].杭州:浙江教育出版社,2005.

[76] 陈益志.生态化学校教育[M].上海:上海远东出版社,2006.

[77] 景小霞,张立,等.追寻绿色教育生态梦想:北京市万泉小学教育创新研究[M].北京:教育科学出版社,2010.

[78] 范国睿,等.共生与和谐:生态学视野下的学校发展[M].北京:教育科学出版社,2011.

[79] 田小红.知识的境遇:中国比较教育学的学术生态[M].北京:高等教育出版社,2011.

[80] 闫艳.基础教育学校评估:教育生态学的视野[M].杭州:浙江大学出版社,2020.

[81] 储朝晖.重建教育生态[M].上海:华东师范大学出版社,2018.

[82] 顾明远.世界教育大事典[M].南京:江苏教育出版社,2000.

二、论文类

[1] 王建军,叶澜."新基础教育"的内涵与追求——叶澜教授访谈录[J].教育

发展研究,2003(3).

[2] 陈东永,李红鸣,郭子其.学校文化生态教育的整体育人实践研究——以成都树德中学的"卓越人生"教育为例[J].中国教育学刊,2018(3).

[3] 刘贵华,岳伟.论教师的课堂生态意识及其提升[J].教育理论与实践,2015(16).

[4] 岳伟,刘贵华.走向生态课堂——论课堂的整体性变革[J].教育研究,2014(8).

[5] 任萍,郭雨芙,秦幸娜,等.中小学班级生态系统及其与个体学校适应的关系[J].北京师范大学学报(社会科学版),2017(5).

[6] 范国睿.美英教育生态学研究述评[J].华东师范大学学报(教育科学版),1995(2).

[7] 范国睿,王加强.当代西方教育生态问题研究新进展[J].全球教育展望,2007(9).

[8] 孙芙蓉.病态课堂产生的原因及对策——基于生态学的思考[J].课程·教材·教法,2013(6).

[9] 古立新.教师专业发展的生态学思考[J].当代教育科学,2004(11).

[10] 靳丽华.班级管理的生态化探析[J].教育理论与实践,2012(19).

[11] 邓小泉,杜成宪.教育生态学研究二十年[J].教育理论与实践,2009(5).

[12] 陈斌斌,李丹.班级生态系统对儿童亲社会行为影响的研究述评[J].心理科学进展,2008(5).

[13] 鲁洁.超越性的存在——兼析病态适应的教育[J].华东师范大学学报(教育科学版),2007(4).

[14] 宋秋前.基础教育课程改革应注意教学生态的和谐平衡[J].教育理论与实践,2007(8).

[15] 李家成.重建学校德育生态——"新基础教育"研究的启示[J].中国教育学刊,2007(4).

[16] 江光荣,林孟平.班级环境与学生适应性的多层线性模型[J].心理科学,2005(6).

[17] 李森.论课堂的生态本质、特征及功能[J].教育研究,2005(10).

[18] 江光荣.中小学班级环境:结构与测量[J].心理科学,2004(4).

[19] 徐陶,彭文波.课堂生态观[J].教育理论与实践,2002(10).

[20] 肖川.文化生态视域中的师生关系[J].高等师范教育研究,1999(4).

[21] 岳伟,李琰.生态文明教育亟须立法保障[J].教育科学研究,2021(2).

[22] 王加强,梁元星.我国教育生态研究的进展与问题[J].当代教育科学,2008(19).

[23] 班华.建设中国特色的班级教育学[J].教育科学研究,2018(4).

[24] 宁云中.生态空间失衡与重构:大学课堂的微观思考[J].大学教育科学,2016(4).

[25] 王凤产.试探教育生态规律[J].河南师范大学学报(哲学社会科学版),2011(4).

[26] 刘春梅,张皓珏.论教育生态的偏颇与修复[J].河南师范大学学报(哲学社会科学版),2015(4).

[27] 高向斌,光霞.提升学生学习投入 营造课堂公平——美国课堂教学的五维度21条教学策略评述[J].教育科学文摘,2015(2).

[28] 马治军.中国古代生态理论资源的核心蕴含与后现代价值论析[J].河南师范大学学报(哲学社会科学版),2013(3).

[29] 鲁洁.道德教育的根本作为:引导生活的建构[J].教育研究,2010(6).

[30] 罗顺元.儒家生态思想的特点及价值[J].社会科学家,2009(5).

[31] 埃格尔斯顿,范国睿.教育生态学的研究对象[J].现代外国哲学社会科学文摘,1995(11).

[32] 岳龙.中国教育传统结构的人文生态分析[J].河南师范大学学报(哲学社会科学版),2001(2).

[33] 卜玉华.当代我国班级生活的独特育人价值及其开发之研究[J].教育理论与实践,2008(8).

[34] 王加强,范国睿.教育生态分析:教育生态研究方式初探[J].教育理论与实践,2008(7).

[35] 周荣.我国古代的生态观及其现实启示[J].理论探索,2008(3).

[36] 尹观海,段秋平,朱德龙.人类生态意识与教育发展合生态性思想[J].教育探索,2007(5).

[37] 崔建霞.环境教育:由来、内容与目的[J].山东大学学报(哲学社会科学版),2007(4).

[38] 方然.教育生态的理论范畴与实践方向[J].云南师范大学学报(哲学社会科学版),1997(1).

[39] 刘建军,王文杰,李春来.生态系统健康研究进展[J].环境科学研究,2002(1).

[40] 孙益,武美红.如何用科学的手段来管理学校?——19世纪末20世纪初管理进步主义影响下的美国学校教育变革[J].教育科学研究,2017(6).

[41] 朱小蔓,王平.在职场中生长教师的生命自觉——兼及陶行知"以教人者教己"的思想与实践[J].南京师范大学学报(社会科学版),2017(3).

[42] 朱振林.生态位重叠与生态位空场:生态系统视角下高等学校的错位发展[J].黑龙江高教研究,2013(4).

[43] 叶海龙."实践共同体"及其对教师专业发展的启示[J].当代教育科学,2011(6).

[44] 孙燕,周杨明,张秋文,等.生态系统健康:理论/概念与评价方法[J].地球科学进展,2011(8).

[45] 李政涛.教育呼唤"生命自觉"[J].人民教育,2010(23).

[46] 徐金海.对班级共同体的理性思考[J].湖南师范大学教育科学学报,2009(3).

[47] 王加强.教育生态研究方式的进展与反思[J].上海教育科研,2010(11).

[48] 赵良平.森林生态系统健康理论的形成与实践[J].南京林业大学学报(自然科学版),2007(3).

[49] 李树英.教育现象学:一门新型的教育学——访教育现象学国际大师马克斯·范梅南教授[J].开放教育研究,2005(3).

[50] 范国睿.复杂科学与教育组织管理研究[J].教育研究,2004(2).

[51] 肖风劲,欧阳华.生态系统健康及其评价指标和方法[J].自然资源学报,2002(2).

[52] 谢维和.班级:社会组织还是初级群体[J].教育研究,1998(11).

[53] 叶澜.让课堂焕发出生命活力——论中小学教学改革的深化[J].教育研究,1997(9).

[54] 王荣,裴秀芳.基础教育课程改革中的教师文化困境及其重建[J].教育理论与实践,2017(10).

[55] 张向葵.教育生态:课堂教学监控的鲜活生命[J].教育科学研究,2003(7).

[56] 马兰霞.公民教育视野下"班级公共生活"的构建[J].思想理论教育,2010(20).

[57] 邢永富.世界教育的生态化趋势与中国教育的战略选择[J].北京师范大学学报(社会科学版),1997(4).

[58] 吴鼎福.教育生态学刍议[J].南京师范大学学报(社会科学版),1988(3).

[59] 范国睿.劳伦斯·克雷明的教育生态学思想述评[J].成都师范学院学报,1995(2).

[60] 范国睿.教育生态系统发展的哲学思考[J].教育评论,1997(6).

[61] 范国睿.试论教育资源短缺及其对教育生态系统发展的影响[J].河北师范大学学报(教育科学版),1998(1).

[62] 范国睿.试论教育资源浪费及其对教育生态系统发展的影响[J].教育学术月刊,1998(2).

[63] 范国睿."文化生态与教育发展"论纲[J].教育探索,2001(4).

[64] 周振宇.追寻学校发展的共生生态——基于学校的教育生态优化研究[J].教育理论与实践,2010(8).

[65] 梁保国,乐禄祉.教育的生态文化透视[J].高等教育研究,1997(5).

[66] 刘贵华.生态哲学与大学教育思想变革[J].高教探索,2001(3).

[67] 邓威.营造高品质的教育生态[J].人民教育,2003(21).

[68] 王国聘.生态整合:哲学视野下的生态学方法[J].南京工业大学学报(社会科学版),2014(2).

[69] 田真,吴明放.浅析教育的生态环境[J].中国教育学刊,2001(4).

[70] 关文信.西方教育生态学理论对课堂教学监控的启示[J].外国教育研究,2003(11).

[71] 李景春.生态位理论视域中的教育生态系统及其发展[J].教育科学,2006(3).

[72] 胡继飞.论大班额背景下的我国学校教育生态[J].教育研究与实验,2006(4).

[73] 刘贵华,史寒屹.教育生态理论研讨会简述[J].教育研究,2008(9).

[74] 郭丽君,陈中.试析教育生态学的学科定位[J].现代大学教育,2016(2).

三、网站和报纸类

[1] 王利华.生态文明建设离不开生态文明教育[N].人民日报,2017-06-21(7).

[2] 李力.略论"生态和谐"教育理念[N].光明日报,2002-05-31(3).

[3] 《中国学生发展核心素养》发布[EB/OL].(2016-09-14)[2023-09-14] http://edu.people.com.cn/n1/2016/0914/c1053-28714231.html.

[4] JEANNE G. Tribes Learning Community:A new way of Learning and Being Tougher [EB/OL].(2009-10-18)[2023-09-14] http://www.tribes.com.

四、英文类

[1] MARLA M. Ecological Consciousness and Curriculum[J]. Curriculum Studies,2002(5).

[2] SHRADER-FRECHETTE K S. Ecosystem health:a new paradigm for ecological assessment?[J]. Trends in Ecology&Evolution,1994(12).

参考文献

[3] CREMIN L A. Public Education[M]. New York:Basic Books,1976.

[4] CHAPMAN J L, REISS M J. Ecology: principles and alicaions[M]. Cambridge:Cambridge University Press,1999.

[5] KREBS C J. Ecology: The Experimental Analysis of Distribution and Abundance[M]. Beijing:Science Press,2003.

[6] MONICA H. Ecology in education [M]. Cambridge: Cambridge University Press,1993.

[7] BOWERS C A, FLINDERS D J. Responsive teaching: an ecological approach to classroom patterns of language, culture and thought[M]. New York:Teachers College Press,1990.

[8] RILEY-TAYLOR E. Ecology,spirituality and education: curriculum for relational knowing[M]. New York:Peter Lang Publishing,2002.

[9] JOHNSON E A,MAPPIN M J. Environmental education and advocacy: changing perspectives of ecology and education[M]. Cambridge: The Univ. Pr. ,2005.

[10] GOLLEY F B. A history of the ecosystem concept in ecology: more than the sum of the parts [M]. New Haven: Yale University Press,1993.

[11] MADAUS G F,SCRIVEN M,STUFFLEBEAM D. Evaluation models: viewpoints on educational and human services evaluation[M]. Boston: Kluwer-Nijhoff,1983.

附录1　班级生态调查问卷（教师卷）

说明：这套问卷由一些句子组成，每个句子描述一种可能在班级里发生的情况或班级的特点。请根据你们班的实际情况，从每题下面的选择项中选择一个（多选题除外）符合实际的答案，并勾选。答案和分值为："从不如此"为0分，"偶尔如此"为1分，"有时如此"为2分，"经常如此"为3分，"总是如此"为4分。这不是测验，答案没有"正确"或者"错误"的分别，你认为实际情况是怎样，就怎样选择。请对每一题都作出回答。请记住你是在描述你们班的实际情况。

基本信息

1.学校全称[填空题]*

_____

2.填卷人[单选题]*
○班主任（请跳至第3题）
○科任教师（非班主任）（请跳至第6题）
○其他（请跳至第6题）

3.任教年级[单选题]*
○一年级　○二年级　○三年级　○四年级　○五年级
○六年级　○七年级　○八年级　○九年级

4.任教班级[单选题]*
○1班　○2班　○3班　○4班　○5班

○6班　　○7班　　○8班　　○9班　　○10班
○11班　　○12班　　○13班　　○14班　　○15班
○16班　　○17班　　○18班　　○19班　　○20班

5. 任教学科(可单选/多选)[多选题]*

□语文 ** 填写完该题,请跳至第7题。

□数学 ** 填写完该题,请跳至第7题。

□英语 ** 填写完该题,请跳至第7题。

□道德与法治 ** 填写完该题,请跳至第7题。

□物理 ** 填写完该题,请跳至第7题。

□生物 ** 填写完该题,请跳至第7题。

□化学 ** 填写完该题,请跳至第7题。

□历史 ** 填写完该题,请跳至第7题。

□地理 ** 填写完该题,请跳至第7题。

□音乐 ** 填写完该题,请跳至第7题。

□体育与健康 ** 填写完该题,请跳至第7题。

□美术 ** 填写完该题,请跳至第7题。

□心理 ** 填写完该题,请跳至第7题。

□综合实践 ** 填写完该题,请跳至第7题。

□科学 ** 填写完该题,请跳至第7题。

□其他 ** 填写完该题,请跳至第7题。

6. 任教年级、班级和学科(例:一年级2班语文)[填空题]*

_____

7. 教师年龄[单选题]*
○20～25岁　○26～30岁　○31～35岁　○36～40岁　○41～45岁
○46～50岁　○51～55岁　○56～60岁　○61～65岁

8. 教师工龄[单选题]*
○0～1年(不含1年)　　○1～5年　　○6～10年　　○11～15年
○16～20年　○21～25年　○26～30年　○31～35年　○36～40年

以"融合"促"共生":生态型班级建设研究

○41~45年　○46~50年　○51~55年　○56~60年　○61~65年
○65年以上

9. 专业背景[单选题]*

○师范　　　○非师范

10. 婚姻[单选题]*

○已婚　　　○未婚　　　○离异

11. 月工资收入[单选题]*

○1500~3000元　○3001~4500元　○4501~6000元
○6001元及以上

12. 周教学工作量[单选题]*

○1~3节　○4~6节　○7~9节　○10~12节　○13节及以上

主体内容

1. 学生喜欢我[单选题]*

○从不如此　○偶尔如此　○有时如此　○经常如此　○总是如此

2. 我亲切和蔼[单选题]*

○从不如此　○偶尔如此　○有时如此　○经常如此　○总是如此

3. 我真心地关心学生[单选题]*

○从不如此　○偶尔如此　○有时如此　○经常如此　○总是如此

4. 我常常鼓励学生[单选题]*

○从不如此　○偶尔如此　○有时如此　○经常如此　○总是如此

5. 如果谁有心事,学生之间会相互关心[单选题]*

○从不如此　○偶尔如此　○有时如此　○经常如此　○总是如此

6. 学生之间缺乏友爱[单选题]*

○从不如此　○偶尔如此　○有时如此　○经常如此　○总是如此

7. 不少学生为了自己而损害别人[单选题]*

○从不如此　○偶尔如此　○有时如此　○经常如此　○总是如此

8. 学生之间互相支持和鼓励[单选题]*

○从不如此　○偶尔如此　○有时如此　○经常如此　○总是如此

9. 我在的班课堂比较乱[单选题]*

○从不如此　○偶尔如此　○有时如此　○经常如此　○总是如此

10. 我们班的课堂很有秩序[单选题]*

○从不如此　○偶尔如此　○有时如此　○经常如此　○总是如此

11. 学生之间竞争激烈[单选题]*

○从不如此　○偶尔如此　○有时如此　○经常如此　○总是如此

12. 我用各种办法,使学生互相竞争[单选题]*

○从不如此　○偶尔如此　○有时如此　○经常如此　○总是如此

13. 学生很少有空闲去玩[单选题]*

○从不如此　○偶尔如此　○有时如此　○经常如此　○总是如此

14. 学生感到学习压力大[单选题]*

○从不如此　○偶尔如此　○有时如此　○经常如此　○总是如此

15. 我带的班上功课负担相当重[单选题]*

○从不如此　○偶尔如此　○有时如此　○经常如此　○总是如此

16. 各科教师间关系融洽[单选题]*

○从不如此　○偶尔如此　○有时如此　○经常如此　○总是如此

17. 教师在班级中形成了教育合力[单选题]*

○从不如此　○偶尔如此　○有时如此　○经常如此　○总是如此

18. 教师们都关心每位学生的成长[单选题]*

○从不如此　○偶尔如此　○有时如此　○经常如此　○总是如此

19. 教师之间关系紧张,经常出现相互排斥的情况[单选题]*

○从不如此　○偶尔如此　○有时如此　○经常如此　○总是如此

20. 教师之间相互支持与配合[单选题]*

○从不如此　○偶尔如此　○有时如此　○经常如此　○总是如此

21. 教师的职业倦怠随着教师的工龄而增加[单选题]*

○从不如此　○偶尔如此　○有时如此　○经常如此　○总是如此

22. 新教师比老教师更有创新意愿[单选题]*

○从不如此　○偶尔如此　○有时如此　○经常如此　○总是如此

23. 教师们富有活力,勇于探索新方式方法[单选题]*

○从不如此　○偶尔如此　○有时如此　○经常如此　○总是如此

24. 教师满意家长对孩子教育的配合[单选题]*

○从不如此　○偶尔如此　○有时如此　○经常如此　○总是如此

25. 教师(通过QQ、微信、电话、家访等)向家长介绍学校、班级、教师和孩子的情况[单选题]*

○从不如此　○偶尔如此　○有时如此　○经常如此　○总是如此

26. 教师定期就学生的在校行为、学业成绩与家长沟通,而不只是在有问题时才联系家长[单选题]*

○从不如此　○偶尔如此　○有时如此　○经常如此　○总是如此

27. 家长与学校教师(通过QQ、微信、电话等)双向沟通,充分了解孩子在校的学习和生活情况[单选题]*

○从不如此　○偶尔如此　○有时如此　○经常如此　○总是如此

28. 班主任鼓励并组织科任教师与家长、家长与家长之间开展多种形式的交流互动[单选题]*

○从不如此　○偶尔如此　○有时如此　○经常如此　○总是如此

29. 教师(通过QQ、微信、电话、家访等)主动了解孩子的家庭背景和在家表现[单选题]*

○从不如此　○偶尔如此　○有时如此　○经常如此　○总是如此

30. 教师通过多种途径征集家长对班级教育教学的意见和建议,并向家长反馈[单选题]*

○从不如此　○偶尔如此　○有时如此　○经常如此　○总是如此

31. 教师充分了解家长的兴趣专长和教育资源,组织协调家长为学校提供各种义务服务[单选题]*

○从不如此　○偶尔如此　○有时如此　○经常如此　○总是如此

32. 教师们与家长们沟通时相互尊重并相互认可[单选题]*

○从不如此 ○偶尔如此 ○有时如此 ○经常如此 ○总是如此

33. 家长们经常避开教师讨论班级中发生的事情[单选题]*

○从不如此 ○偶尔如此 ○有时如此 ○经常如此 ○总是如此

34. 家委会经常就班级活动征集家长们的意见,并能完整反馈给教师[单选题]*

○从不如此 ○偶尔如此 ○有时如此 ○经常如此 ○总是如此

35. 家委会只会执行教师的意见与安排,不能组织教师与家长间的有效沟通[单选题]*

○从不如此 ○偶尔如此 ○有时如此 ○经常如此 ○总是如此

36. 家委会是家长们民主推选出来的[单选题]*

○从不如此 ○偶尔如此 ○有时如此 ○经常如此 ○总是如此

37. 家委会的意见能够较好代表家长群体的意见[单选题]*

○从不如此 ○偶尔如此 ○有时如此 ○经常如此 ○总是如此

38. 家长群中经常会讨论班上的事情,并向教师反馈意见[单选题]*

○从不如此 ○偶尔如此 ○有时如此 ○经常如此 ○总是如此

39. 教师的意见经常与家长的意见冲突,难以保持一致[单选题]*

○从不如此 ○偶尔如此 ○有时如此 ○经常如此 ○总是如此

40. 家长间经常自发讨论班上事务,并能形成一致意见反馈给教师[单选题]*

○从不如此 ○偶尔如此 ○有时如此 ○经常如此 ○总是如此

41. 家长之间的关系比较紧密,能够形成合力[单选题]*

○从不如此 ○偶尔如此 ○有时如此 ○经常如此 ○总是如此

42. 家长的学历越高,对教师的支持与配合越好[单选题]*

○从不如此 ○偶尔如此 ○有时如此 ○经常如此 ○总是如此

43. 家长群体中形成了多个小圈子,并对班级有一定影响力[单选题]*

○从不如此 ○偶尔如此 ○有时如此 ○经常如此 ○总是如此

44. 学生们对班级事务的管理感到满意[单选题]*

○从不如此 ○偶尔如此 ○有时如此 ○经常如此 ○总是如此

45. 当前的班级氛围十分有利于学生健康成长[单选题]*

○从不如此　○偶尔如此　○有时如此　○经常如此　○总是如此

46. 教师会经常与学生们讨论社会上发生的热点现象[单选题]*

○从不如此　○偶尔如此　○有时如此　○经常如此　○总是如此

47. 学生之间会经常讨论社会上发生的热点现象[单选题]*

○从不如此　○偶尔如此　○有时如此　○经常如此　○总是如此

48. 教师经常布置一些任务让学生将知识运用于日常生活[单选题]*

○从不如此　○偶尔如此　○有时如此　○经常如此　○总是如此

49. 教师总是平等对待每一位学生[单选题]*

○从不如此　○偶尔如此　○有时如此　○经常如此　○总是如此

50. 班里学生在一起时都感到开心[单选题]*

○从不如此　○偶尔如此　○有时如此　○经常如此　○总是如此

问卷到此结束，非常感谢您的配合！

附录 2　班级生态调查问卷（学生/家长卷）

说明：这套问卷由一些句子组成，每个句子描述一种可能在班级里发生的情况或班级的特点。请根据你们班的实际情况，从每题下面的选择项中选择一个（多选题除外）符合实际的答案，并勾选。答案和分值为："从不如此"为 0 分，"偶尔如此"为 1 分，"有时如此"为 2 分，"经常如此"为 3 分，"总是如此"为 4 分。这不是测验，答案没有"正确"或者"错误"的分别，你认为实际情况是怎样，就怎样选择。请对每一题都作出回答。请记住你是在描述你们班的实际情况。

基本信息

1. 学校全称［填空题］*

_____

2. 年级［单选题］*
○一年级　　○二年级　　○三年级　　○四年级　　○五年级
○六年级　　○七年级　　○八年级　　○九年级

3. 班级［单选题］*
○1 班　　○2 班　　○3 班　　○4 班　　○5 班
○6 班　　○7 班　　○8 班　　○9 班　　○10 班
○11 班　　○12 班　　○13 班　　○14 班　　○15 班
○16 班　　○17 班　　○18 班　　○19 班　　○20 班

4. 父亲文化程度[单选题]*

○高中及以下　○大学专/本科　○硕士　○博士

5. 父亲职业[单选题]*

○党政机关工作人员　　　　　○企业/公司工作人员

○高校/科研院所工作人员　　　○中小学教师

○私营业主　　　　　　　　　○农民

○运输、快递行业　　　　　　○自由职业者

○无业人员　　　　　　　　　○其他

6. 母亲文化程度[单选题]*

○高中及以下　○大学专/本科　○硕士　○博士

7. 母亲职业[单选题]*

○党政机关工作人员　　　　　○企业/公司工作人员

○高校/科研院所工作人员　　　○中小学教师

○私营业主　　　　　　　　　○农民

○运输、快递行业　　　　　　○自由职业者

○无业人员　　　　　　　　　○其他

8. 填卷人[单选题]*

○学生和父亲　○学生和母亲　○学生和其他

主体内容

该卷1—45题由学生填写,46—95题由家长填写。

1. 我们喜欢班主任[单选题]*

○从不如此　○偶尔如此　○有时如此　○经常如此　○总是如此

2. 我们的班主任比较通情达理[单选题]*

○从不如此　○偶尔如此　○有时如此　○经常如此　○总是如此

3. 我们的班主任亲切和蔼[单选题]*

○从不如此　○偶尔如此　○有时如此　○经常如此　○总是如此

4. 班主任是个容易亲近的人[单选题]*

附录2　班级生态调查问卷(学生/家长卷)

○从不如此　○偶尔如此　○有时如此　○经常如此　○总是如此

5. 班主任真心地关心学生[单选题]*

○从不如此　○偶尔如此　○有时如此　○经常如此　○总是如此

6. 我可信任班主任[单选题]*

○从不如此　○偶尔如此　○有时如此　○经常如此　○总是如此

7. 班主任鼓励学生[单选题]*

○从不如此　○偶尔如此　○有时如此　○经常如此　○总是如此

8. 班主任比较顾及学生的自尊心[单选题]*

○从不如此　○偶尔如此　○有时如此　○经常如此　○总是如此

9. 如果谁有心事,别的同学会关心他/她[单选题]*

○从不如此　○偶尔如此　○有时如此　○经常如此　○总是如此

10. 同学之间缺乏友爱[单选题]*

○从不如此　○偶尔如此　○有时如此　○经常如此　○总是如此

11. 我们班比较团结[单选题]*

○从不如此　○偶尔如此　○有时如此　○经常如此　○总是如此

12. 有困难的同学会得到别人的关心和帮助[单选题]*

○从不如此　○偶尔如此　○有时如此　○经常如此　○总是如此

13. 不少人为了自己而损害别人[单选题]*

○从不如此　○偶尔如此　○有时如此　○经常如此　○总是如此

14. 同学之间互相支持和鼓励[单选题]*

○从不如此　○偶尔如此　○有时如此　○经常如此　○总是如此

15. 同学之间可以说真心话[单选题]*

○从不如此　○偶尔如此　○有时如此　○经常如此　○总是如此

16. 对班上的事情,大家会一起出主意想办法[单选题]*

○从不如此　○偶尔如此　○有时如此　○经常如此　○总是如此

17. 我们班的课堂比较乱[单选题]*

○从不如此　○偶尔如此　○有时如此　○经常如此　○总是如此

18. 我们班的课堂比较吵闹[单选题]*

○从不如此　○偶尔如此　○有时如此　○经常如此　○总是如此

19. 教师要花不少时间维持课堂秩序[单选题]*

○从不如此　○偶尔如此　○有时如此　○经常如此　○总是如此

20. 我们班的课堂很有秩序[单选题]*

○从不如此　○偶尔如此　○有时如此　○经常如此　○总是如此

21. 我们能遵守课堂纪律[单选题]*

○从不如此　○偶尔如此　○有时如此　○经常如此　○总是如此

22. 跟别的班比,我们班的秩序比较好[单选题]*

○从不如此　○偶尔如此　○有时如此　○经常如此　○总是如此

23. 我们的教室很整齐[单选题]*

○从不如此　○偶尔如此　○有时如此　○经常如此　○总是如此

24. 上课时同学们安静,专心听讲[单选题]*

○从不如此　○偶尔如此　○有时如此　○经常如此　○总是如此

25. 同学之间竞争激烈[单选题]*

○从不如此　○偶尔如此　○有时如此　○经常如此　○总是如此

26. 在学习上,大家明里暗里都在跟别人比较[单选题]*

○从不如此　○偶尔如此　○有时如此　○经常如此　○总是如此

27. 我们班上竞争的气氛浓厚[单选题]*

○从不如此　○偶尔如此　○有时如此　○经常如此　○总是如此

28. 大家都害怕在学习上落后[单选题]*

○从不如此　○偶尔如此　○有时如此　○经常如此　○总是如此

29. 为了不被别人超越,在学习上谁也不敢松懈[单选题]*

○从不如此　○偶尔如此　○有时如此　○经常如此　○总是如此

30. 我们班上似乎每个人都想要胜过别人[单选题]*

○从不如此　○偶尔如此　○有时如此　○经常如此　○总是如此

31. 教师们用各种办法,使学生互相竞争[单选题]*

○从不如此　○偶尔如此　○有时如此　○经常如此　○总是如此

32. 我们的家庭作业不多[单选题]*

○从不如此　○偶尔如此　○有时如此　○经常如此　○总是如此

33. 教师布置很多作业[单选题]*

○从不如此　○偶尔如此　○有时如此　○经常如此　○总是如此

34. 班上会额外增加课或补课[单选题]*

○从不如此　○偶尔如此　○有时如此　○经常如此　○总是如此

35. 我们有很多考试和测验[单选题]*

○从不如此　○偶尔如此　○有时如此　○经常如此　○总是如此

36. 我们很少有空闲去玩[单选题]*

○从不如此　○偶尔如此　○有时如此　○经常如此　○总是如此

37. 同学们感到学习压力大[单选题]*

○从不如此　○偶尔如此　○有时如此　○经常如此　○总是如此

38. 我们班上功课负担相当重[单选题]*

○从不如此　○偶尔如此　○有时如此　○经常如此　○总是如此

39. 同学们对班级事务的管理感到满意[单选题]*

○从不如此　○偶尔如此　○有时如此　○经常如此　○总是如此

40. 同学们觉得在班里能够快乐成长[单选题]*

○从不如此　○偶尔如此　○有时如此　○经常如此　○总是如此

41. 教师会常常与我们讨论社会上发生的热点现象[单选题]*

○从不如此　○偶尔如此　○有时如此　○经常如此　○总是如此

42. 同学间会经常讨论社会上发生的热点现象[单选题]*

○从不如此　○偶尔如此　○有时如此　○经常如此　○总是如此

43. 教师经常布置一些任务让学生将知识运用于日常生活[单选题]*

○从不如此　○偶尔如此　○有时如此　○经常如此　○总是如此

44. 教师总是平等对待每一位学生[单选题]*

○从不如此　○偶尔如此　○有时如此　○经常如此　○总是如此

45. 我班同学在一起时都感到开心[单选题]*

○从不如此　○偶尔如此　○有时如此　○经常如此　○总是如此

谢谢你,以下部分由家长填写。

46. 学生喜欢教师[单选题]*

○从不如此　○偶尔如此　○有时如此　○经常如此　○总是如此

47. 教师亲切和蔼[单选题]*

○从不如此　○偶尔如此　○有时如此　○经常如此　○总是如此

48. 教师真心地关心学生[单选题]*

○从不如此　○偶尔如此　○有时如此　○经常如此　○总是如此

49. 教师常常鼓励学生[单选题]*

○从不如此　○偶尔如此　○有时如此　○经常如此　○总是如此

50. 如果谁有心事,学生之间会相互关心[单选题]*

○从不如此　○偶尔如此　○有时如此　○经常如此　○总是如此

51. 学生之间缺乏友爱[单选题]*

○从不如此　○偶尔如此　○有时如此　○经常如此　○总是如此

52. 不少学生为了自己而损害别人[单选题]*

○从不如此　○偶尔如此　○有时如此　○经常如此　○总是如此

53. 学生之间互相支持和鼓励[单选题]*

○从不如此　○偶尔如此　○有时如此　○经常如此　○总是如此

54. 孩子所在的班课堂比较乱[单选题]*

○从不如此　○偶尔如此　○有时如此　○经常如此　○总是如此

55. 孩子所在的班课堂很有秩序[单选题]*

○从不如此　○偶尔如此　○有时如此　○经常如此　○总是如此

56. 学生之间竞争激烈[单选题]*

○从不如此　○偶尔如此　○有时如此　○经常如此　○总是如此

57. 教师用各种办法,使学生互相竞争[单选题]*

○从不如此　○偶尔如此　○有时如此　○经常如此　○总是如此

58. 学生很少有空闲去玩[单选题]*

○从不如此　○偶尔如此　○有时如此　○经常如此　○总是如此

59. 学生们感到学习压力大[单选题]*

○从不如此　○偶尔如此　○有时如此　○经常如此　○总是如此

60. 孩子所在的班上功课负担相当重[单选题]*

○从不如此　○偶尔如此　○有时如此　○经常如此　○总是如此

61. 各科教师间关系融洽[单选题]*

○从不如此　○偶尔如此　○有时如此　○经常如此　○总是如此

62. 教师在班级中形成了教育合力[单选题]*

○从不如此　○偶尔如此　○有时如此　○经常如此　○总是如此

63. 教师们都关心每位学生的成长[单选题]*

○从不如此　○偶尔如此　○有时如此　○经常如此　○总是如此

64. 教师之间关系紧张,经常出现相互排斥的情况[单选题]*

○从不如此　○偶尔如此　○有时如此　○经常如此　○总是如此

65. 教师之间相互支持与配合[单选题]*

○从不如此　○偶尔如此　○有时如此　○经常如此　○总是如此

66. 教师的职业倦怠随着教师的工龄而增加[单选题]*

○从不如此　○偶尔如此　○有时如此　○经常如此　○总是如此

67. 新教师比老教师更有创新意愿[单选题]*

○从不如此　○偶尔如此　○有时如此　○经常如此　○总是如此

68. 教师们富有活力,勇于探索新方式方法[单选题]*

○从不如此　○偶尔如此　○有时如此　○经常如此　○总是如此

69. 教师满意家长对孩子教育的配合[单选题]*

○从不如此　○偶尔如此　○有时如此　○经常如此　○总是如此

70. 教师(通过QQ、微信、电话、家访等)向家长介绍学校、班级、教师和孩子的情况[单选题]*

○从不如此　○偶尔如此　○有时如此　○经常如此　○总是如此

71. 教师定期就学生的在校行为、学业成绩与家长沟通,而不只是在有问题时才联系家长[单选题]*

○从不如此　○偶尔如此　○有时如此　○经常如此　○总是如此

72. 家长与学校教师(通过QQ、微信、电话等)双向沟通,充分了解孩子的在校学习和生活情况[单选题]*

○从不如此　○偶尔如此　○有时如此　○经常如此　○总是如此

73. 班主任鼓励并组织科任教师与家长、家长与家长之间开展多种形式的交流互动[单选题]*

○从不如此　○偶尔如此　○有时如此　○经常如此　○总是如此

74. 教师（通过QQ、微信、电话、家访等）主动了解孩子的家庭背景和在家表现[单选题]*

○从不如此　○偶尔如此　○有时如此　○经常如此　○总是如此

75. 教师通过多种途径征集家长对班级教育教学的意见和建议，并向家长反馈[单选题]*

○从不如此　○偶尔如此　○有时如此　○经常如此　○总是如此

76. 教师充分了解家长的兴趣专长和教育资源，组织协调家长为学校提供各种义务服务[单选题]*

○从不如此　○偶尔如此　○有时如此　○经常如此　○总是如此

77. 教师们与家长们沟通时相互尊重并相互认可[单选题]*

○从不如此　○偶尔如此　○有时如此　○经常如此　○总是如此

78. 家长们经常避开教师讨论班级中发生的事情[单选题]*

○从不如此　○偶尔如此　○有时如此　○经常如此　○总是如此

79. 家委会经常就班级活动征集家长们的意见，并能完整反馈给教师[单选题]*

○从不如此　○偶尔如此　○有时如此　○经常如此　○总是如此

80. 家委会只会执行教师的意见与安排，不能组织教师与家长间的有效沟通[单选题]*

○从不如此　○偶尔如此　○有时如此　○经常如此　○总是如此

81. 家委会是家长们民主推选出来的[单选题]*

○从不如此　○偶尔如此　○有时如此　○经常如此　○总是如此

82. 家委会的意见能够较好代表家长群体的意见[单选题]*

○从不如此　○偶尔如此　○有时如此　○经常如此　○总是如此

83. 家长群中经常会讨论班上的事情，并向教师反馈意见[单选题]*

附录2　班级生态调查问卷(学生/家长卷)

○从不如此　○偶尔如此　○有时如此　○经常如此　○总是如此

84. 教师的意见经常与家长的意见冲突,难以保持一致[单选题]*

○从不如此　○偶尔如此　○有时如此　○经常如此　○总是如此

85. 家长间经常自发讨论班上事务,并能形成一致意见反馈给教师[单选题]*

○从不如此　○偶尔如此　○有时如此　○经常如此　○总是如此

86. 家长之间的关系比较紧密,能够形成合力[单选题]*

○从不如此　○偶尔如此　○有时如此　○经常如此　○总是如此

87. 家长的学历越高,对教师的支持与配合越好[单选题]*

○从不如此　○偶尔如此　○有时如此　○经常如此　○总是如此

88. 家长群体中形成了多个小圈子,并对班级有一定影响力[单选题]*

○从不如此　○偶尔如此　○有时如此　○经常如此　○总是如此

89. 学生们对班级事务的管理感到满意[单选题]*

○从不如此　○偶尔如此　○有时如此　○经常如此　○总是如此

90. 当前的班级氛围十分有利于学生健康成长[单选题]*

○从不如此　○偶尔如此　○有时如此　○经常如此　○总是如此

91. 教师会经常与学生们讨论社会上发生的热点现象[单选题]*

○从不如此　○偶尔如此　○有时如此　○经常如此　○总是如此

92. 学生之间会经常讨论社会上发生的热点现象[单选题]*

○从不如此　○偶尔如此　○有时如此　○经常如此　○总是如此

93. 教师经常布置一些任务让学生将知识运用于日常生活[单选题]*

○从不如此　○偶尔如此　○有时如此　○经常如此　○总是如此

94. 教师总是平等对待每一位学生[单选题]*

○从不如此　○偶尔如此　○有时如此　○经常如此　○总是如此

95. 孩子班上的学生在一起时都感到开心[单选题]*

○从不如此　○偶尔如此　○有时如此　○经常如此　○总是如此

问卷到此结束,非常感谢您的配合!

附录 3 访谈提纲

访谈提纲 1：教师访谈提纲

◇评价一下您所带的班级。您喜欢这个班级吗？为什么？

◇谈谈班级最让您喜欢的地方或事情。为什么？

◇谈谈您在班上得到过哪些帮助（来自其他教师、学生、家长等的帮助）。

◇谈谈您如何在班上与其他教师、学生、家长互动。

◇您如何看待家长参与班级建设？

◇您如何看待班级中教师、学生、家长间的冲突？为什么？

◇您平常与学生主要沟通哪些内容？为什么？

◇您与家长沟通情况如何？主要是什么内容？举例说明。

◇您如何看待外部世界对班级中学生的影响？为什么？

◇您认为其他教师对班级建设的投入如何？希望他们能有哪些改进？为什么？

◇您认为理想的班级是什么样的？教师、学生、家长应该是什么样的？为什么？

访谈提纲 2：学生访谈提纲

◇评价一下你的班级。你喜欢你的班级吗？为什么？

◇谈谈你的班级中最让你喜欢的地方或事情。为什么？

◇谈谈你在班上得到过哪些帮助（来自教师、同学、家长等的帮助）。

◇谈谈你在班上提供了哪些帮助(为教师、同学提供的帮助)。
◇日常你与同学之间的交流如何？同学对你哪方面的影响最大？为什么？
◇日常你有同教师交流吗？主要交流哪些内容？
◇日常你同父母谈论班上的哪些方面/内容？
◇班上风气主要受到外界哪些影响？为什么？
◇除了成绩,同学之间最看重什么？为什么？
◇你父母参与班级活动吗？主要是什么方面的？
◇谈谈你所期望的理想班级、理想同学、理想教师、理想家长。

访谈提纲3：家长访谈提纲

◇评价一下您孩子所在的班级。您喜欢这个班级吗？为什么？
◇谈谈您孩子所在的班级最让您喜欢的地方或事情。为什么喜欢这些？
◇谈谈您对班上哪些事情印象深刻(关于教师、同学、家长等)。
◇谈谈您与教师沟通交流哪些主题和内容,请举具体的例子。
◇谈谈您与其他家长沟通哪些内容和问题。请举例说明,您觉得沟通效果如何？
◇您如何看待家长参与班级建设？
◇您如何看待班级中教师、学生、家长间出现的问题或冲突？请举例说明。
◇您平常与孩子主要沟通哪些内容？为什么？
◇您如何看待外部世界对班级中学生的影响？为什么？
◇您认为教师对班级建设的投入如何？希望能有哪些改进？为什么？
◇您认为理想的班级是什么样的？理想的教师、学生、家长应该是什么样的？为什么？